Kompaktstudium Wirtschaftswissenschaften
Band 1

Feess
Mikroökonomie

Kompaktstudium Wirtschaftswissenschaften

Band 1
Mikroökonomie

von

Prof. Dr. Eberhard Feess

3., vollständig überarbeitete Auflage

Verlag Franz Vahlen München

VERLAG
VAHLEN
MÜNCHEN
www.vahlen.de

ISBN 3 8006 3069 9

Wilhelmstraße 9, 80801 München
Satz: DTP-Vorlagen des Autors
Druck und Bindung: Druckerei C. H. Beck Nördlingen
(Adresse wie Verlag)
Umschlaggestaltung: Bruno Schachtner, Dachau

Gedruckt auf säurefreiem, alterungsbeständigem Papier
(hergestellt aus chlorfrei gebleichtem Zellstoff)

Vorwort zur dritten Auflage

Die einzige wichtige Änderung für die dritte Auflage besteht in der Einfügung des zehnten Kapitels zur „Informationsökonomie“. Damit wird dem Sachverhalt Rechnung getragen, dass dies mittlerweile in vielen Vorlesungen auch schon im Grundstudium angesprochen wird. Allerdings handelt es sich dabei lediglich um eine kurze Erläuterung der wesentlichen Sachverhalte und Ergebnisse, da eine formal exakte Darstellung ein tieferes Verständnis der Spieltheorie erfordert. Dies würde den Rahmen dieser grundstudiumsorientierten Darstellung sprengen.

Ansonsten bestand angesichts der nach wie vor erfreulichen Aufnahme im Markt kein Änderungsbedarf.

Aachen, im Januar 2004 Eberhard Feess

Vorwort zur zweiten Auflage

Für die vorliegende zweite Auflage wurde das Kompaktstudium an einigen Stellen erweitert, wodurch der Ausdehnung des Stoffes in vielen Vorlesungen Rechnung getragen wird. Ausführlicher wurde vor allem das natürliche Monopol behandelt, damit ein Grundverständnis von der aktuell wichtigen Regulierungs- und Deregulierungsdebatte vermitteln werden kann. Daher wurde auch im Kapitel zur vollständigen Konkurrenz genauer auf Markteingriffe eingegangen. Ferner wurde die Oligopolpreistheorie etwas ausführlicher dargestellt. Dennoch kann das Kompaktstudium (dies ist auch nicht sein Anspruch) gerade im Hauptstudium den Griff zur weiterführenden Lehrbuchliteratur nicht ersetzen, sondern lediglich ergänzen. Insbesondere zwei Beschränkungen sind hervorzuheben:

- die Perspektive ist ausschließlich statisch, d.h. die dynamischen Modelle der Industrieökonomie finden keine Berücksichtigung
- und es wird stets von vollständiger Information ausgegangen, so daß informationsökonomische Fragestellungen – wie die Theorien von moral hazard oder adverse selection – nicht einbezogen werden.

Sollten Sie mit dem Stil des Kompaktstudiums gut zurechtkommen, so können wir Ihnen für die genannten und andere weiterführende Fragestellungen das im Literaturverzeichnis genannte Lehrbuch zur Mikroökonomie von Feess (1997) empfehlen, das alle diese Themen ausführlich behandelt. Dort finden sich zu allen Fragestellungen auch zahlreiche Anwendungsbeispiele, auf die wir hier wegen ihrer meist nicht gegebenen „Klausurrelevanz“ verzichtet haben.

Frankfurt, im April 1997

Eberhard Feess

Frank Tibitanzl

Inhaltsverzeichnis

Vorwort V

1. Einführung 1

1.1 Zielsetzung der Mikroökonomie 1

1.2 Überblick 2

2. Haushaltstheorie 5

2.1 Präferenztheoretische Grundlagen 5

2.1.1 Kardinale Nutzentheorie: Meßbarkeit des Nutzens 5

2.1.2 Ordinale Nutzentheorie: Präferenzordnungen 7

2.1.3 Anforderungen an Präferenzordnungen: Tabellarische Darstellung 11

2.2 Nachfragetheorie 12

2.2.1 Das Haushaltsoptimum 12

2.2.2 Die einkommensabhängige Nachfrage (Einkommenselastizität der Nachfrage) 14

2.2.3 Die preisabhängige Nachfrage (Preiselastizität der Nachfrage) 15

2.2.4 Paradoxe Nachfrageverläufe 19

2.2.5 Die Kreuzpreiselastizität der Nachfrage 20

2.2.6 Elastizitäten in der Haushaltstheorie: Tabellarische Darstellung 21

2.2.7 Die aggregierte Nachfragefunktion 22

2.3 Das Faktorangebot des Haushalts 23

2.3.1 Grundgedanken 23

2.3.2 Das Arbeitsangebot 23

2.3.3 Das Kapitalangebot 25

2.4 Das reine Tauschgleichgewicht (Edgeworth-Box) 27

2.4.1 Darstellung 27

2.4.2 Kritische Beurteilung 31

3. Unternehmenstheorie 33

3.1 Produktionstheorie 33

3.1.1 Einige grundlegende Definitionen 33

3.1.2 Zur Unterscheidung substitutionaler und limitationaler Produktionsfunktionen 36

3.1.3 Limitationale Produktionsfunktionen 37

3.1.4 Die Cobb-Douglas-Funktion 38

3.1.4.1 Grundlagen 38

3.1.4.2 Partielle Faktorvariation 39

3.1.4.3 Isoquante Faktorvariation 41

3.1.4.4 Totale Faktorvariation 42

3.1.5 Das Ertragsgesetz ... 43
3.2 Kostentheorie ... 45
3.2.1 Grundlegende Definitionen ... 45
3.2.2 Kostenfunktionen auf Grundlage des Ertragsgesetzes ... 47
3.2.3 Die Minimalkostenkombination ... 48
3.2.3.1 Allgemeine Darstellung ... 48
3.2.3.2 Die Minimalkostenkombination bei der Cobb-Douglas-Funktion ... 50
3.2.4 Konstante variable Durchschnittskosten ... 50
3.2.5 Langfristige Kostenfunktionen ... 52

4. Marktformen und die Abgrenzung der Märkte ... 53
4.1 Das morphologische Marktformenschema ... 53
4.2 Die Abgrenzung der Märkte ... 54
4.2.1 Homogene und heterogene Märkte ... 54
4.2.2 Die Bedeutung der Kreuzpreiselastizität ... 55

5. Partialanalyse vollständiger Konkurrenz ... 59
5.1 Überblick ... 59
5.2 Bestimmung der Angebotsfunktion und Entwicklung des Marktpreises ... 59
5.3 Angebot und Nachfrage auf Gütermärkten ... 61
5.4 Wohlfahrtstheoretische Analyse: Konsumenten- und Produzentenrente ... 62
5.5 Die Ineffizienz von Markteingriffen bei vollständiger Konkurrenz ... 64
5.6 Die Faktornachfrage des Unternehmens ... 66
5.7 Angebot und Nachfrage auf Faktormärkten ... 67
5.8 Die aggregierte Grenzproduktivitätstheorie der Verteilung ... 68

6. Das Angebotsmonopol ... 71
6.1 Überblick ... 71
6.2 Das gewöhnliche Monopol ... 71
6.2.1 Preisbildung im Angebotsmonopol ... 71
6.2.2 Wohlfahrtstheoretische Interpretation: Konsumenten- und Produzentenrente ... 73
6.2.3 Monopolistische Preisdifferenzierung ... 75
6.3 Das natürliche Monopol ... 76
6.3.1 Die Kostensituation natürlicher Monopole ... 76
6.3.2 First best, second best und die Entscheidung des Monopolisten ... 77
6.3.3 Sunk costs und Fixkosten ... 79
6.3.4 Strategien zur Regulierung natürlicher Monopole ... 80
6.3.5 Wettbewerb um den Markt (Ausschreibungen) ... 82

7. Monopolistische Angebotskonkurrenz (Heterogenes Polypol) ... 85
7.1 Grundlagen ... 85
7.2 Der Ansatz *Gutenbergs* ... 86
7.3 Die Tangentenlösung ... 87

8. Oligopoltheorie **91**
8.1 Grundlagen 91
8.2 Grundgedanken der Spieltheorie 91
8.3 Der simultane Mengenwettbewerb (Cournot-Lösung) 95
8.4 Gemeinsame Gewinnmaximierung (Kollusionslösung) 97
8.5 Der sequentielle Mengenwettbewerb (Stackelberg-Lösung) 98
8.6 Wohlfahrtstheoretische Beurteilung 99
8.7 Geknickte Preis-Absatz-Funktion 101

9. Externe Effekte und öffentliche Güter **103**
9.1 Öffentliche Güter: Klassifikation und Effizienzbedingungen 103
9.2 Schwierigkeiten bei der Präferenzermittlung 105
9.3 Externe Effekte: Klassifikation und Effizienzbedingungen 107
9.4 Die wirtschaftspolitische Aufgabe: Internalisierung externer Effekte 110
9.4.1 Eigentumsrechte zur Internalisierung externer Effekte: Das *Coase*-Theorem 110
9.4.2 Die *Pigou*-Steuer zur Internalisierung externer Effekte 112

10. Informationsökonomie **114**
10.1 Überblick 114
10.2 Moral Hazard 115
10.3 Adverse Selection 119
10.4 Einige weiterführende Fragen 122

Übungsaufgaben 123

Lösungshinweise 137

Anhang: Die Substitutionselastizität der *Cobb-Douglas*-Funktion 163

Literaturempfehlung 165

Sachverzeichnis 167

1. Einführung

1.1 Zielsetzung der Mikroökonomie

Primäre Zielsetzung der Mikroökonomie ist es, allgemeine Funktionsmechanismen von Märkten aus dem rationalen Verhalten von Wirtschaftssubjekten zu erklären. Die Vorgehensweise läßt sich dabei in drei Schritte einteilen:

1. Im ersten Schritt wird untersucht, wie sich die Wirtschaftssubjekte verhalten müssen, um bei bestimmten Nebenbedingungen ihren Nutzen zu maximieren. Im einfachsten Fall wird beispielsweise gefragt, wie ein Haushalt sein gegebenes Einkommen auf Güter aufteilen soll, über die er vollkommen informiert ist. Die Perspektive ist also zuerst ganz auf einzelne Wirtschaftseinheiten gerichtet. Man spricht davon, daß sich ein Wirtschaftssubjekt in seinem *Dispositionsgleichgewicht* befindet, wenn es bei gegebenen Nebenbedingungen seinen Nutzen maximiert.

2. Im zweiten Schritt wird analysiert, welche Marktergebnisse sich ableiten lassen, sofern die Wirtschaftseinheiten die zuvor bestimmten Verhaltenspläne einhalten. Die hierzu verwendete Methode ist die Suche nach Gleichgewichten: Von einem *Gleichgewicht* spricht man in der Mikroökonomie, wenn kein Wirtschaftssubjekt durch ein abweichendes Verhalten seinen Nutzen erhöhen kann, sofern alle anderen Wirtschaftssubjekte bei ihren Strategien bleiben. In der Fachterminologie der *Spieltheorie*, die sich mit dem strategischen Verhalten von Wirtschaftssubjekten beschäftigt, bezeichnet man solche Gleichgewichte als Nash-Gleichgewichte. Demgemäß erfordert ein Gleichgewicht, daß sich alle Wirtschaftssubjekte in ihren Dispositionsgleichgewichten befinden.

3. Im dritten Schritt schließlich werden die Gleichgewichte genauer untersucht. Interessant ist beispielsweise, ob ein Gleichgewicht bestimmten Eigenschaften genügt (Effizienzanalyse), ob es nach exogenen Störungen wieder erreicht wird (Stabilitätsanalyse) und ob möglicherweise auch noch andere Gleichgewichte existieren (Eindeutigkeitsanalyse).

Neben der methodischen Trennung dieser drei Schritte ist zum Verständnis der Mikroökonomie noch die Unterscheidung zwischen der *Partial-* und der *Totalanalyse* wichtig. Bei Partialanalysen werden Wechselwirkungen zwischen den Märkten bewußt ausgeklammert, um die Untersuchung zu vereinfachen: Zwar wird sich beispielsweise eine Erhöhung der Mineralölsteuer nicht nur auf die mit dem Auto gefahrenen Kilometer auswirken, doch es ist oft nützlich, die Nachfrageeffekte nach anderen Gütern zumindest zunächst auszuklammern. Dementgegen werden die Interdependenzen zwischen den Märkten in Totalanalysen berücksichtigt. Zum Beispiel kann eine radikale Erhöhung der Nachfragepräferenzen nach Tretbooten dazu führen, daß mehr Arbeitskräfte in der Produktion von Tretbooten eingesetzt werden und deshalb das Arbeitskräfteangebot in anderen Branchen zurückgeht. Die so bezeichnete Aufteilung der Produktionsfaktoren (z.B. Arbeit) auf unterschiedliche Verwendungsmöglichkeiten nennt man *Allokation der Ressourcen.*

Zusammenfassend kann man festhalten, daß die Mikroökonomie Marktergebnisse vor dem Hintergrund von Rationalverhalten prognostiziert und unter Wohlfahrtsgesichtspunkten beurteilen möchte. Damit ist sie eine wichtige Grundlage der Wirtschaftspolitik. Folgende Fragen werden beispielsweise behandelt:

- Ist bei rationalem Verhalten von Anbietern und Nachfragern mit einem Gleichgewicht auf dem Wohnungsmarkt zu rechnen, wenn alle Reglementierungen aufgehoben werden? Welche Eigenschaften haben mögliche Gleichgewichte?
- Kann bei Gütern, die von mehreren Konsumenten gleichzeitig genutzt werden können (beispielsweise saubere Luft zum Atmen), der Markt für eine effiziente Allokation der Ressourcen sorgen? Wenn nicht, welche wirtschaftspolitischen Maßnahmen können empfohlen werden?

Angesichts dieser Bedeutung für die Wirtschaftspolitik drängt sich die Frage nach den Unterschieden der Mikro- zur Makroökonomie auf. Dabei ist *zum einen* der normative Ansatz der Mikroökonomie hervorzuheben. Normativ heißt in diesem Zusammenhang, daß stets gefragt wird, wie sich Wirtschaftssubjekte verhalten *müssen*, um ihre Ziele bestmöglichst zu erfüllen (d.h. ihren Nutzen zu maximieren). Die empirisch-deskriptive Ebene (wie verhalten sich die Wirtschaftssubjekte denn nun wirklich) ist theoretisch untergeordnet und wird erst in jüngster Zeit auch bei theoretischen Überlegungen verstärkt berücksichtigt.

Zum anderen werden in der Mikroökonomie im Gegensatz zur Makroökonomie nur *relative Preise* betrachtet. Unter relativen Preisen wird im Unterschied zu Geldpreisen das Preis*verhältnis* der Waren verstanden. Beträgt beispielsweise der Preis der Ware A (p_A) = 10 und der Preis der Ware B (p_B) = 5, so ist das Preisverhältnis $p_A/p_B = 10/5 = 2$. Man kann dann ebensogut den Preis der Ware A mit 2 und den Preis der Ware B mit 1 angeben. Im Unterschied dazu ist die Höhe der absoluten Preise (Inflation) gerade in der keynesianischen Makroökonomie eine wichtige Größe mit Auswirkungen auf das Verhalten der Wirtschaftssubjekte.

Nach dieser Abgrenzung zur Makroökonomie sei schließlich noch darauf hingewiesen, daß die Mikroökonomie wegen des eingangs geschilderten ersten Arbeitsschritts eine große Nähe zu betriebswirtschaftlichen Fragen aufweist. So ist die Frage nach gewinnmaximalen Produktionsplänen der Unternehmen unter bestimmten Nebenbedingungen eine ganz gewöhnliche Frage der betriebswirtschaftlichen Produktionstheorie. Analog ist die Theorie der Haushalte bei vollkommener Information lediglich die einfachste Form der Entscheidungstheorie: Bei unvollkommener Information mündet die Haushaltstheorie in die Theorie rationaler Entscheidungen unter Unsicherheit; besteht die Nebenbedingung des Wirtschaftssubjekts A im Verhalten des B und die Nebenbedingung des B im Verhalten des A, so geht sie in die Spieltheorie über.

Damit sind die Grundgedanken der Mikroökonomie und die Beziehungen zu anderen Teildisziplinen hinreichend skizziert, um den roten Faden in den folgenden Modellen wiederfinden zu können.

1.2 Überblick

Die Analyse von Märkten aus dem Rationalverhalten von Wirtschaftssubjekten setzt zunächst voraus, daß dieses Verhalten unter verschiedenen Nebenbedingungen präzise beschrieben wird. Wir beginnen unsere Darstellung daher im *zweiten Kapitel* mit der *Haushaltstheorie*, die das rationale Verhalten von Haushalten erläutert. Dabei werden erhebliche Vereinfachungen getroffen, deren wichtigste die Annahme vollständiger Information seitens der Haushalte und vollständiger Konkurrenz auf den betrachteten Märkten ist. Selbstverständlich werden in der Mikroökonomie auch Situationen mit unvollständiger Information untersucht, die allerdings Grundkenntnisse der Entscheidungstheorie voraussetzen und eher zu den weiterführenden Fragen der Mikroökonomie zu rechnen sind. Die Unterstellung vollständiger Konkurrenz erleichtert in diesem Stadium die Darstellung, weil sich bei unvollständiger Konkurrenz strategische Effekte ergeben, die man aus der einfachsten Haushaltstheorie ausschließen möchte.

Im *dritten Kapitel* folgt die *Unternehmenstheorie*, die analog zur Haushaltstheorie das Rationalverhalten einzelner Unternehmen in den Vordergrund der Untersuchung stellt. Gefragt wird beispielsweise, welche Produktionsmenge ein gewinnmaximierendes Unternehmen unter bestimmten Nebenbedingungen anbieten wird. Wie in der Haushalts- so wird auch in der Unternehmenstheorie von vollständiger Information der betreffenden Unternehmen und der Marktform vollständiger Konkurrenz ausgegangen. Dies ist zwar für fast alle Märkte eine durchaus unrealistische Annahme, sie ist jedoch sinnvoll, um bestimmte Zusammenhänge (beispielsweise zwischen Produktions- und Kostenfunktionen) möglichst einfach und klar herleiten zu können.

Nachdem wir uns in den Kapiteln 3 und 4 mit einzelwirtschaftlichen Entscheidungen (z.B. „wie stellt ein Haushalt seine Nachfrage bei gegebenen Preisverhältnissen zusammen" oder „wieviel vom Faktor Arbeitskraft fragt ein gewinnmaximierendes Unternehmen bei gegebenem Reallohnsatz nach") beschäftigt haben, beginnt im *vierten Kapitel* die eigentliche Marktanalyse. Dabei erläutern wir zunächst Verfahren der Marktabgrenzung, da diese Marktabgrenzung der Analyse verschiedener Marktformen selbstverständlich vorausgehen muß.

Im *fünften Kapitel* folgt dann die Marktform *vollständiger Konkurrenz,* wobei vor allem die unter bestimmten Prämissen gegebene volkswirtschaftliche Effizienz vollständiger Konkurrenz demonstriert wird. Dabei soll deutlich gemacht werden, warum diese Marktform immer noch eine Leitbildfunktion bei der Interpretation von Volkswirtschaften einnimmt. Ferner wird gezeigt, warum auch gutgemeinte Eingriffe in Konkurrenzmärkte die volkswirtschaftliche Wohlfahrt unter bestimmten Bedingungen reduzieren können.

Kapitel 6 widmet sich dem zweiten Extrem denkbarer Marktformen, nämlich dem *Monopol.* Dabei wird erläutert, warum das Monopol unter volkswirtschaftlichen Gesichtspunkten bei plausiblen Annahmen schlechter abschneidet als die vollständige Konkurrenz (und auch schlechter als alle anderen Marktformen). Dies ist keineswegs selbstverständlich, weil das Monopol aufgrund höherer Preise zwar für die Konsumenten schlechter als vollständige Konkurrenz, für die Produzenten aber besser ist – und Volkswirte sind der Meinung, daß es keinen Grund gibt, die Interessen der Produzenten geringer zu gewichten als die der Konsumenten. Gezeigt werden muß also, warum der Wohlfahrtszuwachs der Produzenten geringer ist als der Wohlfahrtsverlust der Konsumenten. Unter dem Stichwort des „natürlichen Monopols" diskutieren wir schließlich eine besonders interessante Situation, die für die aktuelle Deregulierungs- und Privatisierungsdebatte von großer Bedeutung ist.

Ausgehend von den beiden extremen Marktformen der vollständigen Konkurrenz und des Monopols können wir uns anschließend realistischeren Marktformen zuwenden. Dazu erläutern wir im *siebten Kapitel* zwei Modelle zur *monopolistischen Konkurrenz,* worunter verstanden wird, daß zahlreiche Unternehmen ähnliche, aber nicht vollständig identische Produkte anbieten. Die beiden von uns gewählten Modellvarianten sind zwar schon etwas älter, spielen aber in der Lehre nach wie vor eine große Rolle.

Die empirisch wichtigste und theoretisch interessanteste Marktform ist das *Oligopol*, bei dem mehrere große Anbieter um den Markt konkurrieren. Dieser widmen wir uns im *achten Kapitel*. Typische Oligopolmärkte sind beispielsweise der Zigaretten- und der Automobilmarkt. Aufgrund der strategischen Interdependenzen zwischen den Anbietern ist die moderne Theorie zur Behandlung des Oligopolproblems die Spieltheorie, was uns dazu zwingt, zunächst einige Grundlagen der Spieltheorie zu erläutern. Dabei stellen wir die elementarsten Modelle der Spieltheorie dar, die verdeutlichen, daß es „das" Oligopolmodell nicht gibt.

Nachdem wir mit der Oligopolpreisbildung die Marktanalyse im engeren Sinne beenden, müssen wir im *neunten Kapitel* auf eine Komplikation eingehen, die für das Verständnis von Regulierungsprozessen besonders wichtig ist. In allen bisher skizzierten Kapiteln wird davon ausgegangen, daß die am Markt gehandelten Güter *private Güter* in dem Sinne sind, daß Produktion und Konsum der Ware direkt nur Käufer und Verkäufer betreffen. Diese Annahme entspricht aber oft nicht der Realität, weil in zahlreichen Produktionsprozessen sog. *externe Effekte*, beispielsweise in Form von Umweltbelastungen entstehen, die das Wohlbefinden Dritter beeinträchtigen, die mit dem Produktions- oder Konsumtionsprozeß nichts zu tun haben. Die Analyse bezog sich daher nur auf einen Ausschnitt des Güterkosmos, und die Resultate ändern sich unter Wohlfahrtsgesichtspunkten ganz entscheidend, sofern externe Effekte einbezogen werden.

2. Haushaltstheorie

2.1 Präferenztheoretische Grundlagen

2.1.1 Kardinale Nutzentheorie: Meßbarkeit des Nutzens

Da das einzelne Wirtschaftssubjekt der Ausgangspunkt der Mikroökonomie ist, stellt die Theorie der privaten Haushalte einen unverzichtbaren Baustein dar. Ihren systematischen Ausgangspunkt nahm die Haushaltstheorie mit dem Buch „Entwicklung der Gesetze des menschlichen Verkehrs und der daraus fließenden Regeln für menschliches Handeln" (1853) von *Hermann Heinrich Gossen*, dessen Überlegungen bei seinen Zeitgenossen allerdings wenig Beachtung fanden. Erst mit den Arbeiten von *W.S. Jevons* (1835-1882), *C. Menger* (1840-1921) und *L. Walras* (1834-1910) begannen sich die von *Gossen* formulierten nutzentheoretischen Gedanken durchzusetzen.

Gossen hielt den von einer Ware gestifteten Nutzen für grundsätzlich meßbar, so daß seine Theorie auch als *kardinale Nutzentheorie* bezeichnet wird. Der Gesamtnutzen U läßt sich dann als Funktion der Gütermengen y_1 bis y_n darstellen:[1]

(2.1) $$U = U(y_1, ..., y_n) = U(\mathbf{y}) \ ,$$

wobei **y** den Gütervektor bezeichnet. Aus der Beobachtung glaubte *Gossen* zwei wesentliche Zusammenhänge über den Verlauf der Nutzenfunktion verallgemeinern zu können: Erstens, daß der Gesamtnutzen mit jeder Mengenerhöhung eines Guts bis zu einem Sättigungspunkt ansteigt und zweitens, daß der von einer infinitesimalen Mengenerhöhung gestiftete Nutzen (der *Grenznutzen*) einer Ware um so kleiner ist, je höher die bereits zur Verfügung stehende Menge ist. Diese Annahme eines bei steigender Menge zwar positiven, aber sinkenden Grenznutzens wird als *erstes Gossensches Gesetz* bezeichnet. Formal bedeutet dies, daß die erste Ableitung der Nutzenfunktion für eine Ware i positiv und die zweite negativ ist:

(2.2) $$\frac{\partial U}{\partial y_i} > 0 \, .$$

(2.3) $$\frac{\partial^2 U}{\partial y_i^2} < 0 \, .$$

Abb. 2.1 und Abb. 2.2 zeigen den bis zu einem Sättigungspunkt (A) ansteigenden Gesamtnutzen und den sinkenden Grenznutzen, der nach dem Sättigungspunkt gemäß *Gossen* sogar negativ werden kann.

Auf dieser Grundlage diskutierte *Gossen* auch schon die Frage, wie sich Wirtschaftssubjekte unter bestimmten Nebenbedingungen verhalten müssen, um ihren Nutzen zu maximieren. Nehmen wir dazu an, daß ein Haushalt über ein vorgegebenes Budget verfügt, das er auf unterschiedliche Güter aufteilen kann. Der Grundgedanke läßt sich am besten mit zwei Gütern erläutern. Nehmen wir beispielhaft an, der Haushalt wolle sein Budget auf Apfelkuchen (Ware A) und Brot (B) aufteilen.

1 Vektoren werden im folgenden fett dargestellt.

Angenommen, er hätte die Waren so kombiniert, daß A einen Grenznutzen von 10 ($\partial U/\partial y_A = 10$) und Ware B einen Grenznutzen von 5 Einheiten ($\partial U/\partial y_B = 5$) stiftet. Die Preise von Apfelkuchen und Brot seien $p_A = 3$ und $p_B = 1$. Dies bedeutet, daß der Grenznutzen von A nur doppelt so hoch ist wie der Grenznutzen von B, obwohl der Apfelkuchen dreimal so viel kostet.

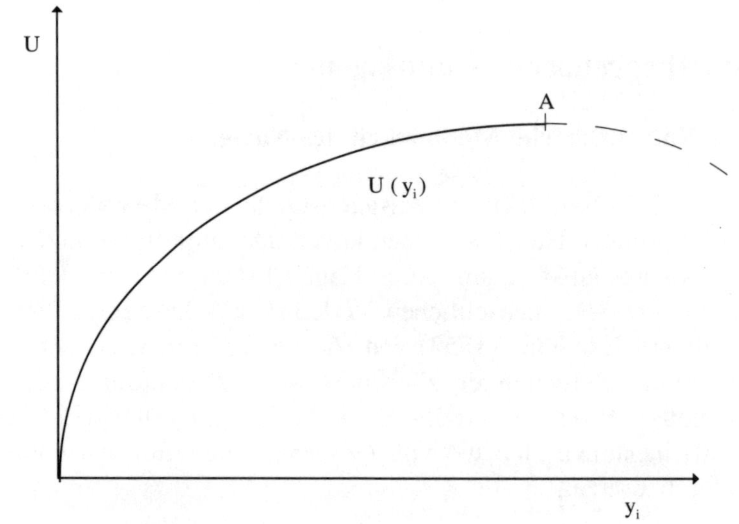

Abb. 2.1: Die Nutzenentwicklung nach Gossen

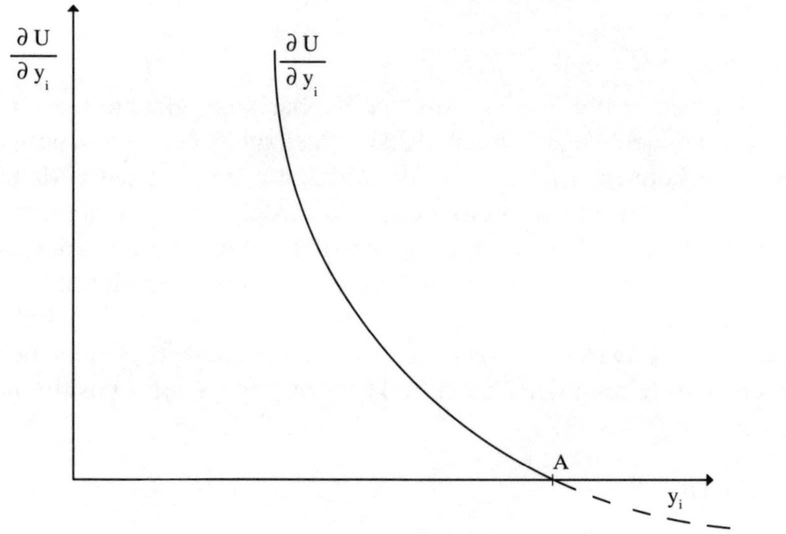

Abb. 2.2: Der Grenznutzen nach Gossen

Im Verhältnis zu ihrem Preis hat A also einen geringeren Grenznutzen als B. Offensichtlich kann der Haushalt seinen Nutzen erhöhen, indem er mehr von B und weniger von A kauft, denn das Brot stiftet *im Verhältnis zum Preis* einen höheren Grenznutzen als der Apfelkuchen (5/1 = 5 im Vergleich zu 10/3 = 3,33). Die Ersetzung von A durch B führt gemäß dem ersten *Gossen*schen Gesetz dazu, daß der Grenznutzen des Brots sinkt und der Grenznutzen des Apfelkuchens steigt. Der gedankliche Optimierungsprozeß kommt erst zum Stillstand, wenn beide Güter im Vergleich zu ihrem Preis den gleichen Grenznutzen stiften, wenn also gilt:

$$(2.4) \qquad \frac{\frac{\partial U}{\partial y_A}}{p_A} = \frac{\frac{\partial U}{\partial y_B}}{p_B}$$

Die Gültigkeit von Gleichung 2.4 im Nutzenmaximum wird als *zweites Gossensches Gesetz* bezeichnet: Der Haushalt muß alle Güter so nachfragen, daß der mit dem Preis gewichtete Grenznutzen immer gleich ist. Diese alte Auffassung von *Gossen* gilt im Grunde auch heute noch und wird in Abschnitt 2.1.2 genauer hergeleitet.

Beachten Sie bitte, daß die beiden *Gossen*schen Gesetze methodisch einen unterschiedlichen Charakter haben. Das erste Gesetz macht eine Aussage über Grundsätze, die alle Haushalte bei Nutzenzuordnungen gemeinsam haben, es ist also eine empirische Annahme über die Eigenschaften von Präferenzen. Das zweite Gesetz beinhaltet dagegen lediglich eine mathematische Maximierungsregel, es ist also keine Aussage über wirkliches Verhalten, sondern eine Verhaltens*anweisung* und hat damit normativen Charakter.

2.1.2 Ordinale Nutzentheorie: Präferenzordnungen

Allmählich begann sich die Auffassung durchzusetzen, daß der Nutzen eine *rein subjektive* Kategorie ist, die einer intersubjektiven Messung nicht zugänglich ist. *Gossens* Vorstellung, man könne den Nutzen verschiedener Wirtschaftssubjekte aus dem Konsum bestimmter Waren miteinander vergleichen, wurde daher aufgegeben. An die Stelle der kardinalen wurde insbesondere von *Vilfredo Pareto* (1848-1923) die *ordinale Nutzentheorie* gesetzt. Bei der ordinalen Nutzentheorie wird lediglich verlangt, daß die Wirtschaftssubjekte verschiedene Güter und Güterbündel gemäß ihrer Wünschbarkeit ordnen können. Der Haushalt muß also beispielsweise angeben können, ob er zehn Flaschen Wein oder sechsunddreißig Hubschrauber bevorzugt, muß aber keine Aussage über den *absoluten* Nutzen treffen können, der von Wein und Hubschraubern gestiftet wird. Dies zeigt, daß der Nutzenbegriff selbst im Grunde genommen überflüssig wird: Entscheidend ist nur, daß der Haushalt zu jedem Gut und jedem Güterbündel eine Meinung hat.

Auf diese Art mündete der ursprünglich psychologisch besetzte Nutzenbegriff langsam in eine reine Theorie rationaler Wahlhandlungen. Schließlich wurden die Anforderungen an nutzenmaximierendes Verhalten *axiomatisch* abgeleitet, was gegenüber der Formulierung der ordinalen Nutzentheorie von *Pareto* den Vorteil der höheren Präzision hat. Gemäß der axiomatischen Nutzentheorie hat jeder Haushalt eine *Präferenzordnung*, in der die verschiedenen Güter nach ihrer Wünschbarkeit geordnet sind.

Diese Präferenzordnung muß folgende bestimmte Eigenschaften aufweisen, damit der Haushalt seinen Nutzen maximieren kann. Bei den folgenden Axiomen bezeichnet die Menge $\mathbf{Y} = \mathbf{Y}^1, \mathbf{Y}^2, \mathbf{Y}^3, \ldots, \mathbf{Y}^n$ die von einem Haushalt erreichbaren Güterbündel. Ein Güterbündel ist eine bestimmte Mengenkombination verschiedener Güter; beispielsweise mag Güterbündel $\mathbf{Y}^1$ aus einer einwöchigen Flugreise nach Kreta, zwei Litern Kaffee und sieben Blumensträußen bestehen. Ordnen wir Flugreisen nach Kreta willkürlich den Index 1, Kaffee den Index 12 und Sträußen den Index 234 zu, so hat Güterbündel $\mathbf{Y}^1$ folgendes Aussehen:

(2.5) $$\mathbf{Y}^1 = (1\ y_1;\ 2\ y_{12};\ 7\ y_{234}).$$

Ein zweites Güterbündel ($\mathbf{Y}^2$) enthalte keine Kretareise, 28 Liter Kaffee und 12 Blumensträuße.

(2.6) $$\mathbf{Y}^2 = (0\ y_1;\ 28\ y_{12};\ 12\ y_{234}).$$

Zu beachten ist, daß der Haushalt nicht $\mathbf{Y}^1$ und $\mathbf{Y}^2$ erhalten kann, sondern sich für irgendeine Kombination entscheiden muß (dies ist seine Budgetrestriktion). Die Schreibweise $\mathbf{Y}^1 \succeq \mathbf{Y}^2$ bedeutet, daß der Haushalt *zu einem bestimmten Zeitpunkt* $\mathbf{Y}^1$ mindestens so gerne haben möchte wie Güterbündel $\mathbf{Y}^2$. Dies schließt dabei auch ein, daß der Haushalt zwei Güterbündeln indifferent gegenübersteht $\mathbf{Y}^1 \sim \mathbf{Y}^2$, d.h. daß es ihm egal ist, ob er $\mathbf{Y}^1$ oder $\mathbf{Y}^2$ bekommt.

Folgende Axiome muß der Haushalt erfüllen:

Axiom 1: *Die Präferenzordnung ist reflexiv*

Der Haushalt bewertet ein beliebiges Güterbündel mindestens gleich hoch wie ein identisches Güterbündel, d.h. für jedes Güterbündel $\mathbf{Y}^i$ gilt $\mathbf{Y}^i \sim \mathbf{Y}^i$. Das erste Axiom ist inhaltlich eher unproblematisch und kann als rein formale Voraussetzung interpretiert werden.

Axiom 2: *Die Präferenzordnung ist vollständig*

Alle möglichen Güterbündel $\mathbf{Y}^i$ und $\mathbf{Y}^j$ aus der Konsummenge $\mathbf{Y}$ können miteinander verglichen werden. Somit gilt für alle $\mathbf{Y}^i$ und $\mathbf{Y}^j$ entweder $\mathbf{Y}^i \succeq \mathbf{Y}^j$ oder $\mathbf{Y}^i \preceq \mathbf{Y}^j$, da die Indifferenzrelation darin eingeschlossen ist.

Axiom 3: *Die Präferenzordnung ist transitiv*

Für alle erreichbaren Güterbündel folgt aus $\mathbf{Y}^1 \succeq \mathbf{Y}^2$ und $\mathbf{Y}^2 \succeq \mathbf{Y}^3$auch $\mathbf{Y}^1 \succeq \mathbf{Y}^3$ Dieses Axiom wird auch als Widerspruchsfreiheit (bzw. Konsistenz) bezeichnet, weil es widersprüchlich wäre, zu einem bestimmten Zeitpunkt lieber Wein als Bier, lieber Bier als Wasser, aber – zum gleichen Zeitpunkt – dennoch lieber Wasser als Wein zu trinken.

Axiom 4: *Die Präferenzordnung ist stetig*

$\mathbf{Y}^n$ ($n \to \infty$) sei eine Folge von Konsumgüterbündeln, wobei jedes Konsumgüterbündel aus $\mathbf{Y}^n$ höchstens gleich gut bewertet wird wie ein Konsumgüterbündel $\mathbf{Y}^k$, das sich nicht in $\mathbf{Y}^n$ befindet $\mathbf{Y}^n \preceq \mathbf{Y}^k$ für alle n. Konvergiert die Folge $\mathbf{Y}^n$ gegen ein Konsumgüterbündel $\mathbf{Y}^z$, so wird auch $\mathbf{Y}^z$ höchstens gleich hoch bewertet wie $\mathbf{Y}^k$. Das Stetigkeitsaxiom kann man sich so vorstellen, daß es keine Sprünge in Präferenzordnungen gibt.

Axiom 5: *Die Präferenzordnung hat keine Sättigungsgrenze*

Angenommen, der Haushalt steht den beiden Güterbündeln $\mathbf{Y}^1$ und $\mathbf{Y}^2$ indifferent gegenüber. Wenn dann die Menge irgendeiner Ware in $\mathbf{Y}^1$ erhöht wird, dann gilt $\mathbf{Y}^1 \succ \mathbf{Y}^2$. Dies bedeutet in etwa, daß jede Mengeneinheit stets einen positiven Grenznutzen stiftet. Eine Sättigungsgrenze wie bei *Gossen* gibt es also nicht.

Axiom 6: *Die Präferenzordnung ist konvex*

Angenommen, der Haushalt ist zwischen zwei beliebigen, nicht identischen Güterbündeln $\mathbf{Y}^1$ und $\mathbf{Y}^2$ indifferent. Dann zieht er ein drittes Güterbündel $\mathbf{Y}^3$ den Güterbündeln $\mathbf{Y}^1$ und $\mathbf{Y}^2$ vor, wenn $\mathbf{Y}^3$ ein gewichteter Durchschnitt aus $\mathbf{Y}^1$ und $\mathbf{Y}^2$ ist. Dies bedeutet, daß jedes $\mathbf{Y}^k = \lambda\, \mathbf{Y}^1 + (1 - \lambda)\, \mathbf{Y}^2$ mit $0 < \lambda < 1$ gegenüber $\mathbf{Y}^1$ bzw. $\mathbf{Y}^2$ bevorzugt wird. Beispiel: $\mathbf{Y}^1$ bestehe aus siebenhundert Flaschen Wein und acht kg Gummibären; $\mathbf{Y}^2$ aus einer Flasche Wein und zehn kg Gummibären. Konvexität bedeutet dann, daß der Haushalt für jedes beliebige λ mit $0 < \lambda < 1$ die aus
$\lambda \cdot$ (700 Fl. Wein; 8 kg Gummibären) + $(1 - \lambda) \cdot$ (1 Fl. Wein; 10 kg Gummibären)

bestehende Güterkombination $\mathbf{Y}^k$ den ursprünglichen Güterbündeln vorzieht. Mit $\lambda = 0{,}4$ ergibt sich beispielsweise $\mathbf{Y}^k = (280{,}6$ Flaschen Wein; 9,2 kg Gummibären). $\mathbf{Y}^k$ ist besser als $\mathbf{Y}^1$ und besser als $\mathbf{Y}^2$.

Am einfachsten läßt sich das wichtige Konvexitätsaxiom mit Hilfe von Indifferenzkurven begreifen. Eine *Indifferenzkurve* ist der geometrische Ort aller Güterkombinationen, die gleich bewertet werden (und in diesem Sinne den gleichen Nutzen stiften). Wenn wir zur graphischen Darstellung vereinfachend annehmen, daß sich unser Haushalt nur für zwei Güter interessiert (y_1 und y_2), dann müssen die Indifferenzkurven gemäß Abb. 2.3 verlaufen:

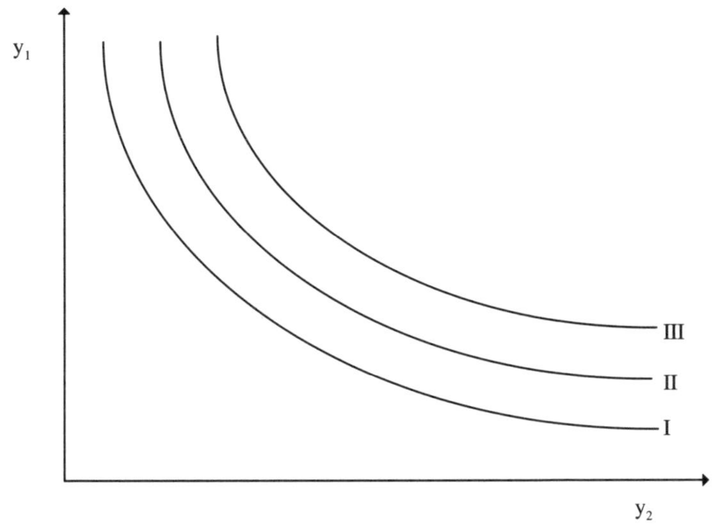

Abb. 2.3: Das Indifferenzkurvensystem eines Haushalts hinsichtlich y_1 und y_2

Es ist zu beachten, daß sich Indifferenzkurven weder schneiden noch berühren dürfen, obwohl sie nicht parallel verlaufen müssen. Die Punkte auf einer Indifferenzkurve stellen Güterkombinationen dar, die in den Augen des Haushalts von gleicher Wünschbarkeit sind; jede Bewegung nach rechts oben ist der Übergang zu einer bevorzugten Güterkombination. Würden sich zwei Indifferenzkurven schneiden, dann würde eine der beiden teilweise unterhalb und teilweise oberhalb der anderen verlaufen. Dies würde bedeuten, daß ein bestimmtes Nutzenniveau gleichzeitig besser und schlechter als das Vergleichsniveau sein soll, was offensichtlich Unsinn ist.

In Abb. 2.4 sind zur Illustration zwei sich schneidende Indifferenzkurven und vier Güterbündel eingezeichnet. Aus der Definition der Indifferenzkurven folgt $A \sim B$ bzw. $C \sim D$. Da der Punkt A rechts oberhalb von C liegt, muß gelten $A \succ C$. Nach dem Transitivitätsaxiom würde sich $B \succ D$ ergeben. Aus der Abbildung ist aber $D \succ B$ ersichtlich. Wegen dieses logischen Widerspruchs sind sich schneidende Indifferenzkurven nicht möglich. Abb. 2.5 zeigt, warum das Konvexitätsaxiom den dargestellten („konvexen") Verlauf der Indifferenzkurven sicherstellt.

Jede Güterkombination auf der Geraden zwischen den gleich bewerteten Kombinationen $\mathbf{Y}^1$ und $\mathbf{Y}^2$ ist ein gewichteter Durchschnitt von $\mathbf{Y}^1$ und $\mathbf{Y}^2$ und wird bevorzugt. Dies sieht man daran, daß alle Güterkombinationen auf dieser Gerade höhere Indifferenzkurven erreichen. Aus einem vollständigen Indifferenzkurvensystem, das die Präferenzordnung eines Haushalts abbildet, läßt sich nun ohne weiteres eine ordinale Nutzenfunktion ableiten: Somit ist die ordinale Nutzentheorie methodisch sauber aus klaren Prämissen begründet und bildet die Grundlage der Haushaltstheorie.

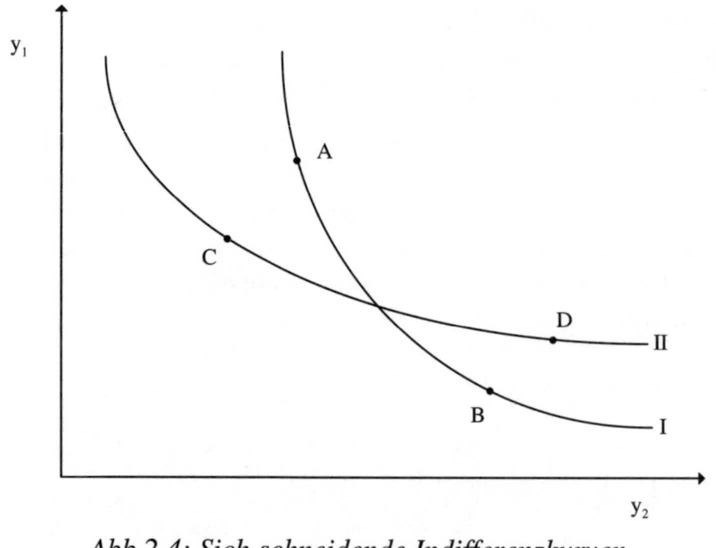

Abb.2.4: Sich schneidende Indifferenzkurven

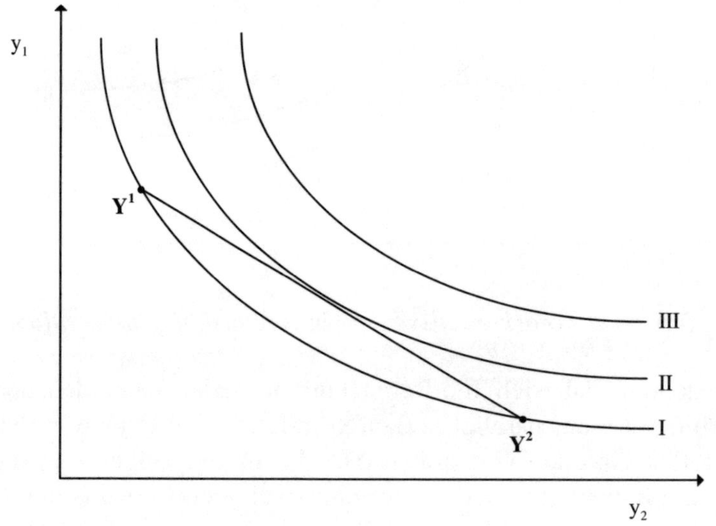

Abb. 2.5: Das Konvexitätsaxiom

Gehen wir nun noch näher auf den konvexen Verlauf der Indifferenzkurven ein. Die Bewegung auf einer Indifferenzkurve zeigt, wieviele Einheiten der Ware 1 mit einer Einheit der Ware 2 ersetzt werden können, damit das gleiche Nutzenniveau erreicht wird. Formal ist dies die Steigung der Indifferenzkurve, deren Betrag $|dy_1/dy_2|$ als *Grenzrate der Substitution* von Ware 1 durch Ware 2 bezeichnet wird. Der konvexe Verlauf der Indifferenzkurven zeigt, daß die Grenzrate der Substitution von Gut 1 durch Gut 2 abnimmt, sofern man sich auf der Indifferenzkurve nach rechts unten bewegt. Je mehr Einheiten von Ware 2 dem Haushalt im Verhältnis zu Ware 1 zur Verfügung stehen, desto weniger Einheiten der Ware 1 können mit einer Einheit von Ware 2 ersetzt werden, d.h. $|dy_1/dy_2|$ sinkt mit wachsendem y_2/y_1.

Formal erhält man die Grenzrate der Substitution aus dem – gleich Null gesetzten – totalen Differential der Nutzenfunktion (das totale Differential wird gleich Null gesetzt, weil der Gesamtnutzen auf einer Indifferenzkurve definitionsgemäß konstant bleibt). Mit zwei Gütern lautet die Nutzenfunktion $U = U(y_1; y_2)$ und das totale Differential demnach

(2.7) $$dU = \frac{\partial U}{\partial y_1} dy_1 + \frac{\partial U}{\partial y_2} dy_2 = 0 .$$

Daraus folgt in Betragstrichen für dU = 0

$$(2.8) \qquad \left|\frac{dy_1}{dy_2}\right| = \frac{\dfrac{\partial U}{\partial y_2}}{\dfrac{\partial U}{\partial y_1}}.$$

Damit zeigt sich, daß das Verhältnis der Grenznutzen zur Grenzrate der Substitution umgekehrt proportional ist. Achten Sie darauf, daß es sich dabei um *keine* Verhaltensannahme, sondern um eine definitorisch gültige *Identitätsgleichung* handelt: Die Grenznutzenverhältnisse von Gütern sind gerade über die Ersetzungsbereitschaft des Haushalts (also über die Grenzrate der Substitution) *definiert.* Gleichung (2.8) gilt also immer.

2.1.3 Anforderungen an Präferenzordnungen: Tabellarische Darstellung

Die folgende Abbildung faßt die erläuterten Anforderungen an Präferenzordnungen zusammen.

Axiom	**Erläuterung**	**Formale Darstellung**
Reflexivität	Identische Güterbündel werden gleich bewertet	$\mathbf{Y}^i \sim \mathbf{Y}^i$ für alle i
Vollständigkeit	Alle mit gegebenen Erstausstattungen erreichbaren Güterbündel können in eine Rangfolge gebracht werden	$\mathbf{Y}^i \succ, \sim, \precsim \mathbf{Y}^j$ für alle erreichbaren $\mathbf{Y}^i$, $\mathbf{Y}^j$
Stetigkeit	Die Präferenzordnung weist keine Sprünge auf	Befindet sich $\mathbf{Y}^k$ nicht in der Folge von Güterbündeln $\mathbf{Y}^n \precsim \mathbf{Y}^k$ für alle n, so gilt $\mathbf{Y}^z \precsim \mathbf{Y}^k$, sofern die Folge $\mathbf{Y}^n$ gegen $\mathbf{Y}^z$ konvergiert.
Transitivität	Ausschluß „ringförmiger" Präferenzordnungen	$\mathbf{Y}^i \succsim \mathbf{Y}^j$ und $\mathbf{Y}^j \succsim \mathbf{Y}^k \Rightarrow \mathbf{Y}^i \succsim \mathbf{Y}^k$ für alle i, j und k
Nicht-Sättigung	Güterbündel werden gegenüber anderen vorgezogen, sofern sie von allen Gütern gleich viel und von mindestens einem Gut mehr enthalten	$\mathbf{Y}^i = (y_1^i, y_2^i, \ldots, y_n^i) \succ$ $\mathbf{Y}^j = (y_1^j, y_2^j, \ldots, y_n^j)$, wenn $y_k^i \succeq y_k^j$ für alle k und $y_k^i \succ y_k^j$ für mindestens ein k
Konvexität	Mit steigendem Mengenverhältnis y_1 / y_2 sinkt die Grenzrate der Substitution $\lvert dy_1 / dy_2 \rvert$	Wenn $\mathbf{Y}^i \sim \mathbf{Y}^j$, so gilt $\lambda\, \mathbf{Y}^i + (1-\lambda)\, \mathbf{Y}^j \succ \mathbf{Y}^i; \mathbf{Y}^j$ für $0 < \lambda < 1$

Abbildung 2.6: Anforderungen an Präferenzordnungen

2.2 Nachfragetheorie

2.2.1 Das Haushaltsoptimum

Gemäß des zweiten *Gossen*schen Gesetzes erreicht der Haushalt sein Nutzenmaximum, wenn das Verhältnis aus Grenznutzen und Preis für alle Güter gleich ist. Dieser Sachverhalt wird auch als Haushaltsgleichgewicht oder Haushaltsoptimum bezeichnet und folgendermaßen hergeleitet: Der Haushalt habe eine Nutzenfunktion U, die im einfachsten Fall die beiden Gütermengen y_1 und y_2 als Argumente enthält. Die zu maximierende Zielgröße lautet somit $U = U(y_1; y_2)$. Als Nebenbedingung muß der Haushalt seine Budgetrestriktion beachten, die darin besteht, daß ein vorgegebenes Einkommensbudget B^0 die Konsumausgaben nicht überschreiten darf: $B^0 = p_1y_1 + p_2y_2$. Zur Lösung solcher Maximierungs- oder Minimierungsprobleme wird stets die *Lagrange-Methode* verwendet, bei der die Lagrange-Funktion L die Hauptbedingung (in unserem Fall: die Nutzenfunktion) und die Nebenbedingung (in unserem Fall: die Budgetrestriktion) durch den Lagrange-Multiplikator λ verknüpft. Somit lautet der Lagrange-Ansatz:

(2.9) $$L = U(y_1; y_2) + \lambda\,(B^0 - p_1 y_1 - p_2 y_2),$$

wobei der Lagrange-Multiplikator λ in unserem Fall den Grenznutzen des Einkommens bezeichnet. Als gleich Null gesetzte partielle Ableitungen nach den drei Variablen y_1, y_2 und λ ergeben sich:

(2.10) $$\frac{\partial L}{\partial y_1} = \frac{\partial U}{\partial y_1} - \lambda p_1 = 0 .$$

(2.11) $$\frac{\partial L}{\partial y_2} = \frac{\partial U}{\partial y_2} - \lambda p_2 = 0 .$$

(2.12) $$\frac{\partial L}{\partial \lambda} = B^0 - p_1 y_1 - p_2 y_2 = 0 .$$

Division von (2.10) und (2.11) führen zu

(2.13) $$\frac{\dfrac{\partial U}{\partial y_1}}{\dfrac{\partial U}{\partial y_2}} = \frac{p_1}{p_2} .$$

Nehmen wir zur Verdeutlichung wieder ein einfaches Beispiel und unterstellen hypothetisch, daß sich der Haushalt für eine Güternachfrage entschieden habe, bei der der Grenznutzen von Gut Eins 50 und der Grenznutzen von Gut Zwei 10 sei. Nehmen wir an, die Preise beider Waren seien identisch und betrügen jeweils 2 Geldeinheiten (GE). Der von der letzten Einheit der Ware 1 gestiftete Nutzen (der Grenznutzen $\partial u/\partial y_1 = 50$) ist somit höher als der Grenznutzen der Ware 2 ($\partial u/\partial y_2 = 10$), während die Preise gleich sind. In diesem Fall kann der Haushalt seinen Nutzenindex steigern, indem er mehr von Ware 1 und weniger von Ware 2 nachfragt. Dadurch sinkt der Grenznutzen der nun verhältnismäßig reichlicher verfügbaren Ware 1 im Verhältnis zum Grenznutzen der Ware 2 und der Substitutionsprozeß eines rational kalkulierenden Haushalts kommt erst zum Stillstand, wenn das Grenznutzenverhältnis genau dem Preisverhältnis entspricht. Da das Verhältnis der Grenznutzen wiederum definitionsgemäß mit der umgekehrten Grenzrate der Substitution identisch ist, lautet die vollständige Formulierung des Haushaltsgleichgewichts:

$$(2.14)\qquad \frac{\dfrac{\partial U}{\partial y_1}}{\dfrac{\partial U}{\partial y_2}} = \left|\frac{dy_2}{dy_1}\right| = \frac{p_1}{p_2}\ .$$

Das Verhältnis der Grenznutzen entspricht den Preisverhältnissen und der umgekehrten Grenzrate der Substitution. Dies ist auch graphisch sofort einsichtig, weil der Haushalt bei einem gegebenen Budget (B^0) seine Güternachfrage so zusammenstellen muß, daß er die höchste Indifferenzkurve erreicht.

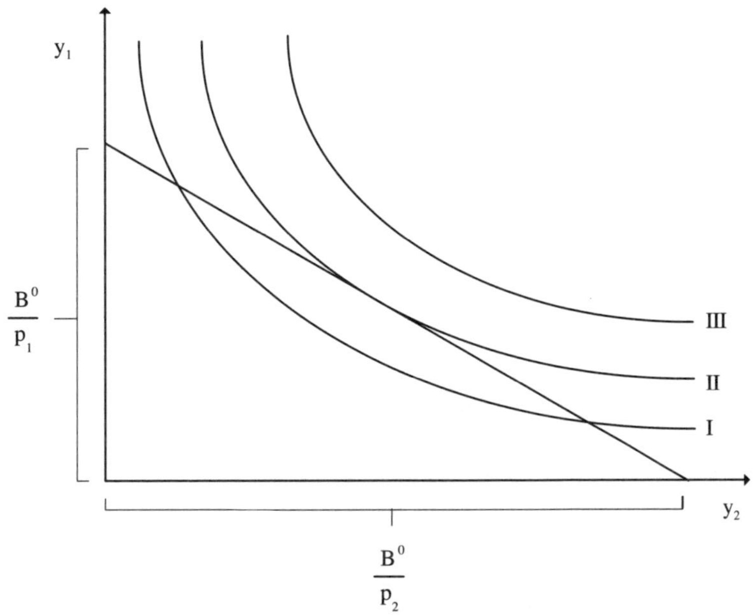

Abb. 2.7: Das Haushaltsgleichgewicht als Tangentialpunkt von Budgetrestriktion und Indifferenzkurve

Um die Budgetrestriktion in das Indifferenzkurvensystem abtragen zu können, wird sie beispielsweise nach y_1 aufgelöst, woraus

$$(2.15)\qquad y_1 = \frac{B^0}{p_1} - \frac{p_2}{p_1} \cdot y_2$$

folgt. Da in einem Tangentialpunkt die Steigung zweier Funktionen identisch ist, entspricht im Haushaltsgleichgewicht (und nur dort) die Steigung der Budgetgeraden ($-p_2/p_1$) der Steigung der Indifferenzkurve, also der umgekehrten Grenzrate der Substitution (dy_1/dy_2). Dies bestätigt das Ergebnis der Lagrange-Optimierung und damit das zweite *Gossen*sche Gesetz, denn aus

$$(2.16)\qquad \frac{\dfrac{\partial U}{\partial y_1}}{\dfrac{\partial U}{\partial y_2}} = \frac{p_1}{p_2}$$

folgt unmittelbar

$$(2.17)\qquad \frac{\frac{\partial U}{\partial y_1}}{p_1} = \frac{\frac{\partial U}{\partial y_2}}{p_2}\,.$$

2.2.2 Die einkommensabhängige Nachfrage (Einkommenselastizität der Nachfrage)

Nachdem gerade gezeigt wurde, daß der Haushalt seinen Nutzen stets im Tangentialpunkt von Budgetrestriktion und Indifferenzkurve maximiert, können wir nun nach den Auswirkungen exogener Änderungen fragen. Zunächst betrachten wir eine Einkommenserhöhung, die sich graphisch als Parallelverschiebung der Budgetgeraden nach außen ausdrückt.

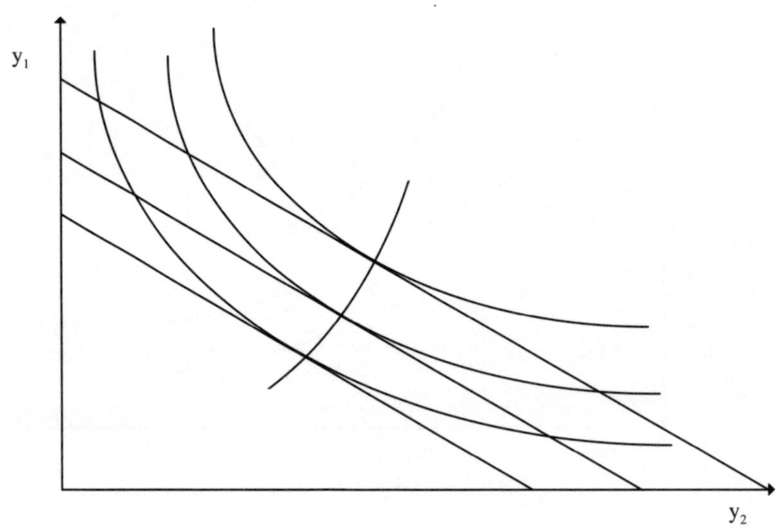

Abb. 2.8: Einkommen-Konsum-Kurve

Die von den verschiedenen Tangentialpunkten gebildete Kurve wird *Einkommen-Konsum-Kurve* genannt und gibt die Entwicklung der Nachfrage bei Einkommensänderungen an. Ihr genauer Verlauf hängt von der Form der Indifferenzkurven ab. Eine lineare Einkommen-Konsum-Kurve ergibt sich nur, wenn die relativen Präferenzen für alle Güter unabhängig vom Einkommen immer gleich sind. Dies entspricht einem System parallel verlaufender Indifferenzkurven und wird als homothetische Präferenzordnung bezeichnet. Beispielhaft hieße dies, daß bei einem Einkommen von 10.000 EUR der gleiche Prozentsatz für Schweinefleisch ausgegeben wird wie bei einem Einkommen von 1.500 EUR. Weil dies nicht besonders realistisch ist, wird die Einkommen-Konsum-Kurve normalerweise nicht linear sein. Ausgehend von der Einkommen-Konsum-Kurve können wir daher drei verschiedene Gütertypen unterscheiden:

- bei *relativ superioren* Gütern steigt deren Nachfrage überproportional zum Einkommen;
- bei *absolut superioren* oder *relativ inferioren* Gütern (dies sind Synonyme) steigt deren Nachfrage bei steigendem Einkommen zwar, aber unterproportional zum Einkommen;
- und bei *absolut inferioren* Gütern sinkt die Nachfrage bei steigendem Einkommen sogar absolut.

Zur präzisen Definition der unterschiedlichen Güter werden *Elastizitäten* verwendet: Allgemein mißt eine Elastizität die prozentuale Veränderung einer abhängigen Variablen im Verhältnis zur ebenfalls prozentualen Veränderung einer unabhängigen Variablen. Der Vorteil von Elastizitäten gegenüber anderen Maßzahlen liegt darin, daß sie auf Grund der Prozentuierung in Zähler *und* Nenner einen aussagekräftigen ökonomischen Vergleich ermöglichen. Dieser Vergleich wäre bei absoluten Veränderungen (also der ersten Ableitung) nicht möglich, weil beispielsweise eine Reduktion der Nachfrage von 7 auf 4 Einheiten bei einer minimalen Einkommensänderung etwas ganz anderes ist als eine Mengenverringerung von 1067 auf 1064 Einheiten, obwohl die absoluten Änderungen gleich sind.

Entsprechend dem allgemeinen Elastizitäten-Konzept ist die Einkommenselastizität der Nachfrage als prozentuale Änderung der Nachfrage nach *einer* Ware im Verhältnis zur ebenfalls prozentualen Änderung des Einkommens definiert.

$$(2.18) \qquad E_{B,y} = \frac{\frac{\Delta y_i}{y_i}}{\frac{\Delta B}{B}} .$$

Bei einer Einkommenselastizität der Nachfrage größer 1 spricht man demnach von relativ superioren Gütern, bei einer Einkommenselastizität der Nachfrage zwischen Null und Eins von absolut superioren oder relativ inferiorenn und bei einer negativen Einkommenselastizität der Nachfrage von absolut inferiorenn Gütern. Erwähnt sei schließlich noch, daß es sich dabei selbstverständlich nicht um „objektive“ Gütereigenschaften, sondern um Eigenschaften der Präferenzordnungen handelt. Aus diesem Grund kann das gleiche Gut bei verschiedenen Einkommensniveaus völlig unterschiedliche Einkommenselastizitäten aufweisen: So mag die Nachfrage nach Schweinefleisch bei einem steigenden Einkommen zunächst sogar relativ gesehen steigen (Schweinefleisch wäre dann ein relativ superiores Gut), bei einer weiteren Einkommenssteigerung nur noch absolut, aber nicht mehr relativ zur Einkommenssteigerung steigen und schließlich sogar absolut zurückgehen, weil Schwein durch Rind oder Lamm ersetzt wird.

2.2.3 Die preisabhängige Nachfrage (Preiselastizität der Nachfrage)

Wenn wir von *„der Nachfragefunktion“* reden, so meinen wir damit üblicherweise nicht die einkommens-, sondern die preisabhängige Nachfrage. Auch zur Messung der preisabhängigen Nachfrage wird wegen der geschilderten Vorteile das Elastizitäten-Konzept verwendet. Die Preiselastizität der Nachfrage ist als relative Veränderung der Nachfrage im Verhältnis zur ebenfalls prozentualen Veränderung des Preises einer Ware definiert:

$$(2.19) \qquad E_{p,y} = -\frac{\frac{\Delta y_i}{y_i}}{\frac{\Delta p_i}{p_i}} .$$

Die Preiselastizität der Nachfrage wird *negativ* definiert, weil die Nachfrage bei Preissteigerungen meist sinkt und sich daher ohne das Minuszeichen eine negative Elastizität ergeben würde. Dies möchte man vermeiden, weil sich positive Zahlen leichter interpretieren lassen. Einfach Betragsstriche zu verwenden – wie beispielsweise bei der Grenzrate der Substitution – wäre nicht sinnvoll, weil es Fälle gibt, in denen die Nachfrage bei einer Preissteigerung zunimmt und diese Fälle dann nicht mehr unterschieden werden könnten.

Überproportionale Nachfrageänderungen ($E_{p,y} > 1$) werden als elastisch und unterproportionale Nachfrageänderungen entsprechend als unelastisch ($0 < E_{p,y} < 1$) bezeichnet. Sinkt die Nachfrage bei sinkenden Preisen und umgekehrt ($E_{p,y} < 0$), so spricht man von einer paradoxen Nachfragereaktion.

Die Schwierigkeit bei der Interpretation preisbedingter Nachfrageänderungen ist, daß jede Preisänderung gleichzeitig auch eine Änderung des *Real*einkommens hervorruft: Jede Preisänderung beeinflußt bei konstantem *Nominal*einkommen die Kaufkraft. Steigt beispielsweise der Preis von Wein, so resultiert daraus erstens eine Veränderung der relativen Preise (im Vergleich zu allen anderen Waren wird Wein teurer) und zweitens eine Reduktion des Realeinkommens aller Haushalte, die Wein konsumieren. Normalerweise beeinflussen beide Änderungen die Weinnachfrage.

Weil die durch die Änderung der relativen Preise hervorgerufene Nachfrageänderung auf eine Ersetzung der teurer gewordenen Ware durch andere Güter beruht, wird sie *Substitutionseffekt*, die von der Realeinkommensänderung ausgehende Nachfrageänderung entsprechend *Einkommenseffekt* genannt.

Die Preiselastizität der Nachfrage weist lediglich die Summe beider Einflußfaktoren aus, während es für viele theoretische und praktische Probleme wünschenswert ist, den Einkommens- und Substitutionseffekt methodisch zu trennen. Das grundsätzliche Verfahren dazu wurde von *Eugen Slutsky* (1880-1948) entwickelt und entsprechend *Slutsky*-Zerlegung genannt.

Dabei wird der Haushalt bei einer Preiserhöhung durch eine Einkommenserhöhung in einem Gedankenexperiment so lange kompensiert, bis er trotz der Preiserhöhung die alte Indifferenzkurve erreichen kann.

Bei den alten Preisen und der Budgetgeraden B^0 liegt das Nutzenmaximum bei $\mathbf{Y}^0$ (y_1^0, y_2^0). Bei steigendem p_1 dreht sich die Budgetgerade nach unten; Drehpunkt ist der y_2-Achsenabschnitt. Die optimale Güterkombination bei der Budgetgeraden B^1 ist $\mathbf{Y}^1(y_1^1, y_2^1)$. Die *gesamte* Nachfragereduktion nach Gut 1 beträgt $y_1^0 - y_1^1$ und ist mit a bezeichnet. Nun wird in Abb. 2.9 angenommen, der Haushalt würde z.B. durch Transferzahlungen so weit kompensiert, daß er das alte Nutzenniveau erreichen kann. Dazu verschieben wir die Budgetgerade nach rechts, bis sie die alte Indifferenzkurve im Punkt $\mathbf{Y}^2\,(y_1^2, y_2^2)$ tangiert. Die mit b bezeichnete Differenz zwischen y_1^0 und y_1^2 $(y_1^0 - y_1^2)$ zeigt, daß y_1 wegen der geänderten Preis*verhältnisse* auch dann sinken würde, wenn der Haushalt noch das gleiche Realeinkommen im Sinne der Erreichung des gleichen Nutzenindexes hätte. Die mit c bezeichnete Differenz zwischen y_1^2 und $y_1^1 (y_1^2 - y_1^1)$ ist dagegen eine Folge des gesunkenen Realeinkommens. Demnach kann $y_1^0 - y_1^2$ als Substitutions- und $y_1^2 - y_1^1$ als Einkommenseffekt bezeichnet werden.

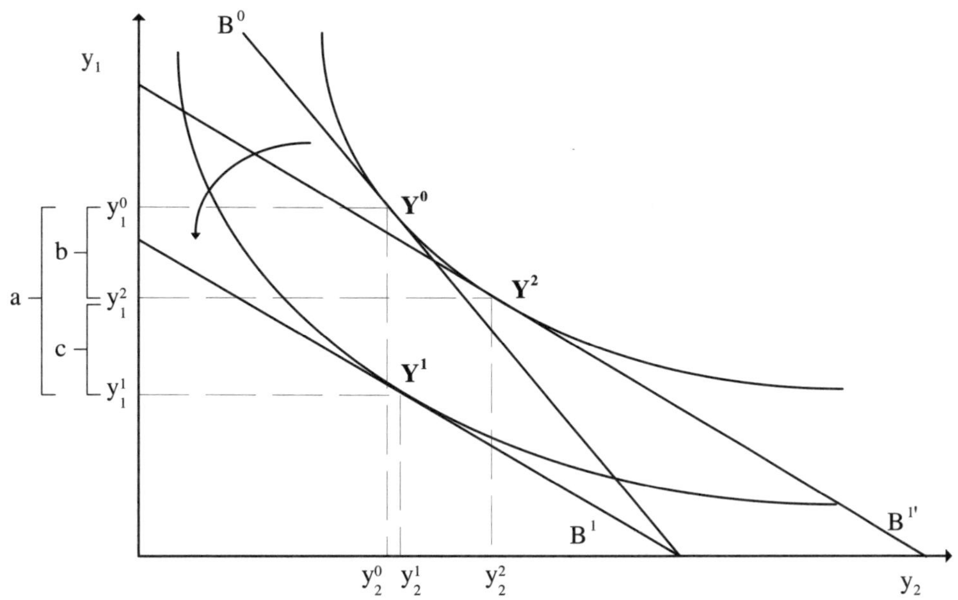

Abb. 2.9: Einkommens- und Substitutionseffekt

„Üblicherweise" – dies wird in Abschnitt 2.2.4 präzisiert – geht man davon aus, daß sowohl der Einkommens- als auch der Substitutionseffekt bei steigenden Preisen jeweils zu einer Reduktion der Nachfrage führen, so daß preisabhängige Nachfragefunktionen den in Abb. 2.10 dargestellten Verlauf haben.

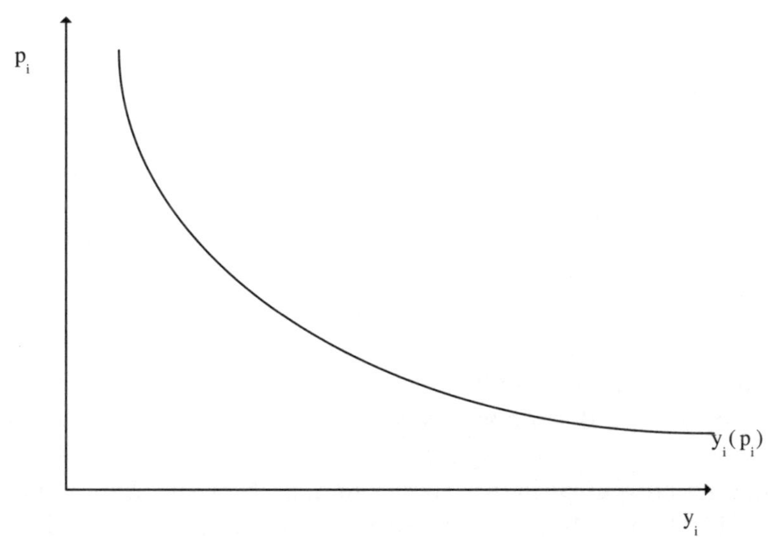

Abb. 2.10: Preisabhängige Nachfrage

Bei linearen Nachfragefunktionen kann die Preiselastizität der Nachfrage geometrisch leicht bestimmt werden (Abb. 2.11).

Gemäß dem Strahlensatz gilt:

$$(2.20) \qquad \frac{\overline{CA'}}{\overline{CE}} = \frac{\overline{B'A'}}{\overline{CD}} \Leftrightarrow \overline{B'A'} = \overline{BA} = \frac{\overline{CA'} \cdot \overline{CD}}{\overline{CE}}$$

Dabei ist $\overline{CA'} = y_i$; $\overline{BA} = \Delta y_i$; $\overline{CD} = \Delta p_i$ und $\overline{OC} = p_i$.

Setzt man diese Größen in die Ausgangsgleichung zur Elastizitätenberechnung ein, so erhält man

$$(2.21)\qquad E_{p,y} = -\frac{\frac{\Delta y_i}{y_i}}{\frac{\Delta p_i}{p_i}} = -\frac{\frac{\overline{BA}}{\overline{CA'}}}{\frac{\overline{CD}}{\overline{OC}}}$$

Setzen wir nun BA aus Gleichung (2.20) in Gleichung (2.21) ein, so folgt

$$(2.22)\qquad E_{p,y} = -\frac{\frac{\overline{CA'}\cdot\overline{CD}}{\overline{CA'}\cdot\overline{CE}}}{\frac{\overline{CD}}{\overline{OC}}} = -\frac{\overline{OC}}{\overline{CE}}$$

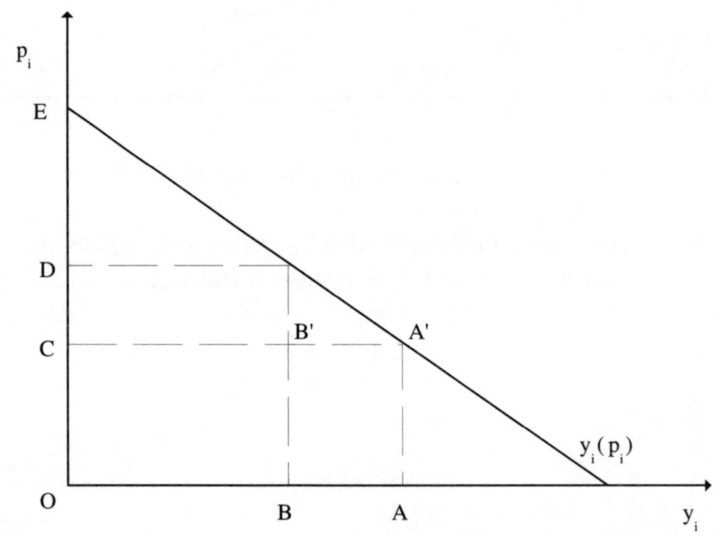

Abb. 2.11: Geometrische Ermittlung der Preiselastizität der Nachfrage

Somit kann die Preiselastizität der Nachfrage bei linearen Nachfragefunktionen aus den Abschnitten auf der Preisachse ermittelt werden. Achten Sie darauf, daß sich die Elastizitäten entlang der Nachfragefunktion verändern, weil neben der Steigung auch die absoluten Werte für den Preis und die Menge eingehen (Graphisch liegt das daran, daß $\overline{OE}$ konstant und $\overline{OC}$ variabel ist.). Je weiter man sich nach links bewegt, desto höher wird die Preiselastizität der Nachfrage, weil auf Grund der dann niedrigen Ausgangsmenge und des hohen Ausgangspreises die Mengenänderung prozentual immer stärker und die Preisänderung immer weniger ins Gewicht fällt. In der Mitte der Strecke $\overline{OE}$ ist die Elastizität gleich 1, oberhalb davon reagiert die Nachfrage elastisch und unterhalb unelastisch auf Preisänderungen.

Unendliche Preiselastizitäten der Nachfrage und vollkommen starre Nachfragen, die überhaupt nicht auf Preisänderungen reagieren, können durch waagerechte bzw. durch senkrechte Nachfragefunktionen dargestellt werden. Nachfragefunktionen, die die Gestalt von Hyperbeln haben, sind isoelastisch, d.h. die Elastizität ist in jedem Punkt der Funktion gleich (Abb. 2.12).

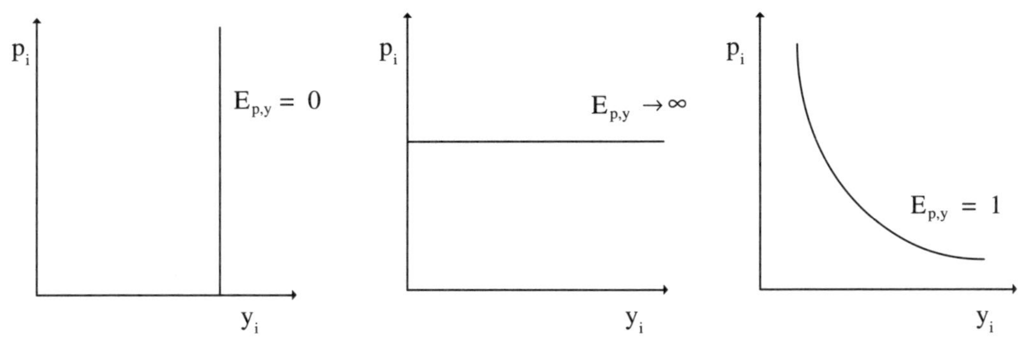

Abb. 2.12: Preiselastizitäten der Nachfrage von unendlich, Null und konstante Elastizitäten (Eins)

2.2.4 Paradoxe Nachfrageverläufe

In der überwiegenden Mehrzahl der Fälle steigt die Nachfrage bei sinkenden Preisen und umgekehrt. Allerdings gibt es einige Ausnahmen, deren theoretisch interessanteste das sog. *Giffen-Paradox* ist. Der englische Ökonom *Robert Giffen* (1837-1910) war der Auffassung, daß die Nachfrage nach Brot in den unteren Einkommensschichten bei steigenden Brotpreisen zunehmen müsse. Die Erklärung dafür erschließt sich aus der Zerlegung des Gesamteffekts in den Einkommens- und den Substitutionseffekt.

In unserem Beispiel in Abb. 2.9 führte sowohl der Substitutions- als auch der Einkommenseffekt zu einem Nachfragerückgang bei steigenden Preisen. Überlegen wir nun, ob dies bei rationalen Konsumenten zwangsläufig gilt und beginnen mit dem Substitutionseffekt. Dazu gehen wir vom Haushaltsgleichgewicht aus. Dieses verlangt, daß das Verhältnis der Grenznutzen den Preisverhältnissen entspricht. Steigt der Preis p_1 im Verhältnis zu p_2, so muß auch der Grenznutzen der Ware 1 im Vergleich zum Grenznutzen der Ware 2 steigen. Aus dem Gesetz des sinkenden Grenznutzens (präziser: aus dem Konvexitätsaxiom der axiomatischen Nutzentheorie) wissen wir, daß sich das Verhältnis der Grenznutzen zweier Waren umgekehrt entwickelt wie ihre Mengen. Also muß die Nachfrage nach Ware 1 im Verhältnis zur Nachfrage nach der Ware 2 abnehmen. *Daraus folgt, daß der Substitutionseffekt immer negativ ist.*

Zur Analyse des Einkommenseffekts greifen wir auf die in Abschnitt 2.2.2 unterschiedenen Gütertypen zurück. Bei (relativ und absolut) superioren Gütern bewirkt eine Steigerung des Einkommens eine Nachfrageerhöhung ($E_{B,y} > 0$). Die durch eine Preiserhöhung hervorgerufene Reduktion des Realeinkommens führt also zu einem Nachfragerückgang. Somit geht der Einkommenseffekt bei superioren Gütern in die gleiche Richtung wie der Substitutionseffekt.

Bei absolut inferioren Gütern führt eine Einkommenserhöhung dagegen zu einer Nachfrageverringerung und eine Senkung des Realeinkommens entsprechend zu einer Nachfrageerhöhung. Also weisen der Substitutions- und der Einkommenseffekt bei absolut inferiorenn Gütern in verschiedene Richtungen. Eine *negative* Preiselastizität der Nachfrage ergibt sich, wenn der Einkommenseffekt bei absolut inferioren Gütern den Substitutionseffekt übersteigt. In diesem Fall spricht man von *Giffen*-Gütern: *Giffen* betrachtet in seinem Beispiel eine arme Familie und nimmt an, daß der Brotpreis steigt. Der Substitutionseffekt würde zwar zu einer Ersetzung von Brot durch andere Güter führen, aber dies gestattet die gesunkene

Kaufkraft nicht: Der Haushalt ißt noch mehr Brot und verzichtet auf den Kauf höherwertiger Substitute.

Neben dem *Giffen*-Paradox sind noch drei weitere Fälle von Nachfragereaktionen interessant: Der *Mitläufer*-, der *Snob*- und der *Veblen*-Effekt. Beim *Mitläufer-Effekt* wird die Nachfrage des einen Haushaltes positiv von der Nachfrage anderer Haushalte beeinflußt (Imitationsverhalten). Die Preiselastizität der Nachfrage nach einem Gut ist dann größer als ohne Mitläufer-Effekt, weil sich Nachfrageänderungen wechselseitig verstärken.

Der *Snob-Effekt* ist das Gegenteil des Mitläufer-Effekts und drückt aus, daß die Nachfrage eines Haushaltes negativ von der Nachfrage anderer Haushalte beeinflußt wird. In diesem Fall ist die Preiselastizität der Nachfrage geringer, weil sich die Nachfrageänderungen gegenseitig abschwächen.

Der nach *Thorstein Veblen* (1857-1929) benannte *Veblen-Effekt* schließlich besagt, daß einige Konsumenten einer Ware einen um so höheren Nutzen beimessen, je höher der von anderen vermutete Preis ist. Besteht eine hohe Korrelation zwischen dem wirklichen Preis einer Ware und der Einschätzung anderer, so kann der *Veblen*-Effekt zu einer negativen Preiselastizität der Nachfrage führen. Das Ergebnis ist dann das gleiche wie beim *Giffen*-Paradox, aber inhaltlich haben beide Effekte selbstverständlich gar nichts miteinander zu tun: Beim *Giffen*-Paradox ist die Armut die Ursache, was beim *Veblen*-Effekt nicht gerade behauptet werden kann.

Wichtig ist zu beachten, daß Mitläufer- und Snob-Effekt die Elastizität zwar beeinflussen, aber daß dieser Einfluß nie zu einer Änderung des Vorzeichens führen kann, wie dies bei *Giffen* und *Veblen* der Fall ist.

2.2.5 Die Kreuzpreiselastizität der Nachfrage

Neben der Reaktion auf Einkommens- und Preisänderungen der Ware selbst ist es häufig interessant, wie die Nachfrage nach Ware 1 auf Preisänderungen der Ware 2 reagiert. Dazu verwendet man die Kreuzpreiselastizität der Nachfrage, die die prozentuale Veränderung der Nachfrage y_i im Verhältnis zur ebenfalls prozentualen Veränderung des Preises p_j mißt:

$$(2.23) \qquad E_{p_j, y_i} = \frac{\frac{\Delta y_i}{y_i}}{\frac{\Delta p_j}{p_j}} = \frac{\Delta y_i}{\Delta p_j} \cdot \frac{p_j}{y_i}$$

Die Kreuzpreiselastizität der Nachfrage gibt die Beziehung zwischen zwei Waren an und wird demgemäß auch zur Marktabgrenzung herangezogen. So reagiert die Nachfrage nach Eintrittskarten für Fußballbundesligaspiele nicht auf Preisänderungen für Hubschrauber, woraus geschlossen werden kann, daß es sich um zwei voneinander unabhängige Märkte handelt.

Über die Kreuzpreiselastizität der Nachfrage unterscheidet man zwischen *substitutionalen* und *komplementären* Gütern. Substitutionale Güter befriedigen ähnliche Wünsche, so daß die Kreuzpreiselastizität der Nachfrage positiv ist: Eine Steigerung des Mercedes-Preises erhöht die BMW-Nachfrage. Komplementäre Güter, die sich im Konsum ergänzen, weisen dagegen eine negative Kreuzpreiselastizität der Nachfrage auf: Eine Steigerung des Benzinpreises reduziert die Nachfrage nach Autos.

2.2.6 Elastizitäten in der Haushaltstheorie: Tabellarische Darstellung

1. Preiselastizität der Nachfrage

$$E_{p,y} = -\frac{\frac{\Delta y_i}{y_i}}{\frac{\Delta p_i}{p_i}}$$

Bezeichnung	Formale Darstellung	Verbale Erläuterung
Unendlich elastische Nachfrage	$E_{p,y} = \infty$	Gilt für ein Unternehmen bei vollständiger Konkurrenz.
Elastische Nachfrage	$E_{p,y} > 1$	Die Nachfrage reagiert überproportional auf Preisänderungen.
Unelastische Nachfrage	$0 < E_{p,y} < 1$	Die Nachfrage reagiert unterproportional auf Preisänderungen.
Starre Nachfrage	$E_{p,y} = 0$	Die Nachfrage reagiert gar nicht auf Preisänderungen.
Giffen-Paradox	$E_{p,y} < 0$	Die Nachfrage steigt bei steigenden Preisen, weil der paradoxe Einkommenseffekt den Substitutionseffekt übersteigt. Voraussetzung sind absolut inferiore Güter.
Mitläufer-Effekt	$E_{p,y}$ steigt	Die Nachfrage reagiert stärker auf Preisänderungen, weil die Haushalte ihr Verhalten in die gleiche Richtung lenken.
Snob-Effekt	$E_{p,y}$ sinkt	Die Nachfrage reagiert geringer auf Preisänderungen, weil die Haushalte ihr Verhalten entgegengesetzt ausrichten.
Veblen-Effekt	$E_{p,y}$ sinkt, evtl. $E_{p,y} < 0$	Die Nachfrage reagiert geringer auf Preisänderungen, weil die Haushalte bei hohen Preisen einen Prestigezuwachs erhoffen.

2. Kreuzpreiselastizität der Nachfrage

$$E_{p_j,y_i} = \frac{\frac{\Delta y_i}{y_i}}{\frac{\Delta p_j}{p_j}}$$

Bezeichnung	Formale Darstellung	Verbale Erläuterung
Substitutionale Güter	$E_{p_j,y_i} > 0$	Bei einer Preissteigerung von Gut j steigt die Nachfrage nach Gut i.
Komplementäre Güter	$E_{p_j,y_i} < 0$	Weil die Güter i und j zum gemeinsamen Konsum geeignet sind, sinkt die Nachfrage nach i bei einer Preissteigerung von j.

3. Einkommenselastizität der Nachfrage

$$E_{B,y} = \frac{\frac{\Delta y_i}{y_i}}{\frac{\Delta B}{B}}$$

Bezeichnung	Formale Darstellung	Verbale Erläuterung
Relativ superiore Güter	$E_{B,y} > 1$	Die Nachfrage reagiert überproportional auf Einkommensänderungen.
Absolut superiore (relative inferiore) Güter	$0 < E_{B,y} < 1$	Die Nachfrage reagiert unterproportional auf Einkommensänderungen.
Absolut inferiore Güter	$E_{B,y} < 0$	Die Nachfrage verändert sich gegenläufig zum Einkommen.

2.2.7 Die aggregierte Nachfragefunktion

Während wir uns bisher stets mit der Nachfragereaktion *eines* Haushalts beschäftigt haben, kommen wir nun zur Marktnachfragefunktion. Diese ergibt sich aus der Aggregation der einzelnen Nachfragefunktionen. Wenn man von der aggregierten Nachfragefunktion spricht, so meint man damit die gesamte Nachfrageänderung als Reaktion auf *Preisänderungen.* Zur Vereinfachung beschränken wir uns auf lineare Nachfragefunktionen zweier Haushalte. Mit den tiefgestellten Indizes 1 und 2 für die beiden Haushalte seien die Nachfragefunktionen:

$$(2.24)\qquad y_1(p) = \begin{cases} 10 - p & \text{für } 0 \le p \le 10 \\ 0 & \text{für } p > 10 \end{cases} \qquad \text{und}$$

$$(2.25)\qquad y_2(p) = \begin{cases} 16 - 2p & \text{für } 0 \le p \le 8 \\ 0 & \text{für } p < 8 \end{cases} \quad .$$

Die Gesamtnachfrage ergibt sich aus der Addition beider Nachfragefunktionen unter Berücksichtigung davon, daß bei jedem Preis irgendein Haushalt negative Mengen nachfragt. Somit erhalten wir für die Gesamtnachfrage y^g

$$(2.26)\qquad y^g = \begin{cases} 10 - p & \text{für } 8 < p \le 10 \\ 10 - p + 16 - 2p = 26 - 3p & \text{für } 0 \le p \le 8 \\ 0 & \text{für } p > 10 \end{cases} \quad .$$

Graphisch handelt es sich dabei gemäß Abb. 2.13 um die horizontale Addition der beiden Nachfragefunktionen.

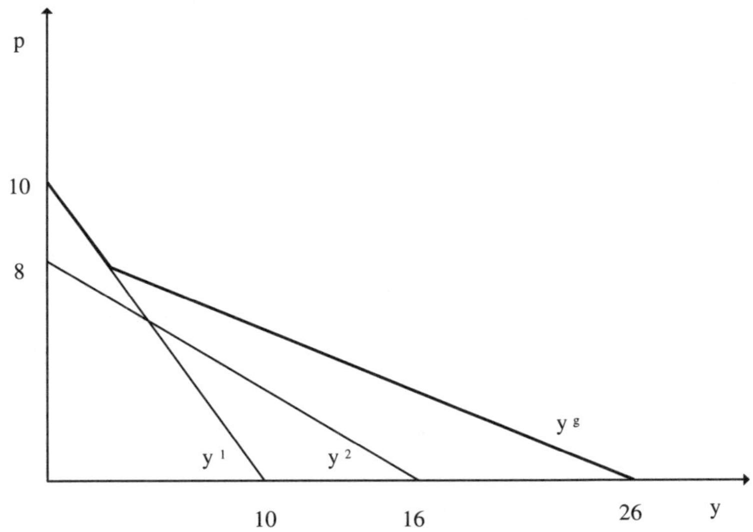

Abb. 2.13: Die aggregierte Nachfragefunktion

Abb. 2.13 illustriert, daß die Nachfragefunktion für den Gesamtmarkt flacher verläuft als die einzelnen Nachfragefunktionen, sofern beide Mengen wirksam werden ($p \leq 8$) (mit zunehmender Anzahl von Nachfragern glättet sich die Funktion). Dies bestätigt den selbstverständlichen Sachverhalt, daß jede Preiserhöhung(-senkung) die Gesamtnachfrage stärker reduziert (steigert) als jede Einzelnachfrage (die Steigung der Gesamtnachfragefunktion ist geringer als die Steigung der Einzelfunktionen).

2.3 Das Faktorangebot des Haushalts

2.3.1 Grundgedanken

Nach der ausführlichen Erläuterung der Güternachfragefunktion ist das Verständnis des Grundgedankens des Faktorangebots nun nicht mehr schwierig. Während es bei der Nachfrage um die Aufteilung der Konsummöglichkeiten auf verschiedene Güter geht, wird nun danach gefragt, ob der Haushalt bestimmte Güter, *die er bereits besitzt*, zum Marktpreis anbietet oder nicht. In beiden Fällen wird von einer rationalen Entscheidung ausgegangen, so daß die Methode letztlich die gleiche ist. Das wichtigste Beispiel für ein Güterangebot ist die Allokation der Zeit, bei der der Haushalt darüber entscheidet, ob er die zur Verfügung stehende Zeit als Arbeitszeit am Markt anbietet oder als Freizeit „konsumiert". Wir stellen daher zunächst die neoklassische Arbeitsangebotsfunktion dar (Abschnitt 2.3.2), um uns anschließend dem Kapitalangebot zuzuwenden (Abschnitt 2.3.3).

2.3.2 Das Arbeitsangebot

Zur graphischen Darstellung des Arbeitsangebotsverhaltens verwenden wir die aus Abschnitt 2.2.1 bekannte Graphik, mit der ein nutzenmaximaler Verhaltensplan mit Hilfe von Indifferenzkurven und Budgetgeraden hergeleitet wurde. Wir gehen davon aus, daß die maximal zur Disposition stehende Zeit (nach Abzug der erforderlichen Schlafphasen) 16 Stunden pro Tag sei und unterstellen ferner, daß der Haushalt sein Arbeitsangebot *stetig* variieren kann.[2] Das Tageseinkommen Y des

2 Diese Vereinfachung erleichtert die Erläuterung des neoklassischen Grundgedankens.

Haushalts als Produkt aus dem Lohnsatz w und der täglichen Arbeitszeit L kann gemäß Gleichung (2.27) als Funktion des Lohnsatzes und der Freizeit ausgedrückt werden:

(2.27) $$Y = w\,L = w\,(16 - F)$$

Dabei ist F die Freizeit und 16 - F die tägliche Arbeitszeit. Der Gesamtnutzen hängt vom Einkommen Y und der Freizeit F ab. Ein bestimmtes Nutzenniveau U^0 kann also durch verschiedene Kombinationen von Einkommen und Freizeit erreicht werden. Geht man gemäß den üblichen Annahmen[3] von einer sinkenden Grenzrate der Substitution zwischen Freizeit und Einkommen bei steigendem Einkommen aus, so ergeben sich konvexe Freizeit-Einkommens-Indifferenzkurven, die gemeinsam mit der Budgetrestriktion aus Gleichung (2.27) die optimale Aufteilung der Zeit auf Arbeit und Freizeit bestimmen.

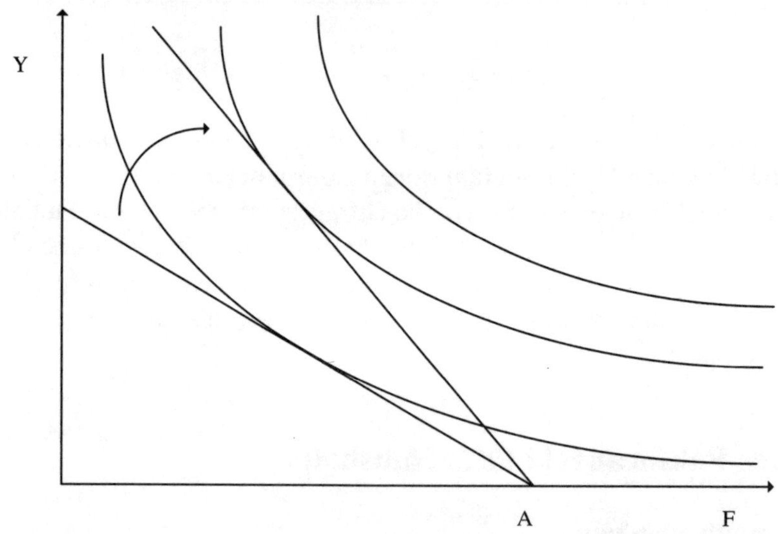

2.14: Die optimale Allokation der Zeit

Die Budgetgerade gibt alle erreichbaren Einkommens-Freizeit-Kombinationen an. Steigt der Lohnsatz, so dreht sich die Budgetgerade nach rechts oben. Die absolute Steigung als Ableitung der Budgetgeraden nach der Freizeit entspricht dem Lohnsatz:

(2.28) $$\frac{dY}{dF} = -w$$

Durch eine exogene Variation des Lohnsatzes kann die Arbeitsangebotsfunktion aus den Tangentialpunkten von Indifferenzkurve und Budgetgerade hergeleitet werden. Hinsichtlich des genauen Verlaufs der Arbeitsangebotsfunktion besteht keine Einigkeit, weil dieser von bestimmten Zusatzannahmen abhängt. So ergibt sich beispielsweise bei der Nutzenfunktion $U = Y^{0,5}\,F^{0,5}$ ein bei steigendem Lohnsatz *konstantes* Arbeitsangebot, sofern der Haushalt ausschließlich Arbeit in seiner Erstausstattung hat. Die aus vielen Lehrbüchern bekannte positive Korrelation von Arbeitsangebot und Lohnsatz folgt dagegen, sofern der Haushalt bei dieser Nutzenfunktion am Anfang über mehrere Güter (beispielsweise Zeit und Kapital) verfügt. Das gleiche gilt für sog. additiv-separable Nutzenfunktionen (z.B. $U = Y^{0,5} + F^{0,5}$).

3 Vgl. hierzu Abschnitt 2.1.2.

Aufgrund dieser theoretischen Unterbestimmtheit der Arbeitsangebotsfunktion wird häufig die recht plausible Annahme getroffen, daß die Arbeitsangebotsfunktion $A^S(w)$ gemäß Abb. 2.15 in unterschiedlichen Bereichen verschieden aussieht.

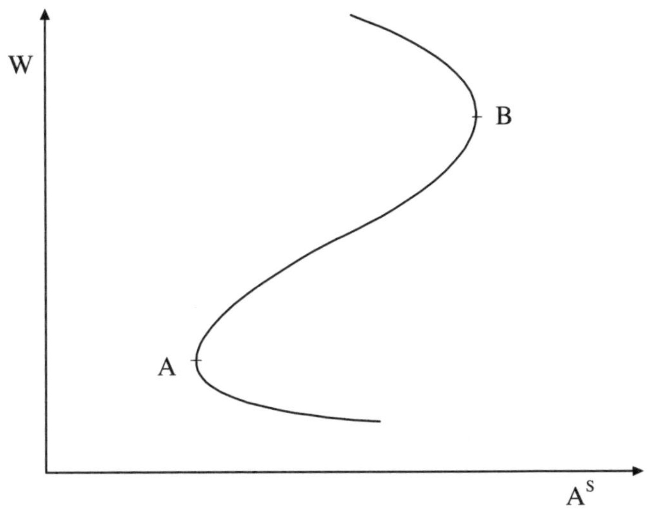

2.15: Das Arbeitsangebot

Das Arbeitsangebot nimmt bei einem sinkenden Lohnsatz ausgehend von Punkt A zunächst zu, weil der Haushalt bei einem so niedrigen Lohnsatz mehr arbeiten muß, um sein Existenzminimum zu sichern. Zwischen A und B hat die Arbeitsangebotsfunktion den typisch neoklassischen Verlauf, während bei einem weiter steigenden Lohnsatz das Arbeitsangebot wieder abnimmt. Dies kann damit begründet werden, daß beispielsweise junge Doppelverdiener auch mit wenig Arbeit ein recht hohes Einkommen erzielen können und die Freizeitinteressen daher stärker ins Gewicht fallen. Abschließend seien zwei Sachverhalte nochmals hervorgehoben:

1. Die Annahme einer völlig freien und individuellen Aushandlung der Arbeitszeit entspricht meist nicht der Realität, erleichtert aber die Vermittlung der Grundgedanken.
2. Während in der Mikroökonomie oft der in Abb. 2.15 dargestellte Verlauf gelehrt wird, geht die neoklassische Makroökonomie davon aus, daß das Arbeitsangebot bei steigenden Lohnsätzen stetig steigt.

2.3.3 Das Kapitalangebot

Das Kapitalangebot des Haushalts kann grundsätzlich in Analogie zum Arbeitsangebot interpretiert werden. Es wird angenommen, daß der Haushalt über einen bestimmten Gütervorrat („Kapital") verfügt, den er bei einem exogenen Zinssatz i auf die beiden Perioden 1 und 2 aufteilen kann. Ferner wird unterstellt, daß die Indifferenzkurven aus Konsum heute und Konsum morgen konvex zum Ursprung sind: die Grenzrate der Substitution zwischen Gegenwarts- und Zukunftskonsum nimmt ab, sofern das Verhältnis aus Zukunfts- und Gegenwartskonsum steigt.[4] Vereinfacht formuliert drückt dies nichts anderes aus als das erste *Gossen*sche Gesetz vom sinkenden Grenznutzen (d.h. hier: dem sinkenden Grenznutzen des Periodenkonsums).

4 D.h. $|dY_1/dY_2|$ sinkt, sofern Y_2/Y_1 steigt.

Innerhalb der Neoklassik wird meist angenommen, daß die Kapitalangebotsfunktion einen „normalen" Verlauf aufweist. Darunter wird verstanden, daß ein Haushalt bei steigendem Zinssatz mehr Kapital anbietet. Dieses Ergebnis kann beispielsweise auf Grundlage einer sog. additiv-separablen Nutzenfunktion hergeleitet werden, bei der die Periodennutzen additiv miteinander verknüpft werden. Um die Vorgehensweise zu veranschaulichen, nehmen wir an, daß der Haushalt über einen Kapitalbestand von 10 Einheiten verfügt, den er auf die Perioden 1 und 2 aufteilen kann. Mit dem Zinssatz i kann er entweder 10 Einheiten in der Periode 1 oder $10 \cdot (1+i)$ Einheiten in der Periode 2 konsumieren. Y_1 und Y_2 sind die Kapitalmengen, die in der jeweiligen Periode konsumiert werden. Als Budgetbeschränkung folgt

$$(2.29) \qquad Y_2 = (1+i) \cdot (10 - Y_1) = 10 - Y_1 + 10\,i - i\,Y_1 \; .$$

Wenn wir nun als Nutzenfunktion

$$(2.30) \qquad U = Y_1^{0,5} + Y_2^{0,5}$$

unterstellen, so ergibt sich gemeinsam mit der Budgetbeschränkung als Lagrange-Funktion

$$(2.31) \qquad L = Y_1^{0,5} + Y_2^{0,5} + \lambda (Y_2 - 10 + Y_1 - 10i + i\,Y_1) \; .$$

Die gewohnten Rechnungen bei der Optimierung mit Hilfe einer Lagrange-Funktion führen zu

$$(2.32) \qquad \frac{dL}{dY_1} = 0{,}5\,Y_1^{-0,5} + \lambda + \lambda\,i = 0 \; .$$

$$(2.33) \qquad \frac{dL}{dY_2} = 0{,}5\,Y_2^{-0,5} + \lambda = 0 \; .$$

$$(2.34) \qquad \frac{dL}{d\lambda} = Y_2 - 10 + Y_1 - 10i + i\,Y_1 = 0 \; .$$

Division von (2.32) und (2.33) ergibt

$$(2.35) \qquad \frac{0{,}5Y_1^{-0,5}}{0{,}5Y_2^{-0,5}} = \frac{-\lambda - \lambda i}{-\lambda} = \frac{-\lambda(1+i)}{-\lambda} = 1+i$$

und nach Kürzen und Quadrieren

$$(2.36) \qquad Y_2 = (1+i)^2 Y_1 \; .$$

Setzen wir (2.36) in die Budgetbeschränkung gemäß Gleichung (2.34) ein, so folgt

$$(2.37) \qquad (1+i)^2 Y_1 - 10 - 10i + Y_1 + iY_1 = 0 \; .$$

Auflösen nach Y_1 ergibt nach Ausmultiplizieren

$$(2.38) \qquad Y_1 = \frac{10+10i}{2+3i+i^2} \; .$$

Weil uns der Periodenkonsum (bzw. das Kapitalangebot) bei sich änderndem Zinssatz interessiert, bilden wir die erste Ableitung:

(2.39) $$\frac{dY_1}{di} = \frac{-10 - 20i - 10i^2}{(2 + 3i + i^2)^2} \quad .$$

Da der Zähler eindeutig negativ und der Nenner eindeutig positiv ist, sinkt der Gegenwartskonsum bei steigendem Zinssatz. Anders formuliert, entspricht dies genau der plausiblen Annahme, daß das Kapitalangebot bei steigendem Zinssatz zunimmt.

Im Kern kann demnach festgehalten werden, daß die Aufteilung eines Kapitalbestands auf *verschiedene Perioden* in genauer Analogie zur Aufteilung eines bestimmtes Budgets auf *verschiedene Güter* aufgefaßt wird.

2.4 Das reine Tauschgleichgewicht (Edgeworth-Box)

2.4.1 Darstellung

Bisher sind wir stets davon ausgegangen, daß die relativen Preise (d.h. die Tauschverhältnisse) der Waren für die einzelnen Haushalte exogen gegeben sind. Nun gehen wir in einem einfachen Modell der Frage nach, wie sich diese Tauschverhältnisse eigentlich aus dem Verhalten nutzenmaximierender Wirtschaftssubjekte erklären lassen. Das Modell besteht aus zwei Haushalten, die jeweils über einen bestimmten Gütervorrat an zwei Waren verfügen und versuchen, ihren persönlichen Nutzen durch Tausch zu maximieren. Da die Gütervorräte annahmegemäß nicht durch Produktion erhöht werden können, wird das Modell als reines Tauschgleichgewicht oder – nach seinem Erfinder – als Edgeworth-Box bezeichnet.

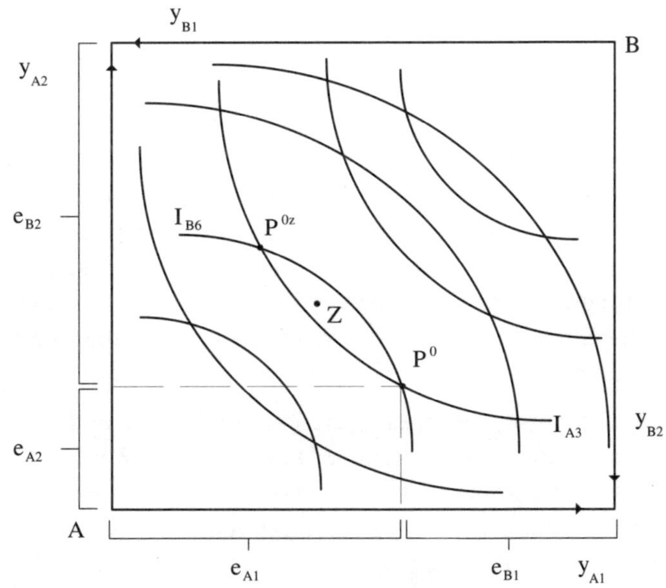

Abb. 2.16: Edgeworth-Box

Die Haushalte sind mit A und B, die Waren mit 1 und 2 bezeichnet. Die Mengen des Haushalts A werden von links nach rechts bzw. unten nach oben und die Mengen des Haushalts B von rechts nach links bzw. von oben nach unten abgetragen. Daraus folgt, daß die Indifferenzkurven von A konvex zum Punkt A und die Indifferenzkurven von B konvex zum Punkt B sind. Der Nutzen von A steigt bei einer Bewegung auf seiner Indifferenzkurvenschar nach rechts oben und der von B bei einer Bewegung nach links unten.

Die Mengen der Ware 1 werden auf der Abszisse und die Mengen der Ware 2 auf der Ordinate abgebildet. Die Gesamtmengen der Waren 1 und 2 sind durch die Breite und die Höhe der Edgeworth-Box beschränkt. Der Punkt P^0 bezeichnet die ursprüngliche Verteilung (die *Erstausstattungen* von A und B). Bezeichnen wir nun die Ausgangsindifferenzkurve von A willkürlich als I_{A3} und die von B als I_{B6}. A und B werden beide nur Tauschvorschlägen zustimmen, die ihren Ausgangsnutzen zumindest nicht reduzieren. Also werden alle Punkte *links* von der Indifferenzkurve I_{A3} von A, und alle Punkte *rechts* von der Indifferenzkurve I_{B6} von B abgelehnt. Wegen der Konvexität der Indifferenzkurven wird es ausgehend von einem Schnittpunkt zweier Indifferenzkurven aber immer Tauschmöglichkeiten geben, die zu einer Nutzenerhöhung *beider* Haushalte führen.

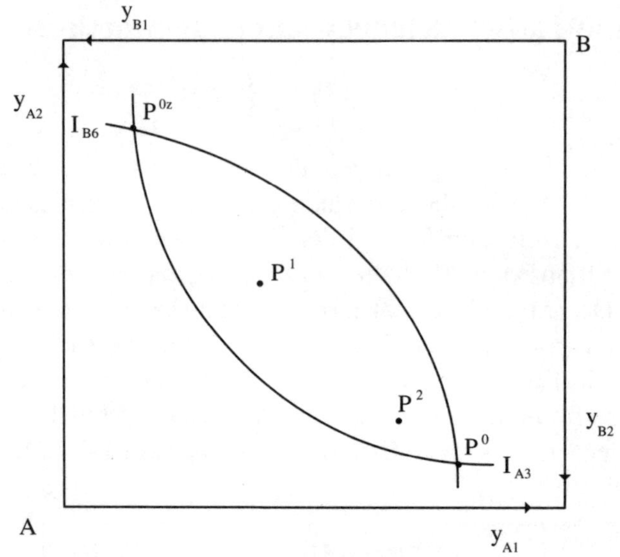

Abb. 2.17: Linse in der Edgeworth-Box

Abb. 2.17 zeigt die *Linse*, die von den Erstausstattungen und dem zweiten Schnittpunkt der zugehörigen Indifferenzkurven gebildet wird. Jeder Punkt innerhalb der Linse erhöht den Nutzen beider Haushalte, obwohl die Mengen beider Waren insgesamt konstant sind. Dies liegt daran, daß die beiden Haushalte angesichts gegebener Erstausstattungen unterschiedliche relative Präferenzen (bzw. unterschiedliche Grenzraten der Substitution) für die Waren 1 und 2 haben und deshalb beide an einem Tausch interessiert sind.

Weil es innerhalb der Linse unendlich viele Punkte gibt, kann der genaue Kontrakt nicht ohne weiteres vorausgesagt werden. Da in Abb. 2.17 beispielsweise sowohl der Punkt P^1 als auch der Punkt P^2 eine Verbesserung gegenüber P^0 sind, hängt es vom Verhandlungsgeschick ab, welcher Punkt realisiert wird. Nehmen wir nun willkürlich eine vorläufige Einigung auf P^2 an.

Ausgehend von P^2 erhalten wir wieder eine Linse, die von der neuen Güteraufteilung und dem zweiten Schnittpunkt der entsprechenden Indifferenzkurven gebildet wird (Abb. 2.18). Beide Haushalte haben nun einen höheren Nutzen als zuvor und die verfügbaren Tauschmöglichkeiten haben sich reduziert. Solange sich die Indifferenzkurven schneiden, gibt es immer noch eine Linse, und ein weiterer Tausch ist für beide vorteilhaft. Die Linse schrumpft zu einem Punkt, sofern sich die Indifferenzkurven nicht schneiden, sondern *tangieren*.

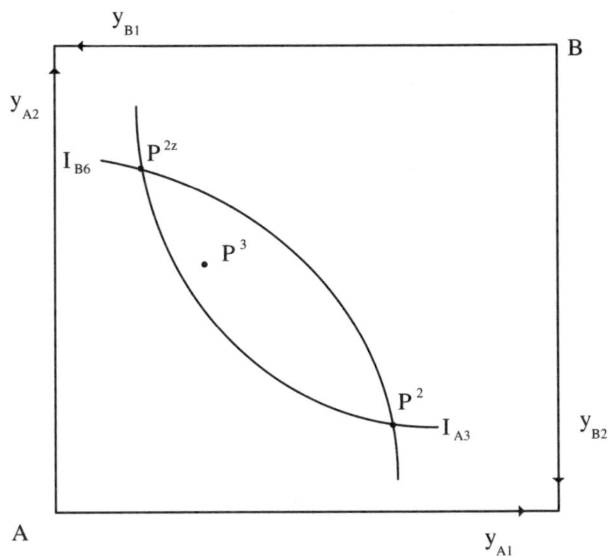

Abb. 2.18: Noch eine Linse in der Edgeworth-Box

Da es unendlich viele Indifferenzkurven gibt – dies folgt aus der Annahme einer stetigen Präferenzordnung - gibt es entsprechend Abb 2.19 auch unendlich viele Tangentialpunkte.

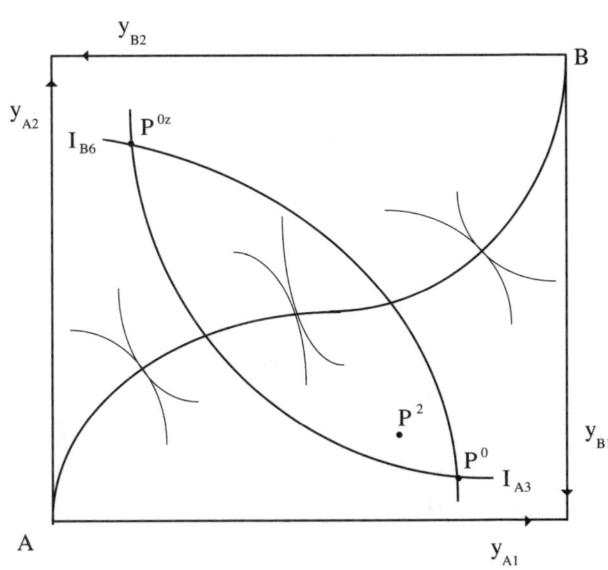

Abb. 2.19: Kern der Edgeworth-Box

Die Verbindungslinie A-B stellt alle Tangentialpunkte von Indifferenzkurven dar. Auf Grund der Konvexität der Indifferenzkurven führt sie stets von links unten nach rechts oben; ihr genauer Verlauf hängt von der Krümmung der Indifferenzkurven ab. Sie wird als *Kontraktkurve* bezeichnet, weil letztendlich nur Kontrakte Gleichgewichtspunkte sein können, die im Tangentialpunkt zweier Indifferenzkurven liegen.

Fassen wir die bisherigen Überlegungen zusammen: Jeder mögliche Gleichgewichtspunkt muß auf der Kontraktkurve liegen, weil sonst noch eine Verbesserung für beide Haushalte möglich ist. Außerdem muß der Gleichgewichtspunkt innerhalb der Linse liegen, die von den Erstausstattungen P^0 und P^{0z} gebildet wird. Also muß der Gleichgewichtspunkt (d.h. das Tauschgleichgewicht) auf der Kontraktkurve innerhalb der Ausgangslinse liegen. Diesen Teil der Kontraktkurve innerhalb der Linse nennt man *Kern* oder *core* der Edgeworth-Box.

Beachten Sie, daß der Kern unendlich viele Punkte enthält, so daß der schließlich realisierte Punkt wie erwähnt vom Verhandlungsgeschick der Wirtschaftssubjekte abhängt. Dennoch läßt sich für alle schließlich möglichen Gleichgewichte der zentrale Sachverhalt verallgemeinern, daß sie *pareto-effizient* sind. Ein Zustand ist pareto-effizient, sofern angesichts gegebener Anfangsbedingungen kein Wirtschaftssubjekt besser gestellt werden kann, ohne daß mindestens ein anderes Wirtschaftssubjekt eine Nutzeneinbuße erleidet. Genau dies ist im Kern der Edgeworth-Box der Fall: Beide haben einen höheren Nutzen als am Anfang, und wenn ausgehend von einem Tangentialpunkt der Tausch fortgesetzt werden würde, so könnte der Nutzen eines Wirtschaftssubjekts nur durch eine Nutzeneinbuße des anderen erhöht werden.

Überlegen wir nun weiter, was wir über die pareto-effizienten Punkte aussagen können. Da die Punkte auf der Kontraktkurve liegen, sind die Steigungen der Indifferenzkurven – also die Grenzraten der Substitution beider Haushalte – identisch. Bezeichnen wir die Grenzrate der Substitution von A mit $|dy_{A2}/dy_{A1}|$ und die von B mit $|dy_{B2}/dy_{B1}|$, so gilt also $|dy_{A2}/dy_{A1}| = |dy_{B2}/dy_{B1}|$. Da die Grenzrate der Substitution definitionsgemäß dem umgekehrten Verhältnis der Grenznutzen entspricht, gilt

$$(2.40)\qquad \left|\frac{dY_{A2}}{dY_{A1}}\right| = \frac{\dfrac{\partial U}{\partial Y_{A1}}}{\dfrac{\partial U}{\partial Y_{A2}}} = \frac{\dfrac{\partial U}{\partial Y_{B1}}}{\dfrac{\partial U}{\partial Y_{B2}}} = \left|\frac{dY_{B2}}{dY_{B1}}\right| .$$

Dies ist eine vollkommen einleuchtende Bedingung für *Pareto*-Effizienz: Angenommen, Gleichung (2.40) würde nicht gelten: Dann wäre beispielsweise das Grenznutzenverhältnis der Waren 1 und 2 für A höher als für B. Offensichtlich könnten dann beide von einem Tausch profitieren, indem A mehr von 1 und B mehr von 2 erhält – so lange, bis sich zwei Indifferenzkurven tangieren und die Grenzraten der Substitution identisch sind.

Abschließend gehen wir nochmals auf den Sachverhalt ein, daß wir den schließlichen Gleichgewichtspunkt nicht genau prognostizieren können. Wir wissen nur, daß er auf dem Stück der Kontraktkurve in der Linse, dem Kern, liegen muß. Je weiter wir uns nach rechts oben bewegen, desto höher ist der Nutzen von A und desto geringer der Nutzen von B.

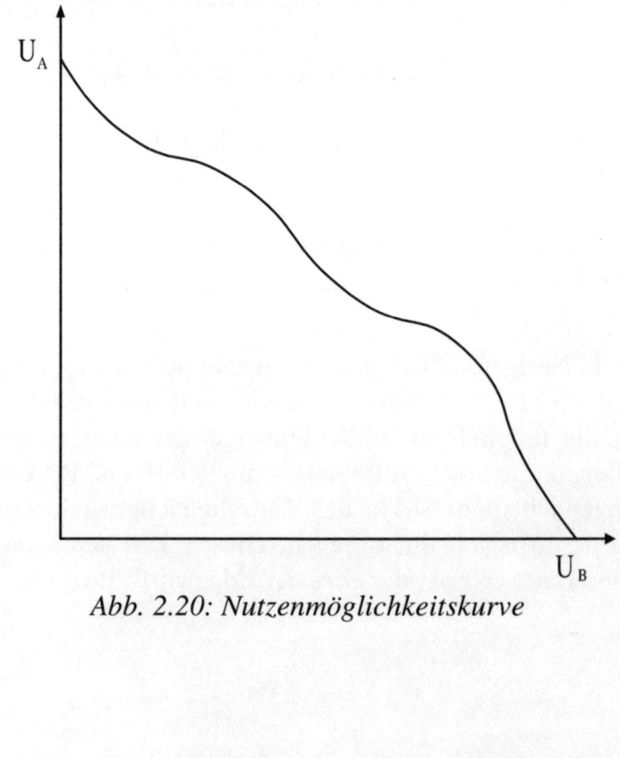

Abb. 2.20: Nutzenmöglichkeitskurve

Somit können wir aus den verschiedenen Gleichgewichten eine *Nutzenmöglichkeitskurve* konstruieren, in der der Nutzen von A bei sinkendem Nutzen von B ansteigt und umgekehrt (Abb. 2.20).

Wenn wir nun annehmen, daß eine Gesellschaft Präferenzen für bestimmte Verteilungen der Nutzen von A und B besitzt, dann können wir ein *gesellschaftliches Indifferenzkurvensystem* konstruieren und mit der Nutzenmöglichkeitskurve in Beziehung bringen (Abb. 2.21).

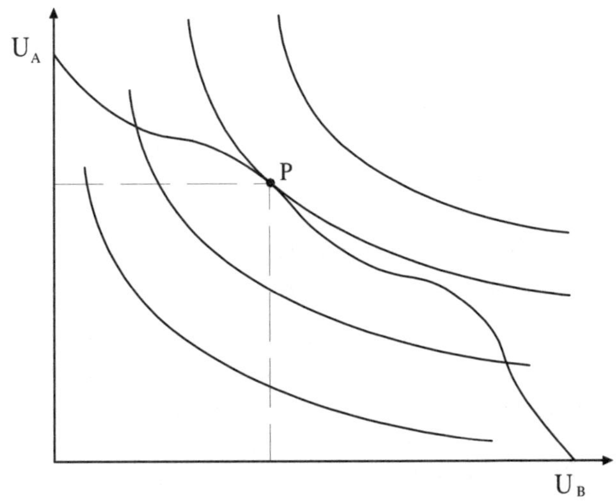

Abb. 2.21: Optimum Optimorum

Der Tangentialpunkt der Nutzenmöglichkeitskurve mit einer gesellschaftlichen Indifferenzkurve markiert das höchste „gesellschaftliche Nutzenniveau", das angesichts gegebener Güterausstattungen und -verteilungen erreichbar ist. Da bereits jeder Punkt auf der Nutzenmöglichkeitskurve ein *Pareto*-Optimum und in diesem Sinne optimal ist, wird der so erreichte Tangentialpunkt als *Optimum Optimorum* bezeichnet.

2.4.2 Kritische Beurteilung

Die Edgeworth-Box ist nach wie vor ein didaktisch wichtiges Modell der Mikroökonomie, weil damit besonders klar das Konzept der *Pareto*-Effizienz eingeführt werden kann. Dabei wird nicht nur der Begriff vermittelt, sondern (anknüpfend an die Resultate der Haushaltstheorie) nochmals deutlich, daß im Optimum die Grenzraten der Substitution aller Haushalte identisch sein müssen. Dies sind wichtige Vorzüge der Edgeworth-Box. Doch insbesondere zur Vermeidung überzogener Schlußfolgerungen, aber auch zur Schärfung der Unterscheidung zwischen Voraussetzungen und Schlußfolgerungen, müssen wir uns die Edgeworth-Box nun etwas genauer unter methodischen Gesichtspunkten anschauen. Dazu wollen wir fragen, welche Schlußfolgerungen im Rahmen der Edgeworth-Box eigentlich möglich sind und welche nicht.

Häufig wird gesagt, daß mit der Edgeworth-Box gezeigt werden könne, daß der unbeschränkte Tausch freier Wirtschaftssubjekte zum *Pareto*-Optimum führe, sofern beide rational sind. Dies ist aber *nicht richtig*, sofern man im Rahmen der Theorie rationaler Wahlhandlungen unter Rationalität weiterhin die *individuelle* Nutzenmaximierung versteht. Betrachten wir hierzu genauer die Argumentationsstruktur der Edgeworth-Box. Bei der Einschränkung der Linse auf Tangentialpunkte ist der entscheidende Punkt die Annahme, daß die Wirtschaftssubjekte weiter tauschen, sofern sich noch beide verbessern können. Daraus folgt notwendigerweise, daß beide erst aufhören zu tauschen, wenn sich beide nicht mehr verbessern können. Anders formuliert bedeutet dies, daß beide genau dann aufhören zu tauschen, wenn der erreichte Zustand pareto-effizient ist. Die zentrale *Voraussetzung* der Edgeworth-Box ist also bereits, daß rationale Wirtschaftssubjekte bis zum *Pareto*-Optimum tauschen!

Es ist offensichtlich, daß ein Modell, welches das *Pareto*-Optimum *voraussetzt*, dieses nicht *begründen* kann, weil es ansonsten tautologisch wäre. In der modernen Sprache der Mikroökonomie bedeutet dies, daß in der Edgeworth-Box implizit vom Lösungskonzept der sog. *kooperativen Spieltheorie* ausgegangen wird. Die kooperative Spieltheorie geht prinzipiell von pareto-effizienten Zuständen aus und interessiert sich lediglich für die Aufteilung der Verhandlungsgewinne. Eine solche Vorgehensweise ist durchaus legitim, sofern man sich des beschränkten Horizonts bewußt ist – zur Frage, ob Verhandlungen pareto-effizient sind oder nicht, können die Edgeworth-Box und die kooperative Spieltheorie nicht beitragen, weil sie das *Pareto*-Optimum axiomatisch (also von vornherein) voraussetzen.

Das Kernproblem besteht somit darin, daß Rationalität innerhalb der kooperativen Spieltheorie und der Edgeworth-Box bereits über das *Pareto*-Optimum definiert wird. Demgegenüber besteht die übliche mikroökonomische Rationalitätsdefinition, wie erläutert, in der *individuellen* Nutzenmaximierung. Um zu überprüfen, wann bei Verhandlungen wirklich mit pareto-effizienten Ergebnissen gerechnet werden kann, muß man daher von individueller Nutzenmaximierung ausgehen, wie dies die sog. *nicht-kooperative* Spieltheorie tut. Dies ist Gegenstand der modernen mikroökonomischen Verhandlungstheorie.[5] Diese kommt zu dem Ergebnis, daß die Frage, ob Verhandlungen rationaler Wirtschaftssubjekte *wirklich* zum *Pareto*-Optimum führen, von den Nebenbedingungen abhängt – bei vollständiger Information bestätigt sich das Ergebnis der Edgeworth-Box, wobei je nach Spezifikation der Verhandlungsmechanismen sogar exakt prognostiziert werden kann, wie sich der Verhandlungsgewinn zwischen den Beteiligten aufteilt. Bei unvollständiger Information stellt sich aber heraus, daß sich *gerade* bei rationalen Wirtschaftssubjekten oft *kein* *Pareto*-Optimum ergibt. Man sollte sich daher vor überzogenen Schlußfolgerungen auf Grundlage der Edgeworth-Box hüten.

---

5 Vgl. für einen Überblick z.B. Feess 1997, Kapitel 24.

3. Unternehmenstheorie

Die eigentliche Zielsetzung der Unternehmenstheorie besteht analog zur Haushaltstheorie darin, das Angebots- und Nachfrageverhalten von Unternehmen aus deren „Nutzenmaximierung“ (d.h. hier: Gewinnmaximierung) abzuleiten. Dazu sind allerdings zwei wesentliche Vorarbeiten erforderlich, was zum besseren Verständnis der Vorgehensweise zunächst kurz begründet werden soll:

- die Frage, welche Mengen ein bestimmtes Unternehmen bei einem bestimmten, vom Markt diktierten Güterpreis anbietet, hängt verständlicherweise von den Produktionskosten ab. Dies ist der Grund dafür, warum wir uns vor der Beschäftigung mit Angebotsfunktionen mit *Kostenfunktionen* auseinandersetzen müssen (Abschnitt 3.2);
- Kostenfunktionen entstehen aber nicht im luftleeren Raum, sondern ergeben sich auf Grundlage produktionstechnischer Möglichkeiten, die man innerhalb der Produktionstheorie untersucht. Mit dieser müssen wir daher in Abschnitt 3.1 beginnen.

Die uns eigentlich interessierende Frage des Angebots- und Nachfrageverhaltens von Unternehmen innerhalb der Markttheorie bereitet uns auf Grundlage der Produktions- und Kostentheorie dann keine Schwierigkeiten mehr.

3.1 Produktionstheorie

3.1.1 Einige grundlegende Definitionen

Die Darstellungen zur Unternehmenstheorie und insbesondere zur Produktionstheorie enthalten einige erhebliche Vereinfachungen, die das Verständnis der grundlegenden Zusammenhänge erleichtern. Einige dieser Vereinfachungen sowie einige besonders wichtige Definitionen werden im folgenden zusammengestellt. Betrachten Sie diese etwas mühselige Trockenübung bitte als notwendig, und nutzen Sie die folgenden Seiten auch als Nachschlagewerk.

Definition 1:

Produzierte Güter werden als *Produkte* und im Produktionsprozeß verwendete Güter als *(Produktions)Faktoren* bezeichnet. Synonym verwenden wir die Begriffe Input für Faktor und Output für Produkt.

Definition 2:

Fixe Faktoren sind unabhängig von der Produktionsmenge, die Mengen *variabler* Faktoren verändern sich mit der Produktionsmenge. Analog sind Fixkosten die Kosten fixer und variable Kosten die Kosten variabler Faktoren.

Achten Sie darauf, daß die Definition fixer und variabler Faktoren nicht nur von den Gütereigenschaften, sondern auch vom Zeithorizont und damit von der Zielsetzung der Untersuchung abhängt. Mit zunehmender Länge der Produktionsperiode werden fixe Faktoren variabel. So sind z.B. bei einer Periode eines Jahres die Maschinen ein fixer Faktor, bei einer zweijährigen Betrachtung stellen sie häufig schon einen variablen Faktor dar. Sehr langfristig sind grundsätzlich alle Faktoren variabel, da kein Produktionsfaktor eine unendliche Lebensdauer hat.

Definition 3:

Ein Produktionsprozeß heißt *technisch effizient*, wenn keine Mengeneinheit eines Faktors eingesetzt wird, ohne daß dadurch eine Produktionserhöhung hervorgerufen wird. Wenn der gleiche Output statt mit 10 Stunden Arbeit und 20 Maschinen auch mit 8 Stunden Arbeit und 20 gleichen Maschinen erzeugt werden kann, so ist der Einsatz von 10 Stunden Arbeit technisch ineffizent.

Definition 4:

Ein Produktionsprozeß ist *ökonomisch effizient*, wenn er den Gewinn des Unternehmens maximiert.

Bedenken Sie, daß technische Effizienz eine Voraussetzung ökonomischer Effizienz ist.

Definition 5:

Produktionsfunktionen stellen sämtliche technisch effiziente Beziehungen zwischen Input und Output dar. Wir unterscheiden zwischen mikro- und makroökonomischen Produktionsfunktionen, die den Zusammenhang zwischen Input und Output auf der einzel- bzw. der gesamtwirtschaftlichen Ebene beschreiben.

Die Definition von Produktionsfunktionen über technische Effizienz bedeutet, daß in unserem Beispiel die Produktion mit 10 Stunden Arbeit und 20 Maschinen aus der Produktionsfunktion ausgeschlossen ist. Die Produktion mit 20.000 Stunden Arbeit und 19 Maschinen kann dagegen in der Produktionsfunktion enthalten sein, auch wenn sie vermutlich ökonomisch ineffizient (d.h. nicht gewinnmaximal) ist.

Definition 6:

Von *partieller Faktorvariation* spricht man, wenn die Mengen einiger Produktionsfaktoren konstant gehalten werden. Der Output wird also durch die Veränderung der Menge nur einiger Faktoren variiert. Unter *totaler Faktorvariation* versteht man die Outputvariation durch die gleichmäßige Erhöhung der Mengen aller Produktionsfaktoren. Die totale Faktorvariation heißt auch *Skalen-* oder *Niveauvariation.* Ferner betrachtet man die sog. *isoquante Faktorvariation*, wo bei konstantem Output die Faktorkombination verändert wird.

Beachten Sie, daß Fälle, in denen mehrere, aber nicht alle Faktormengen verändert werden, der partiellen Faktorvariation zugerechnet werden. (Beispiel: Wenn von 7 eingesetzten Faktoren die Mengen von 4 erhöht werden, so zählt dies zur partiellen, *nicht* zur totalen Faktorvariation). Wir unterscheiden also drei Arten von Faktorvariationen, die sich dadurch unterscheiden, daß jeweils verschiedene Größen *konstant* gehalten werden:

- bei der partiellen Faktorvariation werden die Mengen bestimmter Produk-tionsfaktoren konstant gehalten;
- bei der totalen Faktorvariation wird das Faktoreinsatzverhältnis konstant gehalten;
- und bei der isoquanten Faktorvariation wird der Output konstant gehalten.

Definition 7:

Das Verhältnis der Produktionsmenge y_j eines Produkts j und der Menge x_i eines variablen Faktors i (also y_j/x_i) bei partieller Faktorvariation heißt (partielles) Durchschnittsprodukt. Multipliziert man das partielle Durchschnittsprodukt mit dem Preis p_j des Outputs, so spricht man vom (partiellen) Durchschnittsertrag. Bei totaler Faktorvariation spricht man analog vom (totalen) Durchschnittsprodukt und dem (totalen) Durchschnittsertrag. Wenn kein Zweifel über das Vorliegen partieller oder totaler *Faktorvariation* besteht, werden die Begriffe partiell und total weggelassen.

Definition 8:

Die Änderung des Outputs bei einer marginalen Änderung der Menge eines Produktionsfaktors (also die erste partielle Ableitung der Produktionsfunktion $\partial y_j / \partial x_i$) wird als (partielle) Grenzproduktivität von x_i bezeichnet. Multipliziert man die partielle Grenzproduktivität mit dem Preis p_j des Outputs, so spricht man von dem (partiellen) Grenzertrag. Bei totaler Faktorvariation spricht man analog von (totaler) Grenzproduktivität und dem (totalen) Grenzertrag. Die totale Grenzproduktivität heißt auch Niveaugrenzproduktivität. Wenn kein Zweifel über das Vorliegen partieller oder totaler *Faktorvariation* besteht, werden die Begriffe partiell und total weggelassen.

Vereinfachung 1:

Wir betrachten ausschließlich Unternehmen, die nur ein Produkt herstellen (sog. *Einprodukt-Unternehmen*).

Selbstverständlich gibt es auch Modelle von Mehrprodukt- und von Kuppelproduktionsunternehmen. Beim Mehrproduktunternehmen können die zur Verfügung stehenden Faktoren zur Produktion verschiedener Produkte in voneinander *unabhängigen* Produktionsprozessen erzeugt werden. Dementgegen entstehen bei der Kuppelproduktion in *einem* Produktionsprozeß mehrere Produkte. Dieser Fall ist auch für die Umweltökonomie von Interesse, denn in sehr vielen Produktionsprozessen entstehen neben dem gewünschten Produkt zwangsläufig auch eine Reihe unerwünschter Abfallprodukte. Zur Analyse von Mehrprodukt- und Kuppelproduktionsunternehmen greifen Sie bitte auf die aufgeführte Lehrbuchliteratur zurück.

Vereinfachung 2:

Die Unternehmen haben *vollkommene Information* über die Produktionsfunktionen.

Selbstverständlich gibt es auch Modelle mit unvollkommener Information hinsichtlich der Produktionsfunktion, was beispielsweise zur Anwendung des *Bernoulli*-Kriteriums auf Produktionsentscheidungen führt. Dies ist ein interessanter Punkt, der aber üblicherweise nicht in einfachere mikroökonomische Veranstaltungen gehört.

Vereinfachung 3:

Die Marktpreise für Faktoren und Produkte sind für das einzelne Unternehmen *gegeben*. Zum bestehenden Marktpreis kann das Unternehmen beliebig viele Faktoren nachfragen und beliebig viele Produkte verkaufen. Dies entspricht der Annahme *vollständiger Konkurrenz* auf Faktor- und Gütermärkten.

In den Kapiteln zur Markttheorie behandeln wir auch Modelle mit unvollständiger Konkurrenz auf Gütermärkten. Machen Sie sich aber bitte unbedingt klar, daß die einfachen Ergebnisse der Produktions- und Kostentheorie in den Abschnitten 3.1 und 3.2 auf die Annahme vollständiger Konkurrenz angewiesen sind. Dies liegt aber daran, daß sonst die Faktor- und Güterpreise nicht einfach als gegeben unterstellt werden können.

Vereinfachung 4:

Die Unternehmen werden als homogene Einheiten betrachtet, so daß Koordinationsprobleme innerhalb der Unternehmen nicht thematisiert werden. Einziges Unternehmensziel ist die Gewinnmaximierung.

Es gibt auch Modelle, in denen die Abstimmungsprobleme in Unternehmen detailliert untersucht werden, wodurch die Organisationstheorie zu einem interessanten Spezialgebiet der Mikroökonomie wird. Interessant ist die Verbindung dieser Frage mit unvollkommener Information, wenn beispielsweise die Unternehmensleitung die Leistungen der Mitarbeiter nicht direkt beobachten kann. Dies führt in die gerade für die Betriebswirtschaftslehre wichtigen Principal-Agent-Modelle, die in anspruchsvollen mikroökonomischen Lehrbüchern integriert sind.

3.1.2 Zur Unterscheidung substitutionaler und limitationaler Produktionsfunktionen

Grundsätzlich wird zwischen limitationalen (Abschnitt 3.1.3) und substitutionalen (Abschnitte 3.1.4 bis 3.1.5) Produktionsfunktionen unterschieden. *Limitationale* Produktionsfunktionen sind darüber definiert, daß es nur eine technisch effiziente Faktorkombination gibt. Da technische Effizienz eine notwendige Voraussetzung ökonomischer Effizienz ist, gibt es auch nur eine ökonomisch effiziente Faktorkombination. Limitationale Produktionsfunktionen sind demnach dadurch gekennzeichnet, daß die selektive Erhöhung einzelner Faktormengen zu keiner Erhöhung des Outputs führt. Diese produktionstechnische Annahme hat einiges für sich, weil beispielsweise die Hinzunahme eines weiteren Reifens bei der Herstellung von Autos zwar zu einem zweiten Ersatzreifen, aber zu keinem zweiten Auto führen kann. Das wichtigste Anwendungsgebiet limitationaler Produktionsfunktionen ist die Input-Output-Analyse.

Bei *substitutionalen* Produktionsfunktionen kann jeder Faktor zumindest teilweise durch andere ersetzt werden, so daß es nicht nur eine, sondern mehrere technisch effiziente Faktorkombinationen gibt. Somit gelangen wir zur folgenden Definition limitationaler und substitutionaler Produktionsfunktionen: In einer Technologie stehen die Produktionsfaktoren in substitutionalem Verhältnis, wenn es zwei Produktionsprozesse mit gleichen Produkt-, aber unterschiedlichen Faktorquantitäten gibt. Sonst heißt das Verhältnis limitational.

Beachten Sie, daß die Entscheidung für limitationale oder substitutionale Produktionsfunktionen weniger von technischen Grundlagen als von pragmatischen Gesichtspunkten wie der Definition der Faktoren und dem Zeithorizont abhängt. So könnten wir in der Autoproduktion alle Kunststoffe zu einem Produktionsfaktor zusammenfassen, dessen Ersetzung durch andere Faktoren wie Blech dann schwierig ist. Wählen wir dagegen eine tiefere Aggregationsstufe und unterscheiden n verschiedene Kunststoffe, so ist es eher möglich, den einen Kunststoff durch den anderen zu substituieren. Der Zeithorizont ist wichtig, weil im Zuge des technischen Fortschritts die Substitutionsmöglichkeiten zunehmen. Letztlich ist der Unterschied zwischen limitationalen und substitutionalen Produktionsfunktionen nur graduell: Wenn wir n limitationale Produktionsfunktionen zur Erzeugung eines bestimmten Outputs betrachten – beispielsweise eine Autoproduktion mit und ohne einen bestimmten Robotertypus, der die ganze Technik ändert – und n gegen unendlich gehen lassen, so erhalten wir substitutionale Produktionsfunktionen.

3.1.3 Limitationale Produktionsfunktionen

Zur graphischen Darstellung von Produktionsfunktionen benötigen wir den Begriff der Isoquanten: Eine *Isoquante* ist der geometrische Ort aller Mengenkombinationen zweier Produktionsfaktoren, mit denen der gleiche Output produziert werden kann. Demnach stellen alle Punkte auf einer Isoquanten den gleichen Output dar, während eine Bewegung in der Isoquantenschar nach außen eine Erhöhung der Produktionsmenge bedeutet.

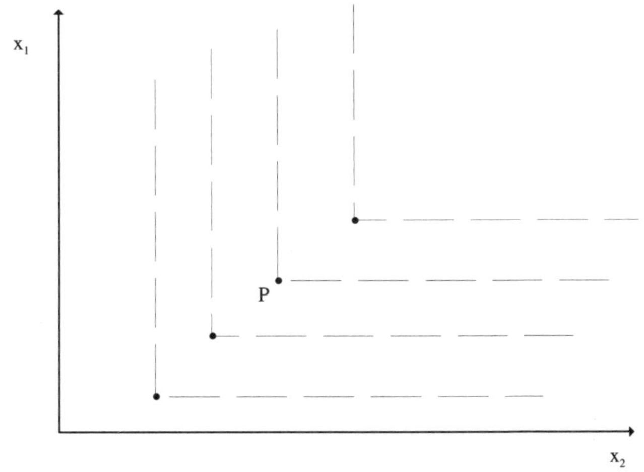

Abb. 3.1: Isoquanten limitationaler Produktionsfunktionen

Bei limitationalen Produktionsfunktionen wird durch die gestrichelte Darstellung der Isoquanten gekennzeichnet, daß die Menge jedes Faktors die Produktion *limitiert.* Wenn wir uns ausgehend von einem beliebigen (technisch effizenten) Punkt P nach rechts oder nach oben bewegen, so erhöht sich der Output nicht. Dies folgt aus der Definition limitationaler Produktionsfunktionen: Nur eine *gemeinsame* Erhöhung beider Produktionsfaktoren würde zu einer Produktionssteigerung führen.

Der wichtigste Spezialfall limitationaler Produktionsfunktionen ist die *linear-limitationale Produktionsfunktion*, die auch als *Leontief*-Funktion bezeichnet wird und der Input-Output-Analyse zugrundeliegt. Linear-limitationale Produktionsfunktionen sind dadurch gekennzeichnet, daß eine Verdoppelung der Mengen aller Faktoren auch zu einer Verdoppelung des Outputs führt; allgemein gesprochen führt eine Multiplikation aller Faktormengen um n auch zu einer Erhöhung des Outputs um n.

Formal stellt man linear-limitationale Produktionsfunktionen durch die Gleichung

$$(3.1) \qquad y_j = \min\left(\frac{x_{ij}}{a_{ij}}\right)$$

dar, wobei a_{ij} angibt, wieviele Einheiten eines Faktors i zur Produktion einer Einheit des Outputs j erforderlich sind. Wurden beispielsweise 100 Einheiten des Faktors i ($x_{ij} = 100$) zur Produktion von 20 Einheiten Output ($y_j = 20$) benötigt, so ist der Faktoreinsatz pro Outputeinheit 5 ($a_{ij} = 100/20 = 5$). Die Gesamtproduktion wird dann durch den Faktor limitiert, der gemessen an seinem Bedarf (x_{ij}/a_{ij}) am knappsten ist.

Zur Analyse des Unternehmensverhaltens sind allerdings substitutionale Produktionsfunktionen interessanter, weil die Faktorkombination bei limitationalen Produktionsfunktionen technisch vorgegeben ist und daher kein Spielraum für eine Orientierung an den Faktorpreisen bleibt. Im Mittelpunkt der produktions- und kostentheoretischen Überlegungen stehen daher stets substitutionale Produktionsfunktionen.

3.1.4 Die Cobb-Douglas-Funktion

3.1.4.1 Grundlagen

Von besonderer Bedeutung ist die Cobb-Douglas-Funktion, die in zahlreichen mikro- und makroökonomischen Modellen verwendet wird. Die allgemeine Form der Cobb-Douglas-Funktion lautet mit y_j als Output der Ware j und x_i als Mengen der Produktionsfaktoren i

$$(3.2) \qquad y_j = a x_1^{\alpha_1} \cdot x_2^{\alpha_2} \cdot ... \cdot x_n^{\alpha_n} = a \cdot \prod_{i=1}^{n} x_i^{\alpha_i}$$

unter der Nebenbedingung

$$(3.3) \qquad 0 < \alpha_i < 1$$

Wir werden uns im folgenden aus Vereinfachungsgründen auf Cobb-Douglas-Funktionen mit nur einem Outputgut und zwei Produktionsfaktoren beschränken, was an den wesentlichen Ergebnissen nichts ändert und daher sinnvoll ist.[6]

Die multiplikative Verknüpfung zeigt, daß die Faktoren substituierbar sind. Allerdings ist diese Substituierbarkeit nur peripher, da im Unterschied zur additiven Verknüpfung die Menge keines Faktors auf Null gesenkt werden darf (sonst wird auch der Output Null). Die Cobb-Douglas-Funktion wird daher *peripher* substitutional genannt. In den Definitionen in Abschnitt 3.1.1 haben wir bereits darauf hingewiesen, daß sich grundsätzlich drei Arten von Faktorvariationen unterscheiden lassen, mit denen wir Produktionsfunktionen beschreiben können:

- die partielle Faktorvariation, bei der nur die Mengen einiger Produktionsfaktoren variieren, andere aber konstant gehalten werden;
- die isoquante Faktorvariation, bei der der Output konstant gesetzt wird;
- und die totale Faktorvariation, bei der die Faktorkombination konstant gesetzt wird (d.h. es werden alle Faktormengen prozentual gleichmäßig erhöht).

Diese drei Arten von Faktorvariation werden wir im folgenden zur genaueren Beschreibung der Cobb-Douglas-Funktion heranziehen.

6 Früher war es üblich, Produktionsfunktionen nur dann als Cobb-Douglas-Funktionen zu bezeichnen, wenn die Summe der Hochzahlen Eins beträgt. Diese Einschränkung wurde mittlerweile aber meist aufgegeben, was den Allgemeinheitsgrad von Cobb-Douglas-Funktionen erhöht. Wir folgen der neueren Sichtweise.

3.1.4.2 Partielle Faktorvariation

Bei partieller Faktorvariation wird im 2-Faktoren-Fall definitionsgemäß die Menge eines Faktors konstant gehalten und die Produktion durch die Erhöhung der anderen Faktormenge gesteigert (vgl. Definition 6). Setzen wir willkürlich die Menge von Faktor 2 konstant – wir schreiben dies als $x_2 = \overline{x}_2$ – so lautet die Produktionsfunktion $y = x_1^{\alpha_1} \cdot \overline{x}_2^{\alpha_2}$. Da $\overline{x}_2^{\alpha_2}$ konstant und $\alpha_1 < 1$ ist, steigt der Output bei partieller Faktorvariation gemäß Abb. 3.2 mit degressiven Zuwächsen.

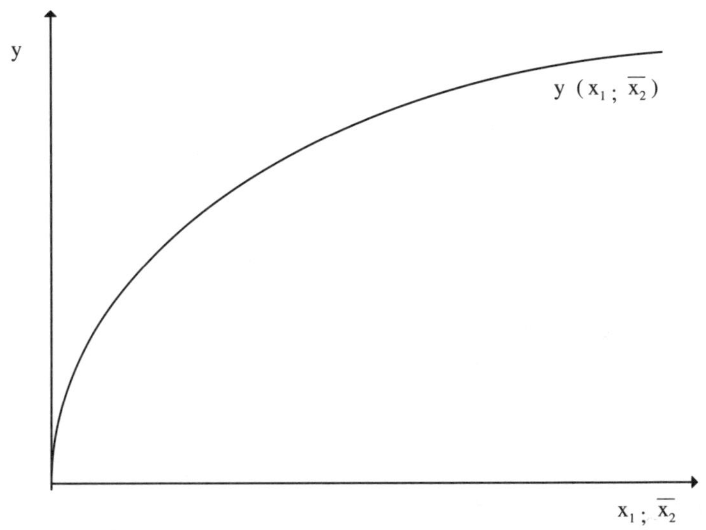

Abb. 3.2: Die Cobb-Douglas-Funktion bei partieller Faktorvariation

Da dieser durch die Nebenbedingung $0 < \alpha_1, \alpha_2 < 1$ sichergestellte Verlauf für den Fall partieller Faktorvariation gilt, ist er ökonomisch durchaus plausibel. Wird beispielsweise die Arbeitsmenge unter Konstanz anderer Faktoren erhöht, so werden die zusätzlichen Arbeitsstunden zwar eine Steigerung der Produktion bewirken, doch können zwei Arbeiter mit einer Schaufel normalerweise nicht doppelt so viel Erde ausheben wie ein Arbeiter mit einer Schaufel. Die Grenzproduktivität des Faktors 1 bestimmen wir als erste Ableitung der Produktionsfunktion:

(3.4) $$y = x_1^{\alpha_1} \cdot \overline{x}_2^{\alpha_2} \Rightarrow \frac{\partial y}{\partial x_1} = \alpha_1 \cdot x_1^{\alpha_1 - 1} \cdot \overline{x}_2^{\alpha_2} .$$

Da $\alpha_1 - 1$ negativ und $\overline{x}_2^{\alpha_2}$ konstant ist, sinkt die Grenzproduktivität mit steigendem x_1, bleibt aber immer positiv. Das Durchschnittsprodukt als Quotient aus Output und Input erhalten wir, indem wir für den Output y die Produktionsfunktion einsetzen:

(3.5) $$\frac{y}{x_1} = \frac{x_1^{\alpha_1} \cdot \overline{x}_2^{\alpha_2}}{x_1} = x_1^{\alpha_1 - 1} \cdot \overline{x}_2^{\alpha_2} .$$

Da $\overline{x}_2^{\alpha_2}$ konstant uns $\alpha_1 - 1$ negativ ist, muß auch der Durchschnittsertrag mit zunehmendem x_1 stetig sinken. Allerdings wird der Durchschnittsertrag den Grenzertrag immer übersteigen, weil nicht nur die relativ unproduktiven zuletzt eingesetzten Mengeneinheiten, sondern alle Einheiten eingehen. Formal läßt sich das daran erkennen, daß sich Durchschnitts- und Grenzertrag nur durch den Faktor $\alpha_1 < 1$ unterscheiden, weshalb der Durchschnittsertrag im Falle stetig sinkender Grenzerträge immer über dem Grenzertrag liegt:

$$(3.6) \qquad x_1^{\alpha_1 - 1} \cdot \bar{x}_2^{\alpha_2} > \alpha_1 \cdot x_1^{\alpha_1 - 1} \cdot \bar{x}_2^{\alpha_2} \qquad \text{für} \quad \alpha_1 < 1 \; .$$

Dies bedeutet gemäß Abb. 3.3, daß das Durchschnittsprodukt stets um das $1/\alpha_1$-fache über der Grenzproduktivität liegt.

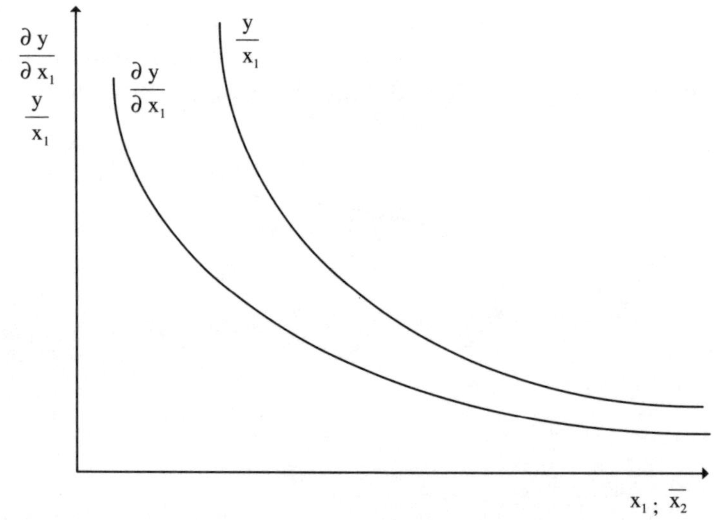

Abb. 3.3: Grenz- und Durchschnittsprodukt der Cobb-Douglas-Funktion bei partieller Faktorvariation

Der Vergleich von Grenz- und Durchschnittsprodukt führt uns mit der *Produktionselastizität* zu einer dritten wichtigen Maßzahl zur Beschreibung der Input-Output-Beziehungen bei partieller Faktorvariation. Die Produktionselastizität mißt das Verhältnis der prozentualen Steigerung des Outputs zur prozentualen Steigerung eines Faktors und ist somit definiert als

$$(3.7) \qquad E_{x_1,y} = \frac{\frac{\Delta y}{y}}{\frac{\Delta x_1}{x_1}} \; .$$

Bei infinitesimal kleinen Änderungen können wir anstatt des Differenzenquotienten den Differentialquotienten verwenden, so daß wir die Produktionselastizität als

$$(3.8) \quad E_{x_1,y} = \frac{\frac{\partial y}{y}}{\frac{\partial x_1}{x_1}} = \frac{\partial y}{\partial x_1} \cdot \frac{x_1}{y} = \alpha_1 x_1^{\alpha_1 - 1} \bar{x}_2^{\alpha_2} \cdot \frac{x_1}{y} = \frac{\alpha_1 x_1^{\alpha_1 - 1} \bar{x}_2^{\alpha_2} x_1}{x_1^{\alpha_1} \bar{x}_2^{\alpha_2}} = \alpha_1$$

schreiben können.

Verallgemeinert bedeutet dies, daß die Produktionselastizitäten der Faktoren i in der Cobb-Douglas-Funktion konstant sind und den Hochzahlen in der Produktionsfunktion entsprechen. Die Hochzahlen geben somit an, um wieviel Prozent sich der Output im Verhältnis zur prozentualen Steigerung eines Faktors i erhöht – gleichzeitig entsprechen sie genau dem Verhältnis von Grenz- und Durchschnittsertrag. Dies folgt direkt aus der allgemeinen Definition einer Elastizität, wie durch die gerade durchgeführte Rechnung leicht überprüft werden kann. Somit können die Eigenschaften der Cobb-Douglas-Funktion bei partieller Faktorvariation folgendermaßen zusammengefaßt werden:

- Die Grenzproduktivität ($\partial y/\partial x_i$) sinkt stetig, bleibt aber stets positiv.
- Das Durchschnittsprodukt (y/x_i) sinkt ebenfalls stetig und liegt stets um das $1/\alpha_1$-fache über dem Grenzprodukt.
- Die Produktionselastizität $E_{x_i,y}$ – die prozentuale Steigerung des Outputs im Verhältnis zur ebenfalls prozentualen Steigerung eines Faktors – ist konstant und entspricht der Hochzahl des Faktors i in der Produktionsfunktion. Sie ist der Quotient aus Grenz- und Durchschnittsprodukt.

3.1.4.3 Isoquante Faktorvariation

Bevor wir uns nun der totalen Faktorvariation (Skalenvariation) zuwenden, erläutern wir anhand der isoquanten Faktorvariation den Begriff der Grenzrate der technischen Substitution. In großer formaler Ähnlichkeit zur Grenzrate der Substitution in der Haushaltstheorie (vgl. Abschnitt 2.1.2) gibt die Grenzrate der technischen Substitution $|dx_1/dx_2|$ in der Produktionstheorie an, wieviel Einheiten des Faktors 1 mit einer Einheit des Faktors 2 ersetzt werden können, um den gleichen Output zu produzieren. Formal ist die Grenzrate der technischen Substitution demnach die Steigung einer Isoquanten (auf eine formale Herleitung aus dem totalen Differential können wir verzichten, weil diese mit der Herleitung der Grenzrate der Substitution in der Haushaltstheorie identisch ist).

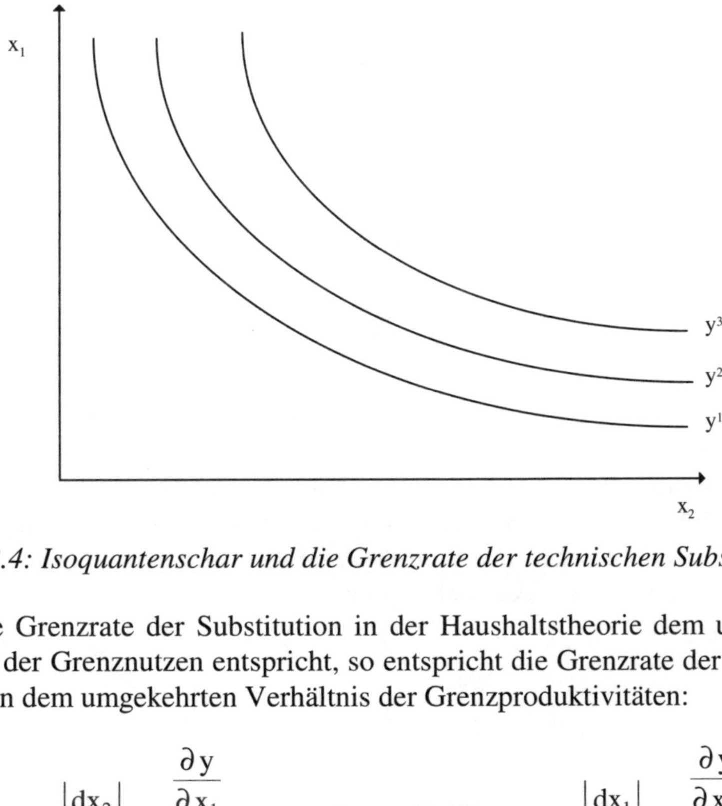

Abb. 3.4: Isoquantenschar und die Grenzrate der technischen Substitution

So wie die Grenzrate der Substitution in der Haushaltstheorie dem umgekehrten Verhältnis der Grenznutzen entspricht, so entspricht die Grenzrate der technischen Substitution dem umgekehrten Verhältnis der Grenzproduktivitäten:

$$(3.9) \qquad \left|\frac{dx_2}{dx_1}\right| = \frac{\frac{\partial y}{\partial x_1}}{\frac{\partial y}{\partial x_2}} \qquad \text{bzw. (3.10)} \qquad \left|\frac{dx_1}{dx_2}\right| = \frac{\frac{\partial y}{\partial x_2}}{\frac{\partial y}{\partial x_1}} .$$

Ökonomisch kann man sich dies leicht klarmachen: Je größer die Grenzproduktivität des Faktors 2 im Verhältnis zur Grenzproduktivität des Faktors 1, desto mehr Einheiten des (unproduktiven) Faktors 1 können mit einer Einheit des (produktiven) Faktors 2 ersetzt werden. Aus diesem Grund sind das marginale Ersetzungsverhältnis (die Grenzrate der technischen Substitution) und das Verhältnis der Grenzproduktivitäten umgekehrt proportional. Beachten Sie schließlich noch, daß $|dx_1/dx_2|$ sinkt, wenn das Mengenverhältnis x_2/x_1 steigt (angesichts unserer Achsenbezeichnung entspricht dies graphisch einer Wanderung auf der Isoquanten nach rechts). Auch dies ist darauf zurückzuführen, daß bei steigendem x_2/x_1 die Grenzproduktivität des weniger eingesetzten Faktors 1 im Verhältnis zur Grenzproduktivität von Faktor 2 steigt. Ein steigendes Verhältnis der Grenzproduktivitäten ($\partial y/\partial x_1$ steigt im Verhältnis zu $\partial y/\partial x_2$) bedeutet aber eine sinkende Grenzrate der technischen Substitution $|dx_1/dx_2|$.

Formal erhält man die Gleichung für eine Isoquante, indem man die Produktionsfunktion bei gegebenem Output nach einem der beiden Faktoren auflöst. Für die Cobb-Douglas-Funktion ergibt sich ausgehend von

$$(3.4)\qquad \bar{y} = x_1^{\alpha_1} \cdot x_2^{\alpha_2}$$

$$(3.11)\qquad x_1^{\alpha_1} = \frac{\bar{y}}{x_2^{\alpha_2}}$$

bzw. schließlich

$$(3.12)\qquad x_1 = \frac{\bar{y}^{1/\alpha_1}}{x_2^{\alpha_2/\alpha_1}}$$

Dabei handelt es sich in der Tat um eine konvexe Isoquante, bei der x_1 eine degressiv fallende Funktion von x_2 ist.

3.1.4.4 Totale Faktorvariation

Kommen wir nun zur totalen Faktorvariation oder Skalenvariation, bei der die Änderung des Outputs bei einer *simultanen und gleichmäßigen* Veränderung der Mengen *aller* Produktionsfaktoren betrachtet wird. Die dazu verwendete Maßzahl ist die *Skalenelastizität*, die die prozentuale Erhöhung des Outputs im Verhältnis zur ebenfalls prozentualen Änderung der Mengen aller Produktionsfaktoren mißt. Der Unterschied zwischen der Produktionselastizität und der Skalenelastizität besteht also darin, daß bei der Produktionselastizität nur die Menge eines Faktors unter Konstanz der Mengen aller anderen Faktoren variiert wird, während bei der Skalenelastizität alle Inputmengen erhöht werden. Wenn wir den Faktor der gemeinsamen Veränderung aller Inputmengen als λ und den Output wie gewohnt als y bezeichnen, so ist die Skalenelastizität

$$(3.13)\qquad E_{\lambda,y} = \frac{\frac{dy}{y}}{\frac{d\lambda}{\lambda}} = \frac{dy}{d\lambda} \cdot \frac{\lambda}{y} \quad .$$

Wenn die Skalenelastizität größer als Eins ist ($E_{\lambda,y} > 1$), so spricht man von steigenden, andernfalls ($E_{\lambda,y} < 1$) von sinkenden Skalenerträgen. Entsprechend bedeuten konstante Skalenerträge ($E_{\lambda,y} = 1$), daß die prozentuale Änderung des Outputs im Verhältnis zur prozentualen Änderung aller Inputmengen über die ganze Produktionsfunktion hinweg gleich ist.

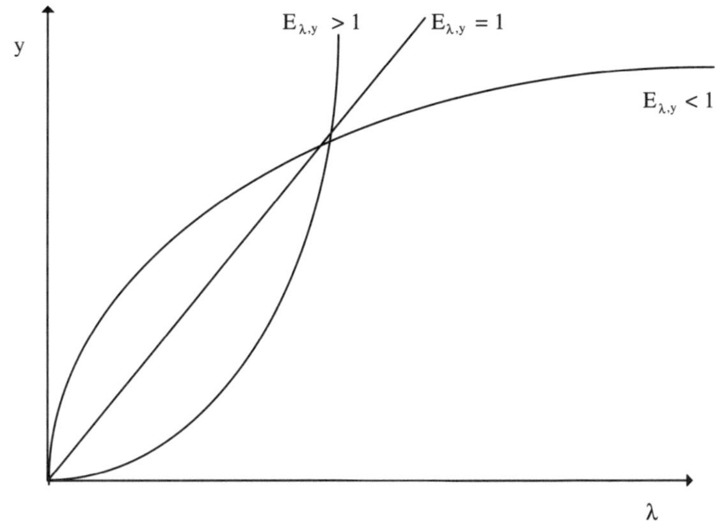

Abb. 3.5: Konstante, steigende und sinkende Skalenerträge

Konstante Skalenerträge sind eine ausgesprochen plausible Annahme: Wenn ein Arbeiter und drei Maschinen einen Output von 10 erzeugen, dann bedeuten konstante Skalenerträge, daß zwei (identische) Arbeiter mit sechs (identischen) Maschinen einen Output von 20 erzeugen. Dagegen werden steigende Skalenerträge beispielsweise mit Synergieeffekten (möglicherweise können zur Dokumentation ähnlicher Arbeitsvorgänge die gleichen Formulare verwendet werden) und sinkende Skalenerträge mit einem überproportionalen Organisationsaufwand begründet. Skalenerträge sind ein wesentlicher Aspekt bei der Bestimmung der optimalen Unternehmensgröße; wir werden hierauf bei der Betrachtung des natürlichen Monopols näher eingehen. Achten Sie darauf, daß konstante Skalenerträge gemäß Abb. 3.5 *nicht* voraussetzen, daß die Produktionsfunktion $y_j(\lambda)$ eine Steigung von Eins aufweist: Da die Skalenelastizität ähnlich wie die Produktionselastizität das *Verhältnis* aus marginaler und durchschnittlicher Outputänderung ist, weisen alle linearen und im Ursprung beginnenden Produktionsfunktionen konstante Skalenerträge auf. Solche Produktionsfunktionen nennt man auch linear homogen.

Wenn die Produktionsfaktoren wie in der Cobb-Douglas-Funktion multiplikativ miteinander verknüpft sind, dann kann die Skalenelastizität einfach als Summe der (partiellen) Produktionselastizitäten bestimmt werden. Dies ist einsichtig, weil die *gesamte* Änderung des Outputs sich aus den einzelnen – partiellen – Änderungen zusammensetzt. Sofern die Summe der Hochzahlen gleich Eins ist, weist die Cobb-Douglas-Funktion also konstante Skalenerträge auf, für Summen größer (kleiner) als Eins entsprechend steigende (sinkende) Skalenerträge. Die Cobb-Douglas-Funktion hat bei totaler Faktorvariation also einen hohen Allgemeinheitsgrad.

3.1.5 Das Ertragsgesetz

Neben der Cobb-Douglas-Funktion spielt die ertragsgesetzliche Produktionsfunktion (kurz: das Ertragsgesetz) eine herausragende Rolle. Es geht ursprünglich auf den französischen Physiokraten *Turgot* (1768) zurück und besagt, daß bei partieller Faktorvariation der Ertrag zunächst progressiv und dann degressiv steigt. *Turgot* bezog seine Überlegungen auf die Landwirtschaft, wobei er den Boden als konstanten und die Intensität der Bebauung (als Aggregat aus dem Einsatz von Arbeit, Saatgut und Dünger) als variablen Faktor betrachtete. Abb. 3.6 zeigt das

Ertragsgesetz im 2-Faktoren-Fall mit y als Ertrag, $\overline{x}_2$ als konstantem und x_1 als variablem Faktor.

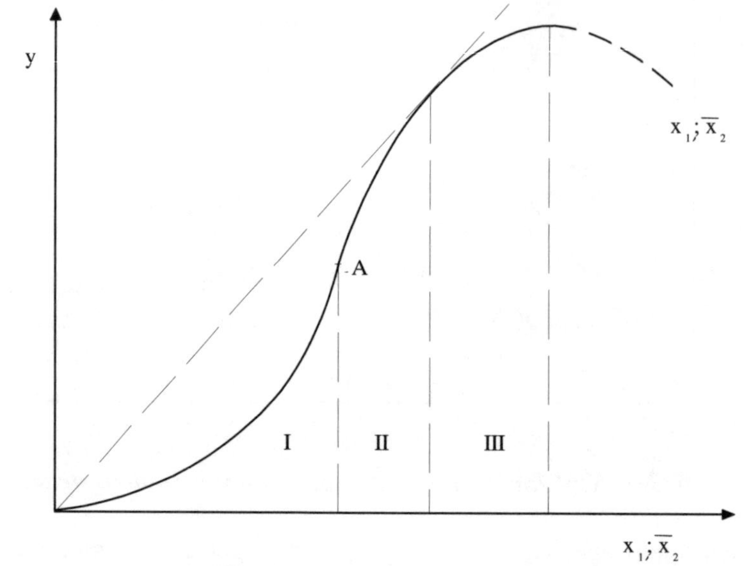

Abb. 3.6: Das Ertragsgesetz

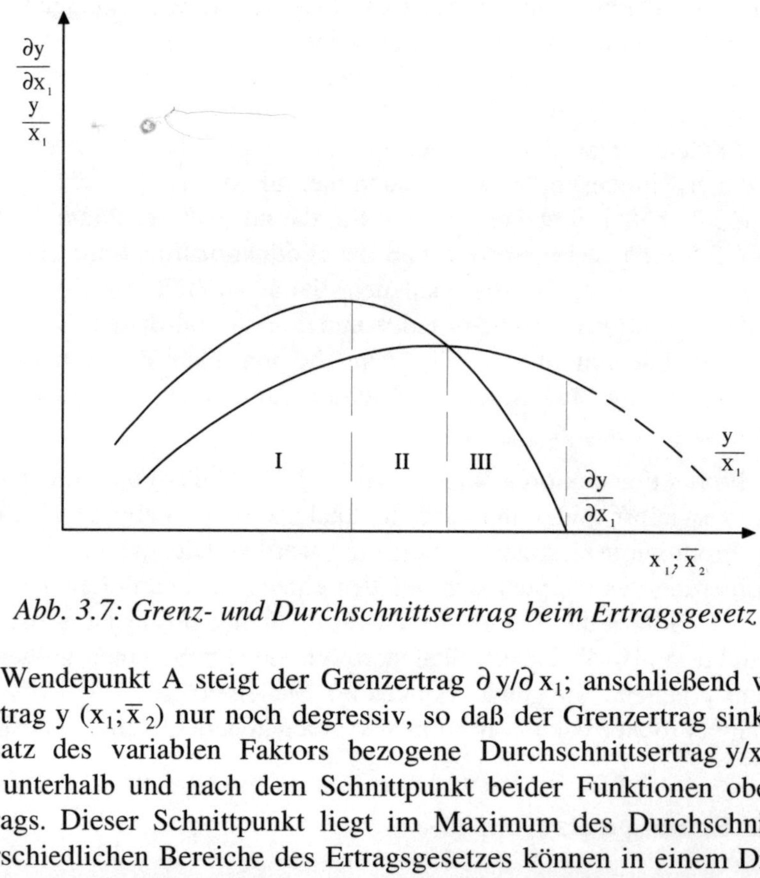

Abb. 3.7: Grenz- und Durchschnittsertrag beim Ertragsgesetz

Bis zum Wendepunkt A steigt der Grenzertrag $\partial y/\partial x_1$; anschließend wächst der Gesamtertrag y $(x_1;\overline{x}_2)$ nur noch degressiv, so daß der Grenzertrag sinkt. Der auf den Einsatz des variablen Faktors bezogene Durchschnittsertrag y/x_1 verläuft zunächst unterhalb und nach dem Schnittpunkt beider Funktionen oberhalb des Grenzertrags. Dieser Schnittpunkt liegt im Maximum des Durchschnittsertrags. Die unterschiedlichen Bereiche des Ertragsgesetzes können in einem Dreiphasenschema zusammengefaßt werden, die durch die Abschnitte I-III in Abb. 3.7 gekennzeichnet sind. In einem Teil der Literatur wird rechts von Phase III im Bereich fallender Gesamterträge noch eine Phase IV eingezeichnet. Da eine Produktionsfunktion aber nur die Darstellung der effizienten Faktorkombinationen ist, endet das Ertragsgesetz mit dem Maximum. Eine Phase IV existiert also nicht.

	Gesamtertrag y	Grenzertrag $\partial y/\partial x_i$	Durchschnittsertrag y/x_i
Phase I	progressiv steigend	degressiv steigend ($\partial y/\partial x_i > y/x_i$)	degressiv steigend ($y/x_i < \partial y/\partial x_i$)
Phase II	degressiv steigend	progressiv fallend ($\partial y/\partial x_i > y/x_i$)	degressiv steigend ($y/x_i < \partial y/\partial x_i$)
Phase III	degressiv steigend	progressiv fallend ($\partial y/\partial x_i < y/x_i$)	progressiv fallend ($y/x_i > \partial y/\partial x_i$)

Übers. 3.1: Dreiphasenschema des Ertragsgesetzes

In unserem Zusammenhang liegt die besondere Bedeutung des Ertragsgesetzes darin, daß die Mehrzahl der einfachen und gängigen mikroökonomischen Graphiken mit Kostenfunktionen arbeitet, die sich aus dem Ertragsgesetz ergeben. Die Kostenfunktionen in Abschnitt 3.2 werden daher auf der Grundlage des Ertragsgesetzes abgeleitet. Lassen Sie sich nicht dadurch irritieren, daß in vielen Lehrbüchern – so auch hier – in einigen Modellen die Cobb-Douglas-Funktion und in anderen das Ertragsgesetz verwendet wird. Ökonomen neigen dazu, jeweils die Produktionsfunktion zu unterstellen, die das gerade verwendete Modell besonders plausibel erscheinen läßt.

3.2 Kostentheorie

3.2.1 Grundlegende Definitionen

Der Unterschied zwischen der Produktions- und der Kostentheorie besteht im wesentlichen darin, daß in der Produktionstheorie der *Output* und in der Kostentheorie der *Input* als abhängige Variable betrachtet werden: Die Produktionstheorie untersucht die Veränderung des Outputs als Funktion des Inputs, und die Kostentheorie untersucht die Veränderung des (mit Preisen bewerteten) Inputs als Funktion des Outputs. Daraus folgt, daß die Kostenfunktion die (bewertete) Umkehrfunktion der Produktionsfunktion ist. Mit Preisen bewertete Faktoren (Inputs) werden als Kosten bezeichnet.

Beachten Sie, daß die einfache Interpretation der Kostenfunktion als Umkehrfunktion der Produktionsfunktion darauf angewiesen ist, daß die Inputpreise bei einer Veränderung des Outputs konstant bleiben; andernfalls müßten die Preisänderungen berücksichtigt werden. Im Falle vollständiger Konkurrenz sind die Preise der Produktionsfaktoren aber unabhängig von der Produktionsmenge des einzelnen Unternehmens, so daß wir die Kostenfunktion einfach als Umkehrfunktion der Produktionsfunktion definieren können. Anknüpfend an die einleitend zur Produktionstheorie gegebenen Definitionen (Abschnitt 3.1.1) werden nun zunächst einige wichtige Begriffe der Kostentheorie zusammengefaßt.

Definition 1:

Fixe Kosten (K_f) sind unabhängig von der Produktionshöhe in der betrachteten Periode und demnach unveränderbar (invariabel).

Produktionstheoretisch handelt es sich demnach um die Kosten der fixen Faktoren in der Produktionsfunktion. Mit $\overline{x}_2$ als fixem Faktor und p_2 als zugehörigem Preis gilt $K_f = p_2 \cdot \overline{x}_2$.

Definition 2:

Variable Kosten (K_v) sind abhängig von der Produktionshöhe in der betrachteten Periode.

Produktionstheoretisch handelt es sich demnach um die Kosten der variablen Faktoren in der Produktionsfunktion. Mit x_1 als variablem Faktor und p_1 als zugehörigem Preis gilt $K_v = p_1 \cdot x_1$.

Bei totaler Faktorvariation, wenn definitionsgemäß alle Faktoren variabel sind, erübrigt sich die Unterscheidung zwischen fixen und variablen Kosten. Beachten Sie, daß die Unterteilung in fixe und variable Kosten von der Periodenlänge abhängt: Kurzfristig kann die Miete für eine Lagerhalle zu den Fixkosten gerechnet werden, langfristig kann der Vertrag gelöst werden.

Definition 3:

Die *Gesamtkosten* (K_g) sind die Summe aus fixen und variablen Kosten ($K_g = K_f + K_v$).

Definition 4:

Durchschnittliche Kosten sind der Quotient aus Kosten und Produktionsmenge (K/y). Entsprechend den Definitionen 1-3 unterscheidet man nach durchschnittlichen fixen, durchschnittlichen variablen und durchschnittlichen Gesamtkosten.

Definition 5:

Die bei einer infinitesimal kleinen (marginalen) Produktionssteigerung entstehenden Kosten heißen *Grenzkosten* ($\partial K / \partial y$).

Definition 6:

Eine Kostenfunktion heißt *kurzfristige Kostenfunktion*, wenn nicht alle Produktionsfaktoren variabel sind. Produktionstheoretisch entspricht dies dem Fall partieller Faktorvariation.

Definition 7:

Eine Kostenfunktion heißt *langfristige Kostenfunktion*, wenn alle Produktionsfaktoren variabel sind. Produktionstheoretisch entspricht dies dem Fall totaler Faktorvariation. Da wir Kostenfunktionen aufgrund der geschilderten Zusammenhänge als (bewertete) Umkehrfunktionen von Produktionsfunktionen interpretieren können, können wir Kostenfunktionen graphisch direkt aus Produktionsfunktionen bestimmen. Dabei konzentrieren wir uns auf das Ertragsgesetz, weil ertragsgesetzliche Kostenfunktionen im mikroökonomischen Lehrbetrieb eine herausragende Rolle spielen (Abschnitt 3.2.2). Die Kostenfunktionen auf Basis von Cobb-Douglas-Funktionen können analog aus den entsprechenden Funktionen aus der Produktionstheorie hergeleitet werden, spielen innerhalb der Kostentheorie aber eine kleinere Rolle als innerhalb der Produktionstheorie. Auf die Cobb-Douglas-Funktion gehen wir aber bei der Bestimmung der optimalen Faktorkombination in Abschnitt 3.2.3 genauer ein, weil sie dazu häufig verwendet wird. Schließlich skizzieren wir in Abschnitt 3.2.4 eine besonders einfache Kostenfunktion, die in der Realität trotz ihrer Einfachheit eine wichtige Rolle spielt.

3.2.2 Kostenfunktionen auf Grundlage des Ertragsgesetzes

Wie erwähnt beginnen wir nun mit Kostenfunktionen auf Grundlage des Ertragsgesetzes.

Abb. 3.8 zeigt die Gesamtkosten (K_g) als Summe aus variablen Kosten (K_v) und Fixkosten (K_f). Bis zum Punkt A steigt die Produktionsfunktion progressiv, entsprechend steigen die Gesamtkosten - als Umkehrfunktion der Produktionsfunktion - degressiv. Dies gilt sowohl für K_v als auch für K_g, da der Wendepunkt der Funktionen von den Fixkosten nicht beeinflußt wird. Die Grenzkosten dK/dy in Abb. 3.9 erreichen ihr Minimum im Punkt A; die durchschnittlichen variablen Kosten ($k_v = K_v/y$) und die durchschnittlichen Gesamtkosten ($k_g = K_g/y$) schneiden die Grenzkosten in ihrem jeweiligen Minimum. k_g hat sein Minimum nach dem Minimum von k_v, weil die durchschnittlichen Fixkosten ($k_f = K_f/y$) in k_g eingehen. k_f fällt stetig, weil die Fixkosten K_f auf eine immer größere Produktionsmenge y verteilt werden.

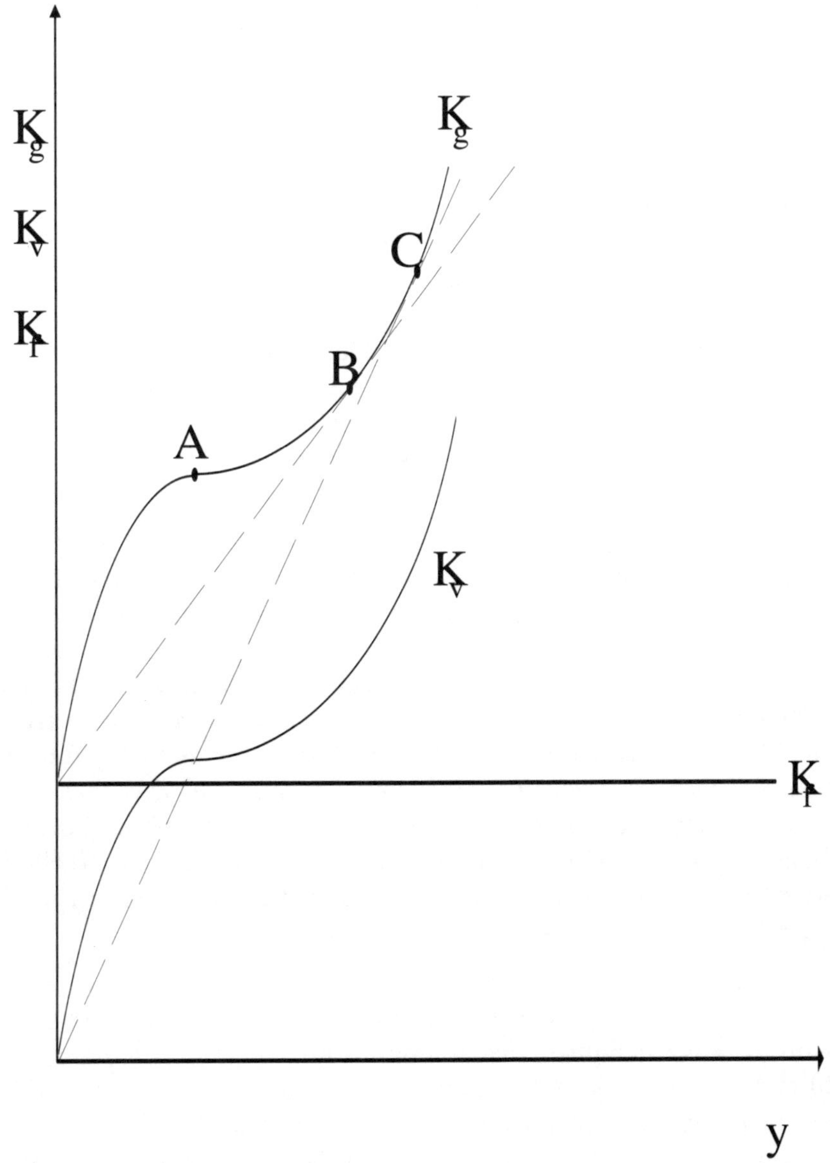

Abb. 3.8: Kostenfunktionen der ertragsgesetzlichen Produktionsfunktion

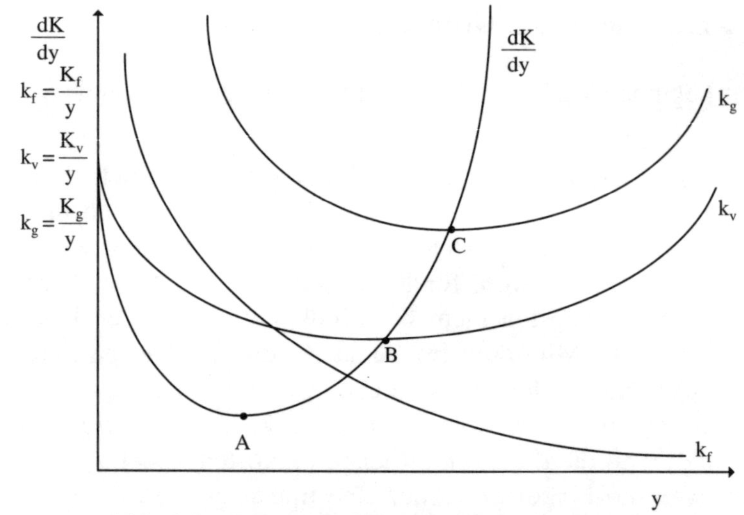

Abb. 3.9: Grenz- und Durchschnittskosten der ertragsgesetzlichen Produktionsfunktion

Bei der Frage nach dem Angebotsverhalten von Unternehmen unter unterschiedlichen Marktbedingungen werden wir oft ertragsgesetzliche Kostenverläufe zugrunde legen.

3.2.3 Die Minimalkostenkombination

3.2.3.1 Allgemeine Darstellung

Bei den gerade abgeleiteten Kostenverläufen gingen wir gemäß den Annahmen des Ertragsgesetzes davon aus, daß die Menge eines Faktors variiert und die Menge des anderen (fixen) Faktors konstant bleibt. Beim Ertragsgesetz handelt es sich also um partielle Faktorvariation. Weil gerade in der kurzen Periode einige Faktormengen unveränderbar („fix") sind, spricht man auch von kurzfristigen Kostenfunktionen.

Dementgegen können in der „langen Periode" alle Faktormengen verändert werden, so daß man es bei langfristigen Kostenfunktionen mit totaler Faktorvariation zu tun hat. Totale Faktorvariation bedeutet gemäß den Ausführungen in Abschnitt 3.1, daß der Output durch eine gleichmäßige Erhöhung aller Faktormengen (im 2-Faktoren-Fall: beider Faktormengen) gesteigert wird. Dies setzt allerdings voraus, daß das Unternehmen es für sinnvoll hält, die einmal gefundene Faktorkombination auch beizubehalten. Wir müssen daher zunächst klären, nach welchen Kriterien das Unternehmen die Faktormengen kombiniert. Analog zur optimalen Güterkombination eines Haushalts in der Haushaltstheorie („Haushaltsgleichgewicht") bezeichnet man dies als *optimale Faktorkombination* eines Unternehmens („Unternehmensgleichgewicht").

Analog zur Isoquantendarstellung in der Produktionstheorie gehen wir davon aus, daß das Unternehmen einen bestimmten Output y^0 produzieren möchte. Gesucht wird die kostenminimale Faktorkombination zur Produktion von y^0, so daß die so formulierte Suche nach der optimalen Faktorkombination auch als *Minimalkostenkombination* bezeichnet wird. Beachten Sie, daß sich ein äquivalentes Entscheidungsproblem ergibt, sofern man ein bestimmtes Budget vorgibt, mit dem bei gegebenen Preisen ein maximaler Ertrag erzielt werden soll. Analog zur Minimalkostenkombination wird diese Fragestellung als Maximalertragskombination bezeichnet. Weil die Ergebnisse identisch sind, beschränken wir uns auf die Minimalkostenkombination.

Bei der Minimalkostenkombination sollen als Hauptbedingung die Kosten minimiert werden ($K = p_1 x_1 + p_2 x_2 \rightarrow \min$). Die Restriktion (Nebenbedingung) ist, daß der Output y^0 erzeugt werden soll: $y^0 = y(x_1,x_2)$. Somit folgt als Lagrange-Funktion:

$$L = p_1 x_1 + p_2 x_2 + \lambda \cdot (y^0 - y(x_1, x_2)) \quad . \tag{3.14}$$

Die bereits aus der Haushaltstheorie bekannten Rechnungen über die partiellen Ableitungen nach x_1, x_2 und λ führen schließlich zu der grundlegenden Effizienzbedingung, daß das Verhältnis der Grenzproduktivitäten der Faktoren ihrem Preisverhältnis entsprechen muß. Da das Verhältnis der Grenzproduktivitäten definitionsgemäß der umgekehrten Grenzrate der Substitution entspricht, gilt:

$$\frac{\frac{\partial y}{\partial x_1}}{\frac{\partial y}{\partial x_2}} = \left|\frac{dx_2}{dx_1}\right| = \frac{p_1}{p_2} \quad . \tag{3.15}$$

Graphisch kann dieses Ergebnis leicht abgeleitet werden, indem die nach einem Produktionsfaktor aufgelöste Budgetbeschränkung (aus $K = p_1 x_1 + p_2 x_2$ folgt beispielsweise $x_1 = K/p_1 - (p_2/p_1)\, x_2$ und die Produktionsfunktion ($y = y(x_1,x_2)$) in Isoquantenform in ein Diagramm abgetragen werden:

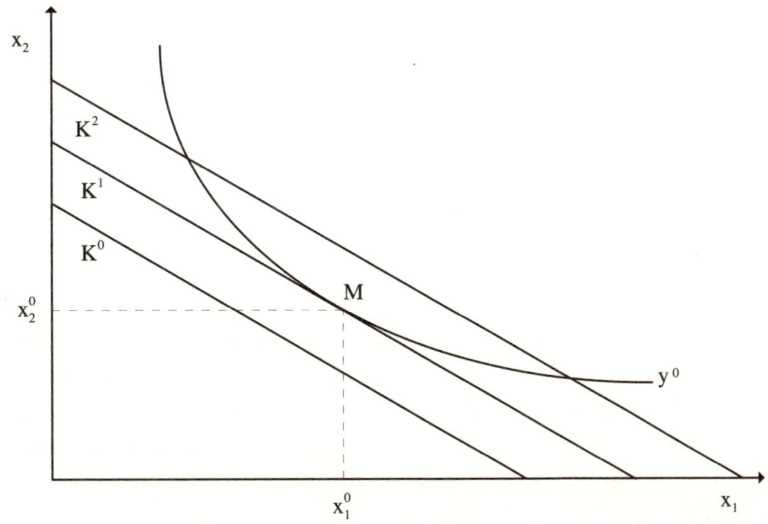

Abb. 3.10: Die optimale Faktorkombination als Tangentialpunkt von Kostengleichung und Isoquante

Die kostenminimale Faktorkombination x_1^0, x_2^0 zur Produktion von y^0 ist erreicht, wenn sich eine Kostengerade und die Isoquante tangieren – denn für jede Kostengerade, die die Produktionsisoquante y^0 schneidet, läßt sich eine andere Kostengerade finden, die tiefer liegt als die vorhergehende und es daher ermöglicht, den gleichen Output mit geringeren Kosten zu erzeugen. Dies entspricht genau dem Ergebnis der Lagrange-Optimierung, weil im Tangentialpunkt die Steigungen von Kostengerade ($-p_1/p_2$) und Isoquante (dx_2/dx_1) identisch sind. Also gilt dort (und nur dort) $dx_2/dx_1 = -p_1/p_2$, oder, in Betragsschreibweise, $|dx_2/dx_1| = p_1/p_2$.

3.2.3.2 Die Minimalkostenkombination bei der Cobb-Douglas-Funktion

Wir wollen unsere allgemeine Darstellung der Minimalkostenkombination nun auf den Fall der Cobb-Douglas-Funktion ausdehnen, da diese dazu besonders häufig verwendet wird. Da wir hergeleitet haben, daß in der Minimalkostenkombination das Preisverhältnis dem Verhältnis der Grenzproduktivitäten entspricht, müssen wir lediglich die Grenzproduktivitäten auf Grundlage der Cobb-Douglas-Funktion bestimmen, um zur Minimalkostenkombination zu gelangen. Somit ergibt sich

$$(3.16) \qquad \frac{p_1}{p_2} = \frac{\dfrac{dy}{dx_1}}{\dfrac{dy}{dx_2}} = \frac{a_1 \cdot x_1^{a_1 - 1} \cdot x_2^{a_2}}{a_2 \cdot x_2^{a_2 - 1} \cdot x_1^{a_1}} = \frac{a_1 \cdot x_2^{a_2} \cdot x_2^{1-a_2}}{a_2 \cdot x_1^{1-a_1} \cdot x_1^{a_1}} = \frac{a_1 \cdot x_2}{a_2 \cdot x_1}$$

Wenn wir Gleichung (3.16) nach dem gewinnmaximalen Faktoreinsatzverhältnis x_1/x_2 auflösen, so erhalten wir

$$(3.17) \qquad \frac{x_1}{x_2} = \frac{a_1 \cdot p_2}{a_2 \cdot p_1}$$

Gleichung (3.17) verdeutlicht den intuitiv einsichtigen Sachverhalt, daß die von Faktor 1 eingesetzte Menge um so höher ist, je niedriger sein Preis p_1 und je höher seine Produktionselastizität α_1 im Vergleich zu Faktor 2 ist. Genauer gesagt ergibt sich die optimale Faktorkombination bei der Cobb-Douglas-Funktion einfach aus dem umgekehrten Preisverhältnis, gewichtet mit den beiden Produktionselastizitäten.

3.2.4 Konstante variable Durchschnittskosten

Eine besonders einfache, aber für viele Fälle plausible Kostenfunktion besteht darin, daß sich die variablen Kosten proportional zur Produktionsmenge entwickeln. Dies gilt beispielsweise für eine Spedition, die mit einer gegebenen Ausstattung an Lkws verschiedene Aufträge abarbeitet. Steigen die gefahrenen km, so entwickeln sich die variablen Kosten (also etwa die Benzinkosten, der Verschleiß des Lkws und die Lohnkosten) ungefähr proportional zu den gefahrenen Kilometern. Daneben gibt es aber auch Kosten wie die Steuer und Versicherung für die Lkws oder die Kosten für die Miete der Garagen, die weitgehend konstant bleiben und daher als Fixkosten bezeichnet werden können.

Eine solch einfache Kostenfunktion können wir offensichtlich als

$$(3.18) \qquad K(y) = c \cdot y + K_f$$

darstellen, wobei c irgendeine Zahl größer Null ist, die bei einer Erhöhung der Produktionsmenge y gleich bleibt. Abb. 3.11 zeigt diesen Typus einer Kostenfunktion und Abb. 3.12 die zugehörige Grenz- und Durchschnittskostenkurve.

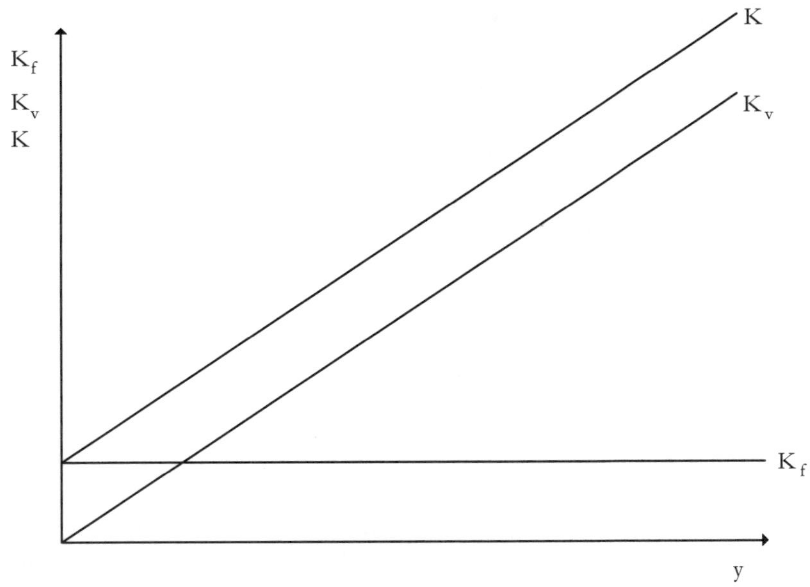

Abb.3.11: Kostenfunktion mit konstanten variablen Stückkosten

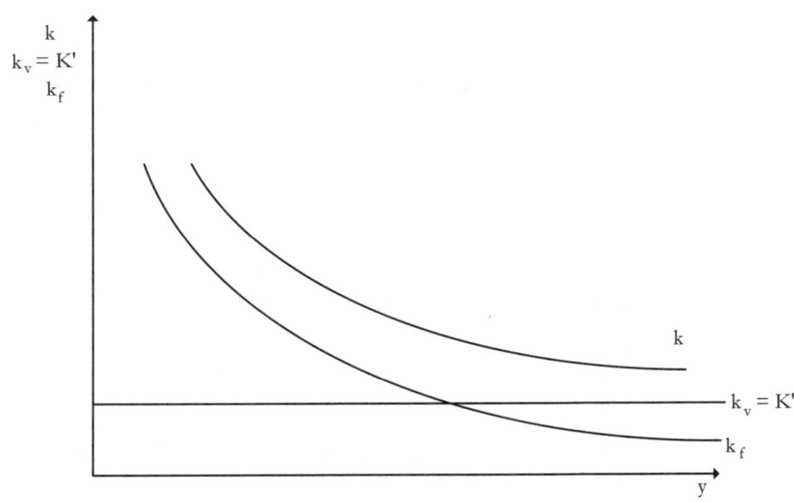

Abb. 3.12: Durchschnittskosten und Grenzkosten

Der entscheidende Punkt an der hier beschriebenen Kostenfunktion ist, daß die totalen Durchschnittskosten abnehmen, wenn die Produktionsmenge zunimmt. Im Kern handelt es sich also um eine Kostenfunktion, die sich bei der Cobb-Douglas-Funktion auf Grundlage totaler Faktorvariation ergibt, sofern die Summe der Produktionselastizitäten größer als Eins ist (steigende Skalenerträge). Der Grund dafür, warum in vielen mikroökonomischen Darstellungen nicht öfter mit solch einfachen (und für viele Fälle durchaus plausiblen) Kostenfunktionen gearbeitet wird, ist, daß sie mit der Annahme vollständiger *Konkurrenz* schwerlich vereinbar sind. Denn wenn die Durchschnittskosten mit steigender *Produktionsmenge* abnehmen, so kann erst ab einer bestimmten Betriebsgröße effizient produziert werden. Diese muß allerdings nicht gegen unendlich gehen, weil ja neben den reinen Produktionskosten auch weitere Faktoren (vor allem unternehmensinterne Koordinations- und Transportkosten) berücksichtigt werden müssen, die dem durch sinkende Durchschnittskosten entstehenden Konzentrationseffekt teilweise entgegenwirken. Dennoch erklären sinkende Durchschnittskosten, warum die Vorstellung vollständiger *Konkurrenz* eine Idealisierung ist, die der Realität auf den meisten Märkten nicht gerecht wird.

3.2.5 Langfristige Kostenfunktionen

Über die angemessenste Modellierung langfristiger Kostenfunktionen besteht keine vollständige Einigkeit. Wenn man langfristige Kostenfunktionen konsequent an den Begriff totaler Faktorvariation bindet, so sind *konstante Durchschnittskosten* offensichtlich eine sinnvolle Annahme: Wenn beispielsweise die Produktion von 10 Einheiten 20.- EUR kostet, so wird die Produktion von 20 Einheiten 40.- EUR kosten, sofern die gleichen Produktionsfaktoren in entsprechend größeren Mengen dazu verwendet werden. Solche konstanten Durchschnittskosten bei totaler Faktorvariation ergeben sich bei der Cobb-Douglas-Funktion, weil diese konstante Skalenerträge hat. Bezugnehmend auf den vorhergehenden Abschnitt kann man sich dies so vorstellen, daß das Unternehmen zunächst die optimale Faktorkombination sucht und diese dann bei einer Ausdehnung der Produktion stets beibehält.

Alternativ oder ergänzend zu konstanten Durchschnittskosten werden häufig auch in der langen Periode ertragsgesetzliche Produktions- und Kostenfunktionen angenommen. Die langfristigen Kostenfunktionen entsprechen dann denjenigen, die für die kurze Periode in Abb. 3.8 dargestellt wurden. Die Begründung einer ertragsgesetzlichen Kostenfunktion ist in der langen Periode allerdings erheblich schwieriger als in der kurzen Periode. In der kurzen Periode – also bei partieller Faktorvariation – ist sofort einsichtig, daß die Kosten ab einem bestimmten Punkt *über*proportional steigen, weil die optimale Faktorkombination verlassen werden muß: Sie muß verlassen werden, weil bei partieller Faktorvariation die Mengen der fixen Faktoren definitionsgemäß nicht erhöht werden können. Diese Begründung steigender Durchschnittskosten ist für langfristige Kostenfunktionen nicht möglich, weil alle Faktormengen erhöht werden können. Die Begründung ertragsgesetzlicher Kostenfunktionen in der langen Periode ist daher schwierig: Beispielsweise wird auf die beschränkten Kapazitäten des Managements, auf den überproportional steigenden Organisationsaufwand oder die Unteilbarkeit der Produktionsfaktoren verwiesen. Alle diese Begründungen zielen letztlich allerdings darauf, daß totale Faktorvariation gar nicht möglich sei. Der Begriff einer langfristigen Kostenfunktion wird dadurch etwas diffus.

Erich Gutenberg jedenfalls stand ertragsgesetzlichen Kostenfunktionen in der langen Periode äußerst skeptisch gegenüber und vermutete, „daß die Kostenfunktion bei langfristiger Anpassung (elementarer und dispositiver Faktoren) für praktisch in Frage kommende Intervalle eine abnehmende Tendenz aufweisen wird.“[7] Damit tritt neben die konstanten Durchschnittskosten bei der Cobb-Douglas-Funktion und die zunächst sinkenden und dann steigenden Durchschnittskosten beim Ertragsgesetz schließlich noch die Möglichkeit sinkender Durchschnittskosten, wie wir sie in Abschnitt 3.2.5 geschildert haben. Empirische Untersuchungen kommen jedenfalls zu dem Ergebnis, daß die totalen Durchschnittskosten im relevanten Bereich in sehr vielen Branchen sinken, wenn die Produktionsmenge erhöht wird.[8]

7 Gutenberg 1979, S. 438.
8 Vgl. hierzu vor allem das Hauptgutachten der Monopolkommission von 1984/85.

4. Marktformen und die Abgrenzung der Märkte

In den nachfolgenden Kapiteln werden wir die Preisbildungsprozesse auf unterschiedlich strukturierten Märkten (vollständige Konkurrenz, Monopol, monopolistische Konkurrenz und Oligopol) ausführlich analysieren und wohlfahrtstheoretisch interpretieren. Dazu müssen wir die verschiedenen Marktformen allerdings zunächst definieren und gegeneinander abgrenzen, was wir in Abschnitt 4.1 auf Grundlage des sog. morphologischen Marktformenschemas tun.

Ein zentrales Problem der theoretischen und praktischen Analyse von Märkten besteht in der Abgrenzung des relevanten Marktes. Das Problem läßt sich leicht am Beispiel des Tetra-Pak-Urteils der Europäischen Union verdeutlichen: dort wurde der Kartonverpackungshersteller Tetra Pak zu hohen Strafen wegen des Mißbrauchs einer wirtschaftlichen Machtstellung verurteilt. Ein solcher Mißbrauch setzt aber voraus, daß das betreffende Unternehmen überhaupt über eine wirtschaftliche Machtstellung verfügt, worunter in erster Näherung verstanden werden kann, daß der Marktanteil sehr groß ist. Die Bestimmung des Markt*anteils* setzt aber eine Definition des Gesamtmarktes voraus, damit sich ein Anteil überhaupt bestimmen läßt. Wie soll dieser Gesamtmarkt aber bestimmt werden? Sollen nur Getränke*karton*verpackungen oder auch Dosen und Flaschen einbezogen werden? Im ersten Fall ist der Marktanteil von Tetra Pak in der Tat sehr hoch, im zweiten Fall dagegen wesentlich geringer. Dieser durchaus problematischen Abgrenzung der Märkte widmen wir uns in Abschnitt 4.2.

4.1 Das morphologische Marktformenschema

Ausgangspunkt zur Abgrenzung verschiedener Marktformen ist das *morphologische Marktformenschema*, das die Marktformen nach *Anzahl* und *relativer Größe* von Anbietern und Nachfragern unterscheidet. Übers. 4.1 zeigt das Marktformenschema in der Version von *Stackelberg*.

	Nachfrage		
Anbieter	Viele kleine	Wenige mittlere	Ein großer
Viele kleine	Polypol	Oligopson	Monopson
Wenige mittlere	Oligopol	Bilaterales Oligopol	Beschränktes Monopson
Ein großer	Monopol	Beschränktes Monopol	Bilaterales Monopol

Übers. 4.1: Morphologisches Marktformenschema nach Stackelberg

Wir beschränken uns auf die erste Spalte des Marktformenschemas, d.h. die unterschiedlichen Formen unvollständiger Konkurrenz auf der Nachfrageseite behandeln wir nicht. Das morphologische Marktformenschema bietet einen einfachen intuitiven Zugang, weil jeder eine ungefähre Vorstellung mit den Begriffen „viel", „wenig", „klein" und „mittel" verbindet. Allerdings werden die Begriffe „klein" usw. bewußt *nicht* trennscharf operationalisiert, obwohl dies leicht möglich wäre: Beispielsweise könnte man einen Marktanteil unter 0,5% als klein und einen Umsatz über 10% als groß bezeichnen. Damit hätte man eine präzise und allgemein verbindliche Definition, die der subjektiven Interpretation keinen Raum mehr ließe. Analog könnte man die Begriffe „viel" und „wenig" vielleicht mit $n > 500$ und $n < 500$ konkretisieren.

Dies wird aber nicht gemacht, weil es keine überzeugende Begründung dafür gibt, die Grenze ausgerechnet bei $n = 500$ oder $n = 30$ zu ziehen. Eine willkürliche Grenzziehung hilft aber nicht weiter, weil die Zielsetzung nicht einfach darin besteht, Märkte mit unterschiedlich vielen Anbietern und Nachfragern definitorisch und somit beliebig voneinander abzugrenzen. Der Sinn besteht vielmehr darin, gemeinsam mit der Abgrenzung Hinweise für die *Analyse der betreffenden Marktform zu liefern*: Welches Modell sollen wir verwenden, um das Markt*verhalten* (wie verhalten sich Anbieter und Nachfrager?) und die Markt*ergebnisse* (wie hoch sind die Preise und die Mengen im Vergleich zu anderen Marktformen und welche Auswirkungen auf die Wohlfahrt hat dies?) zu untersuchen? Wenn wir dies von einer willkürlichen Abgrenzung abhängig machen würden, so käme es zu unsinnigen Argumentationen. Denn wir können nicht annehmen, daß auf einem Markt mit $n > 500$ grundsätzlich polypolistische Preisbildungsmodelle und auf einem Markt mit $n = 499$ grundsätzlich Oligopolmodelle am besten geeignet sind. Mit der Angabe exakter Grenzen würde das Marktformenschema daher eine Trennschärfe vortäuschen, die der Realität widerspricht und irreführend wäre.

4.2 Die Abgrenzung der Märkte

Noch *vor* dem Problem der Abgrenzung der Märkte stellt sich aber eine weitere Schwierigkeit, denn die Unterscheidung verschiedener Markt*formen* setzt die Abgrenzung des betrachteten Marktes *von anderen Märkten* immer schon voraus. Diese Abgrenzung der Märkte aber beeinflußt das Urteil über die Marktform ganz entscheidend: Interessiert man sich beispielsweise für die Marktform, unter der ein Schokoladenhersteller produziert, so ergeben sich andere Resultate, wenn man den Süßwaren-, den Schokoladen- oder nur den hochwertigen Schokoladenmarkt zugrundelegt. Wir müssen uns daher zunächst den Kriterien der Marktabgrenzung zuwenden.

4.2.1 Homogene und heterogene Märkte

Erste Anhaltspunkte zur Marktabgrenzung liefert der Begriff des *vollkommenen Marktes*, der auf Jevons (1871) zurückgeht und sich auf Eigenschaften bezieht, die den am Markt gehandelten Gütern von den Marktteilnehmern zugesprochen werden. Die wichtigsten Bedingungen für einen vollkommenen Markt sind:

1. *Homogenität*: Die Güter sind sachlich gleichartig bzw. homogen. Damit ist nicht gemeint, daß sie vollständig gleich im physikalischen Sinne sind (wahrscheinlich gibt es überhaupt keine marktfähigen Güter, für die sich nicht irgendein Unterschied feststellen ließe), sondern daß sich die Güter im Urteil der Konsumenten nicht unterscheiden.
2. *Keine persönlichen Präferenzen*: Es bestehen keine Bindungen zwischen Anbietern und Nachfragern derart, daß die Hersteller verschiedene Nachfragegruppen unterschiedlich behandeln oder die Konsumenten gleichartige Produkte lieber von einem bestimmten Produzenten abnehmen.

3. *Keine räumlichen Präferenzen*: Es bestehen keine Präferenzen auf der Angebots- oder Nachfrageseite, das Produkt an bestimmten Orten zu (ver)kaufen. Dies setzt voraus, daß alle Aufwendungen zur Überbrückung räumlicher Distanzen (Transport) aus dem Modell vollkommener Märkte ausgeschlossen werden.
4. *Keine zeitlichen Differenzen*: Es bestehen keine unterschiedlichen Lieferzeiten, die für die Konsumenten Anlaß bieten könnten, homogene Produkte bevorzugt bei bestimmten Anbietern zu kaufen.

Zusammenfassend besteht die Definition vollkommener Märkte demnach im Fehlen jeder Differenzierung zwischen Anbietern und Nachfragern in sachlicher, persönlicher, räumlicher und zeitlicher Hinsicht. Mit Hilfe des Begriffs des vollkommenen Marktes unterscheidet man zwischen *homogenen* und *heterogenen* Märkten. Von homogenen Märkten spricht man, wenn alle Homogenitätsbedingungen erfüllt sind, andernfalls nennt man die Märkte heterogen. Eine wichtige Eigenschaft homogener Märkte ist, daß die Preise aller Anbieter exakt gleich sein müssen, weil die Konsumenten sonst nur beim billigsten Anbieter kaufen und alle anderen vom Markt verschwinden. Dieses Argument gilt auf vollkommenen Märkten unabhängig von der Anzahl der Anbieter und Nachfrager, also beispielsweise auch für das homogene Duopol (das Oligopol mit nur zwei Anbietern). Von vollständiger Konkurrenz spricht man, wenn alle Homogenitätsbedingungen erfüllt sind und es auf beiden Marktseiten (unendlich) viele kleine Anbieter und Nachfrager gibt.

Nun sind die Homogenitätsbedingungen 1–4 in ihrer strengen Form in der Praxis höchst selten erfüllt und Märkte mit vollständiger Konkurrenz schon deshalb eine strenge Idealisierung. Würde man dem morphologischen Marktformenschema nur vollkommene Märkte zu Grunde legen, so wäre man vermutlich hauptsächlich mit Monopolen konfrontiert, denn *irgendwelche* Unterscheidungsmerkmale der Güter verschiedener Firmen bestehen fast immer.[9] Wir müssen uns demnach auf die Suche nach Kriterien machen, nach denen Produkte auch dann zu einem Markt zusammengefaßt werden können, wenn sie den Homogenitätsbedingungen 1–4 nicht genügen. Auch wenn Vollmilch- und Zartbitterschokolade nach der verständlichen Einschätzung zahlreicher Konsumenten keine identischen Produkte sind und der Schokoladenmarkt demnach nicht vollkommen ist, ist die Zusammenfassung verschiedener Schokoladensorten und -marken zu einem Markt offensichtlich sinnvoller als die Marktzusammenfassung von Hubschraubern und Vollmilchschokolade einerseits und Bitter- und Zartbitterschokolade andererseits. Kommen wir nun also zu Kriterien zur Abgrenzung des *relevanten Marktes*.

4.2.2 Die Bedeutung der Kreuzpreiselastizität

Bei der Abgrenzung des relevanten Marktes wird üblicherweise zwischen der zeitlichen, räumlichen und sachlichen Dimension unterschieden. Die zeitliche Dimension ist wichtig, weil beispielsweise ein kurzfristiger Marktanteil von 30 % durch eine spezielle (möglicherweise durch ein Patent geschützte) *Innovation* hervorgerufen wird und wegen der zeitlichen Beschränkung noch keine dauerhaft marktbeherrschende Stellung signalisiert. Von marktbeherrschenden Stellungen wird daher nur ausgegangen, wenn hohe Marktanteile über einen längeren (allerdings nicht standardisierten) Zeitraum stabil bleiben.

Das praktische Hauptproblem beim *räumlich* relevanten Markt besteht darin, daß das Kartellamt auf die Beurteilung von Marktmacht im nationalen Rahmen

9 Das zutreffendste Beispiel für Märkte mit vollständiger Konkurrenz sind Effekten- und Devisenbörsen.

beschränkt bleibt. Dies ist deshalb problematisch, weil ein Unternehmen zwar innerhalb der Bundesrepublik Deutschland einen Marktanteil von 50 % haben, aber dennoch einem sehr harten internationalen Wettbewerb ausgesetzt sein kann. Angesichts der zunehmenden Globalisierung wäre es häufig geboten, die Europäische Union oder den Weltmarkt als relevanten Markt zu definieren, was aber nicht innerhalb der Kompetenzen des Kartellamtes liegt. Diesem Sachverhalt wird dadurch Rechnung getragen, daß das Kartellamt beispielsweise Fusionen auch dann genehmigt, wenn sich dadurch auf dem nationalen Markt eine dominierende Position ergibt, aber die internationale Konkurrenz hoch ist. Dies ist vor allem dann sinnvoll, wenn die Fusion aufgrund sinkender Durchschnittskosten die Konkurrenzfähigkeit erhöht.

Am schwierigsten erweist sich indes die Abgrenzung des *sachlich* relevanten Marktes, so daß wir auf diese etwas ausführlicher eingehen wollen.

Die Aufgabe bei der Abgrenzung des sachlich relevanten Marktes besteht darin, Güterarten zu identifizieren, die in einem engen Substitutionsverhältnis zueinander stehen. Dabei stellen sich vor allem zwei Probleme, die in der Praxis nur ansatzweise, aber nie wirklich zufriedenstellend gelöst werden können. Erstens muß die Substituierbarkeit gemessen werden, d.h. es muß beispielsweise ermittelt werden, wieviele Konsumenten bei einer Preiserhöhung von 20 Pfennigen für Getränkekartonverpackungen auf andere Verpackungsmaterialien umsteigen würden. Zweitens muß eine Entscheidung darüber getroffen werden, bis zu welcher „Ähnlichkeit" man Produkte noch zu einem Markt zusammenfassen möchte (d.h. beispielsweise, wenn 20 % oder 50 % der Konsumenten umsteigen würden).

Unter theoretischen Gesichtspunkten ist die in Abschnitt 2.2.5 dargestellte Kreuzpreiselastizität der Nachfrage die ideale Maßzahl zur Abgrenzung des sachlich relevanten Marktes. Unter der Kreuzpreiselastizität der Nachfrage versteht man, wie erläutert, die prozentuale Veränderung der Nachfrage nach einer Ware i im Verhältnis zur prozentualen Änderung des Preises einer Ware j. Je höher die Kreuzpreiselastizität der Nachfrage, desto „ähnlicher" sind die Produkte in den Augen der Konsumenten. Die Kreuzpreiselastizität ist also theoretisch zur Lösung des ersten angesprochenen Problems (Ermittlung des Ausmaßes der Substituierbarkeit) sehr gut geeignet. Bei der empirischen Ermittlung von Kreuzpreiselastizitäten ergeben sich allerdings sowohl bei Zeitreihenanalysen als auch bei Befragungen große praktische Schwierigkeiten, von denen mindestens zwei hervorgehoben werden müssen:

- Erstens müssen alle unternehmensinternen Faktoren außer dem Preis, die die Nachfrage im Zeitablauf beeinflußt haben, methodisch isoliert werden. So muß beispielsweise damit gerechnet werden, daß die Nachfragebereitschaft sich nicht nur wegen der Preise, sondern auch wegen anderer Faktoren (beispielsweise Werbeanstrengungen) geändert haben.
- Zweitens können sich im Beobachtungszeitraum andere Einflußfaktoren der Nachfrage, die mit den Produkten gar nichts zu tun haben (wie beispielsweise Einkommensänderungen durch Konjunktureinbrüche) ändern, so daß die schlichte Beobachtung von Preisen und Mengen der Waren nicht ausreicht.

Doch selbst wenn es gelingen würde, die Kreuzpreiselastizität der Nachfrage für die am wichtigsten erachteten Substitute hinreichend präzise zu messen, wäre damit noch nicht das zweite angesprochene Problem, ab welcher Substitutionsnähe die Produkte zu einem Markt zusammengefaßt werden sollen, gelöst. Zwar könnte man allgemeinverbindlich festlegen, beispielsweise alle Produkte mit einer Kreuzpreiselastizität über einem bestimmten Schwellenwert (z.B. 0,2) zu einem Markt zu aggregieren, doch würde dies das Problem nur scheinbar lösen. Denn es ist ja ohne weiteres denkbar, daß beispielsweise die Waren A und B sowie die Waren B und C hohe, die Waren A und C aber niedrige Kreuzpreiselastizitäten der Nachfrage aufweisen. Sollen die Waren A und C dann trotz offenbar niedriger Substitutionsbeziehungen zu einem Markt zusammengefaßt werden? Und wenn nein, soll B dann eher mit A oder eher mit C einen Markt bilden? Dies zeigt, daß allgemein verbindliche Schwellenwerte für Kreuzpreiselastizitäten selbst dann nicht festgelegt werden könnten, wenn die Meßproblematik gelöst werden könnte.

Angesichts der geschilderten Schwierigkeiten verzichten wirtschaftswissenschaftliche Untersuchungen zur Marktabgrenzung zwar häufig auf eine Berechnung der Kreuzpreiselastizität, sie beruhen inhaltlich aber zumindest auf dem Versuch, die Substitutionsbeziehungen aus dem Verhalten von Marktteilnehmern oder aus Befragungen zu erschließen. Im Kern soll dabei das Wechselverhalten der Konsumenten bestimmt werden. In praktischen Kartellrechtsentscheidungen werden üblicherweise allerdings sehr pragmatische Verfahren gewählt, die durchaus kritikwürdig sind.[10] Als Fazit des vierten Kapitels müssen wir daher festhalten, daß die Abgrenzung der Märkte – und darauf aufbauend die Bestimmung der Marktform – nach wie vor nicht unerhebliche Probleme bereitet.

---

10 Vgl. für Anwednungsbeispiele z.B. Feess 1997, Abschnitt 12.3.

5. Partialanalyse vollständiger Konkurrenz

5.1 Überblick

Wir beginnen die eigentliche Marktanalyse nun mit vollständiger Konkurrenz. Dazu betrachten wir zunächst getrennt voneinander Angebots- und Nachfragefunktionen und untersuchen anschließend die Konsequenzen, die sich daraus für die Marktergebnisse ergeben.

Die Nachfragefunktionen der Haushalte wurden bereits im zweiten Kapitel („Haushaltstheorie") bestimmt. Dies war möglich, weil wir auf der Nachfrageseite stets viele kleine Nachfrager annehmen und deshalb davon ausgehen konnten, daß der Marktpreis für die Haushalte exogen gegeben ist. Dagegen betrachten wir auf der Angebotsseite unterschiedliche Marktformen, die auch zu einem jeweils unterschiedlichen Angebotsverhalten der Unternehmen führen. Daher müssen wir das Angebotsverhalten der Unternehmen für jede Marktform einzeln untersuchen, womit wir für vollständige Konkurrenz in Abschnitt 5.2 beginnen. Es folgt die Verbindung von Angebot und Nachfrage (Abschnitt 5.3) und die im Mittelpunkt des Kapitels stehende wohlfahrtstheoretische Interpretation (Abschnitt 5.4). Darauf aufbauend können wir in Abschnitt 5.5 zeigen, warum Eingriffe in Märkte bei vollständiger Konkurrenz die Wohlfahrt entscheidend reduzieren können. In den Abschnitten 5.6 bis 5.8 dehnen wir die Überlegungen schließlich vom Güter*angebot* auf die Faktor*nachfrage* aus.

5.2 Bestimmung der Angebotsfunktion und Entwicklung des Marktpreises

Neben der bereits ermittelten Nachfragefunktion müssen wir zur Bestimmung der Gleichgewichtspreise nun das Angebotsverhalten der Unternehmen bei vollständiger Konkurrenz untersuchen. Dabei wird danach gefragt, welche Mengen ein gewinnmaximierendes Unternehmen bei unterschiedlichen Marktpreisen anbietet. Achten Sie genau darauf, daß der Marktpreis bei vollständiger Konkurrenz von den einzelnen Unternehmen zwar nicht beeinflußbar ist, aber dennoch je nach Marktlage unterschiedlich hoch sein kann. Man spricht dann davon, daß der Marktpreis exogen (d.h. vom einzelnen Unternehmen unbeeinflußbar) und variabel ist. Die Funktion, die die gewinnmaximale Angebotsmenge y bei verschiedenen Güterpreisen p abbildet, wird als *Angebotsfunktion* y = y(p) bezeichnet.

Selbstverständlich wird die gewinnmaximale Angebotsmenge eines Unternehmens bei exogenen Marktpreisen von der Kostensituation des Unternehmens bestimmt. Bei den folgenden Überlegungen unterstellen wir die ertragsgesetzliche Kostenfunktion. Es sei aber darauf hingewiesen, daß das wesentliche Ergebnis ebenso auf Grundlage der Cobb-Douglas-Funktion bei partieller Faktorvariation hergeleitet werden kann. Dieses Ergebnis lautet, daß die gewinnmaximale Angebotsmenge erreicht ist, sofern der exogene Marktpreis gerade den steigenden Grenzkosten entspricht. Formal kann dies leicht gezeigt werden: Mit G als Gewinn, E als Erlös, K als Kosten und y als Produktionsmenge gilt

(5.1) $$G(y) = E(y) - K(y) = p \cdot y - K(y)$$

und somit

(5.2) $$\frac{dG}{dy} = p - \frac{dK}{dy} = 0 \quad \Rightarrow \quad p = \frac{dK}{dy} \; .$$

Das Vorliegen eines Maximums erfordert, daß die zweite Ableitung negativ ist:

(5.3) $$\frac{dG^2}{d^2y} = -\frac{dK^2}{d^2y} < 0 \quad \Rightarrow \quad \frac{dK^2}{d^2y} > 0 \; .$$

Dies bedeutet, daß die 2. Ableitung der Kostenfunktion positiv sein muß. Somit muß die Angebotsmenge im Bereich steigender Grenzkosten bis zum Ausgleich von Preis und Grenzkosten ausgedehnt werden. Was dies genau bedeutet, kann mit Hilfe der ertragsgesetzlichen Kostenverläufe leicht illustriert werden.

Abb. 5.1 zeigt die Durchschnittskosten und die Grenzkosten sowie den Gewinn und den Erlös eines Unternehmens bei ertragsgesetzlichen Kostenfunktionen. Nehmen wir zunächst an, daß der exogen gegebene Marktpreis bei p_1 und somit unterhalb des Minimums der variablen Durchschnittskosten liegt. Unter diesen Umständen maximiert das Unternehmen seinen Gewinn (bzw. minimiert seinen Verlust), indem es gar nicht produziert. Der Gesamtverlust entspricht dann den Fixkosten; jede positive Produktionsmenge würde den Gesamtverlust erhöhen, weil der Deckungsbeitrag (die Differenz aus Erlös und variablen Kosten) negativ wäre. Sobald der Preis aber über dem Minimum der variablen Durchschnittskosten liegt – dies gilt für p_2, p_3 und p_4 – maximiert das Unternehmen seinen Gewinn entsprechend unserer Rechnung durch den Ausgleich von Preis und Grenzkosten im *steigenden* Bereich der Grenzkosten.

Die Graphik verdeutlicht, warum der Ausgleich von Grenzkosten und Preis im *sinkenden* Bereich der Grenzkosten ein Gewinn*minimum* wäre: In diesem Fall liegen die Grenzkosten zunächst über dem Preis und die Produktion wird genau dann eingestellt, wenn sich die zusätzlichen Einheiten gewinnerhöhend auswirken würden.

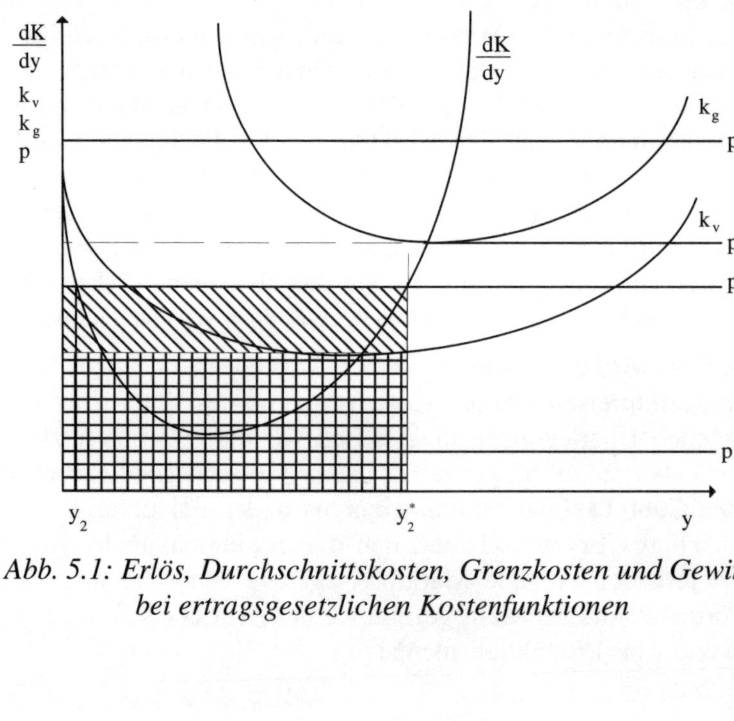

Abb. 5.1: Erlös, Durchschnittskosten, Grenzkosten und Gewinn bei ertragsgesetzlichen Kostenfunktionen

Obwohl sowohl bei p_2 als auch bei p_3 der Gewinn im Ausgleich von Grenzkosten und Preis maximiert wird, besteht doch ein wesentlicher Unterschied. Dazu betrachten wir genau die Kosten, die Erlöse und die Gewinne des Unternehmens: Bei p_2 entspricht der Erlös als Produkt aus Preis und Menge ($E = p \cdot y$) der schraffierten und karierten Fläche; die variablen Kosten als Produkt aus durchschnittlichen variablen Kosten und Menge ($K_v = k_v \cdot y = K_v/y \cdot y$) entsprechen der karierten Fläche und die Gesamtkosten als Produkt aus durchschnittlichen Gesamtkosten und Menge ($K_g = k_g \cdot y = K_g/y \cdot y$) der bis zur Abszisse umstrichelten Fläche. Dies bedeutet, daß das Unternehmen einen positiven Deckungsbeitrag, aber einen negativen Gewinn erwirtschaftet. Die Produktion ist somit zwar kurzfristig sinnvoll (d.h. gewinnmaximal bzw. verlustminimal), langfristig ist das Unternehmen bei diesem Marktpreis aber nicht existenzfähig. Dagegen ist bei p_3 nicht nur der Deckungsbeitrag, sondern auch der Gewinn positiv.

Abb. 5.1 verdeutlicht den wichtigen Sachverhalt, daß die *Angebotsfunktion eines Unternehmens der Grenzkostenfunktion rechts vom Minimum der variablen Durchschnittskosten* entspricht: Wenn der exogene Marktpreis unter dem Minimum der variablen Durchschnittskosten liegt, so bietet das Unternehmen gar nicht an. Liegt der Marktpreis darüber, so wird stets die Menge im Schnittpunkt von Preis und Grenzkosten angeboten. Die Angebotsfunktion weist daher – wie die Grenzkostenfunktion rechts vom Minimum der variablen Durchschnittskosten – eine positive Steigung auf.

Bei vollständiger Konkurrenz wird der Preis p_3 aber nicht stabil sein, weil die erwirtschafteten Gewinne neue Unternehmen anlocken. Diese werden durch niedrigere Preise so lange in den Markt eindringen, bis die Gewinne verschwunden sind und kein Anreiz mehr zum Markteintritt besteht. Deshalb nimmt man an, daß der Preis im Konkurrenzgleichgewicht schließlich bis ins Minimum der gesamten Durchschnittskosten sinkt (p_4 in Abb. 5.1). Der Preis entspricht dann den Grenzkosten und dem Minimum der gesamten Durchschnittskosten. Lassen Sie sich nicht davon irritieren, daß das Unternehmen im so definierten Konkurrenzgleichgewicht keinen Gewinn macht: Dies ist darauf zurückzuführen, daß der Unternehmerlohn und die kalkulatorischen Zinsen (das Unternehmen könnte das investierte Kapital ja auch auf der Bank anlegen) bereits den Kosten zugerechnet werden. Demnach fallen nur die „Extragewinne", die sich bei p_3 ergeben würden, der Konkurrenz zum Opfer. Die übliche Kapitalverzinsung bleibt dagegen erhalten.

5.3 Angebot und Nachfrage auf Gütermärkten

Mit einer steigenden Angebots- und einer fallenden Nachfragefunktion – letztere wurde bereits innerhalb der Haushaltstheorie hergeleitet – erhalten wir schließlich das bekannte Angebots- und Nachfragekreuz (allgemein gibt es keinen Grund dafür, warum die Funktionen ausgerechnet linear sein sollten; dies dient lediglich der Vereinfachung).

Denken Sie stets an die Begründungen für die Funktionen: Die fallende Nachfragefunktion folgt aus sinkenden Grenznutzen und die steigende Angebotsfunktion aus steigenden Grenzkosten, wie sie sich beispielsweise für das Ertragsgesetz oder die Cobb-Douglas-Funktion bei partieller Faktorvariation ergeben. Beide Funktionen sind Dispositionsgleichgewichte der Haushalte bzw. der Unternehmen: *jeder* Punkt auf der Nachfragefunktion ist nutzen- und jeder Punkt auf der Angebotsfunktion ist gewinnmaximal. Es gibt aber nur *einen* einzigen Preis (den Gleichgewichtspreis p^*), bei dem die nutzenmaximalen Pläne der Haushalte und die gewinnmaximalen

Pläne der Unternehmen miteinander vereinbar sind. Bei jedem Preis unter p^* (z.B. bei p_2) besteht eine Übernachfrage, weil die Haushalte mehr konsumieren als die Unternehmen produzieren möchten. Analog besteht bei p_1 ein Überangebot.

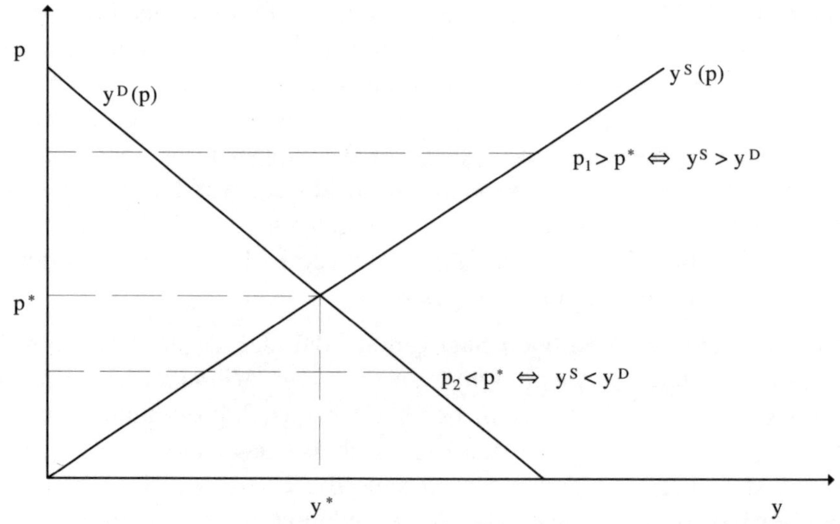

Abb. 5.2: Angebot und Nachfrage auf Gütermärkten

5.4 Wohlfahrtstheoretische Analyse: Konsumenten- und Produzentenrente

Im vorhergehenden Abschnitt wurde gezeigt, daß beim Gleichgewichtspreis p^* die gewinn- und nutzenmaximalen Pläne der Wirtschaftssubjekte miteinander vereinbar sind. Dies legt die Vermutung nahe, daß das homogene Polypol (vollständige Konkurrenz) wohlfahrtsoptimal ist. In der Tat wurde im Rahmen der sog. *Allgemeinen Gleichgewichtstheorie* nachgewiesen, daß die Marktform vollständiger Konkurrenz *pareto-optimal* ist: Ausgehend von p^* gibt es keine Möglichkeit, ein Wirtschaftssubjekt besser zu stellen, ohne mindestens ein anderes Wirtschaftssubjekt schlechter zu stellen.

Eine in der Partialanalyse oft verwendete, vereinfachende Methode zur Illustration der *Pareto*-Effizienz baut auf dem Konzept der *Konsumenten- und Produzentenrente* auf. Beginnen wir mit der Konsumentenrente. Der fallende Verlauf der Nachfragefunktion in Abb. 5.2 zeigt, daß die Haushalte bereit wären, bis ausschließlich y^* für alle Einheiten einen Preis über p^* zu bezahlen. Die höhere Zahlungsbereitschaft für geringere Mengen erklärt sich aus dem sinkenden Grenznutzen: Wenn die Zahlungsbereitschaft für die letzte Einheit noch p^* beträgt, so muß die Zahlungsbereitschaft für alle Einheiten zuvor – die sog. „intramarginalen" Einheiten – über p^* liegen. Bezahlen müssen die Haushalte aber für *jede* Einheit nur p^*. Der dadurch entstehende Nettonutzen heißt *Konsumentenrente*.

Abb. 5.3 verdeutlicht den Sachverhalt: Der *Brutto*- oder Gesamtnutzen aus dem Konsum von y^* entspricht der gesamten Zahlungsbereitschaft und somit der Fläche OABD. Dies ist auch formal einsichtig, da die Nachfragefunktion der Grenznutzenfunktion und somit der ersten Ableitung der Nutzenfunktion entspricht. Also ist die Fläche – das Integral – unter der Grenznutzenfunktion der Gesamtnutzen. Die den Haushalten entstehenden Kosten sind das Produkt aus y^* und p^* und somit das Rechteck OABC. Der *Netto*nutzen oder die Konsumentenrente als Differenz der gesamten Zahlungsbereitschaft und den Gesamtkosten ist demnach das nach rechts oben schraffierte Dreieck CBD.

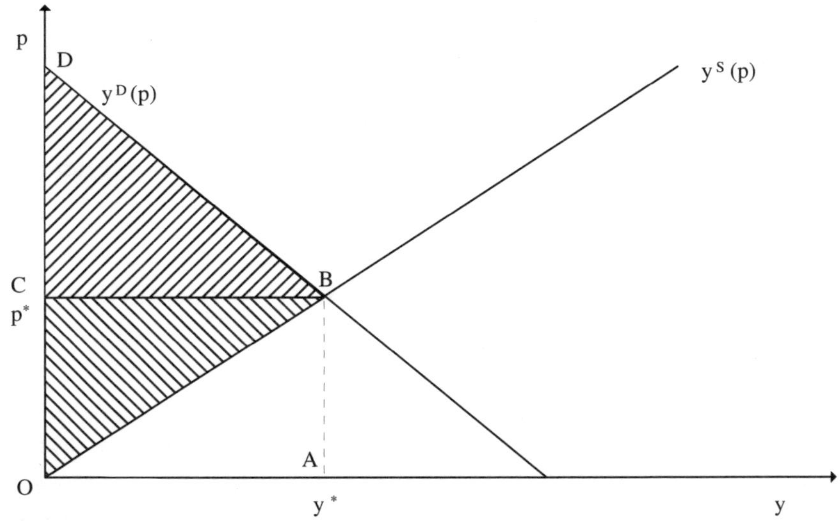

Abb. 5.3: Konsumenten- und Produzentenrente

Analog zur Konsumentenrente wird unter der *Produzentenrente* der Nutzenzuwachs verstanden, den ein Unternehmen dadurch erzielt, daß es bereit wäre, alle intramarginalen Einheiten unter p^* zu verkaufen. Dies zeigt die Angebotsfunktion, die ja jeweils die Angebotsbereitschaft der Unternehmen bei alternativen Marktpreisen abbildet. Für alle intramarginalen Einheiten liegen die Grenzkosten unter p^*, also wären die Unternehmen auch bereit, zu einem geringeren Preis zu verkaufen. Weil sie aber für alle Einheiten den Gleichgewichtspreis p^* bekommen, erzielen sie eine Produzentenrente. In Abb. 5.3 ergibt sich die Produzentenrente als Differenz der gesamten Erlöse OABC ($p^* \cdot y^*$) und der variablen Kosten, die dem Dreieck OAB unter der Grenzkostenfunktion entsprechen. Die Produzentenrente ist demnach das nach links oben schraffierte Dreieck OBC. Falls die Funktionen nicht linear sind, so müssen statt der Argumentation über Dreiecke die entsprechenden Integrale gebildet werden, was aber an der zugrundeliegenden Logik nichts ändert.

Wenn Sie sich nun erneut ins Gedächtnis rufen, daß die Angebotsfunktion der Grenzkosten- und die Nachfragefunktion der Grenznutzenfunktion entspricht, so ist klar, warum die *Summe* aus Konsumenten- und Produzentenrente als Wohlfahrtsmaß verwendet werden kann: Die Konsumentenrente ist der Nettonutzen der Konsumenten und die Produzentenrente der Nettonutzen der Produzenten, beide zusammen ergeben also den Nutzen, der auf dem betrachteten Gütermarkt erzielt wird. Eine einfache Überlegung zeigt nun, warum die Summe aus Konsumenten- und Produzentenrente gerade beim Gleichgewichtspreis p^* (bzw. bei der Produktion der Gleichgewichtsmenge y^*) maximiert wird. Nehmen Sie zunächst hypothetisch an, daß eine Menge *unter* y^* produziert werden würde. Für alle Einheiten zwischen dieser Menge und y^* liegt die Zahlungsbereitschaft der Haushalte (also der Grenznutzen) noch über den Grenzkosten, so daß es offensichtlich sinnvoll wäre, mehr zu produzieren. Davon könnten die Konsumenten *und* die Produzenten profitieren, weil der von den Unternehmen geforderte Preis (also der Preis auf der Angebotsfunktion) kleiner ist als die Zahlungsbereitschaft der Haushalte (also der Preis auf der Nachfragefunktion). Analog wäre es unsinnig, eine Menge *über* y^* zu produzieren, weil der Grenznutzen kleiner wäre als die Grenzkosten. Somit ist es optimal, gerade die Menge y^* zu produzieren, bei der die Summe aus Konsumenten- und Produzentenrente maximiert wird. Die Marktform vollständiger Konkurrenz ist also pareto-effizient.

Einschränkend muß allerdings hervorgehoben werden, daß wir bei unserer Effizienzanalyse ausschließlich die *statische* Perspektive verwendet haben. Damit ist gemeint, daß wir von *gegebenen* Angebots- (bzw. Kosten-) und Nachfragefunktionen ausgingen und damit beispielsweise Auswirkungen der Marktform auf den technischen Fortschritt nicht berücksichtigt haben. Letzteres ist Gegenstand der Wettbewerbstheorie und der Industrieökonomie und kann die Beurteilung der Marktformen erheblich ändern.[11]

5.5 Die Ineffizienz von Markteingriffen bei vollständiger Konkurrenz

Die hergeleitete Effizienz der Marktform vollständiger Konkurrenz impliziert zwangsläufig, daß alle interventionistischen Markteingriffe ineffizient sind – denn wenn ein Zustand schon effizient ist, dann muß jede Änderung die Effizienz verringern. Dies impliziert zwar nicht notwendigerweise, daß der Eingriff abzulehnen ist, weil neben Effizienz- auch Verteilungs- bzw. „Gerechtigkeits"-gesichtspunkte berücksichtigt werden müssen, ist aber ein wichtiger Punkt bei der Beurteilung wirtschaftspolitischer Maßnahmen. Der Grundgedanke ist, daß Maßnahmen möglichst so ausgestaltet werden sollen, daß der damit verbundene Verlust an Konsumenten- und Produzentenrente eher gering ist. Die mit interventionistischen Eingriffen verbundenen negativen Wohlfahrtseffekte möchten wir im folgenden kurz für Subventionen erläutern. Die wohlfahrtstheoretische Analyse von Subventionen ist ausgesprochen wichtig, weil diese in der praktischen Wirtschaftspolitik nach wie vor eine große Rolle spielen.

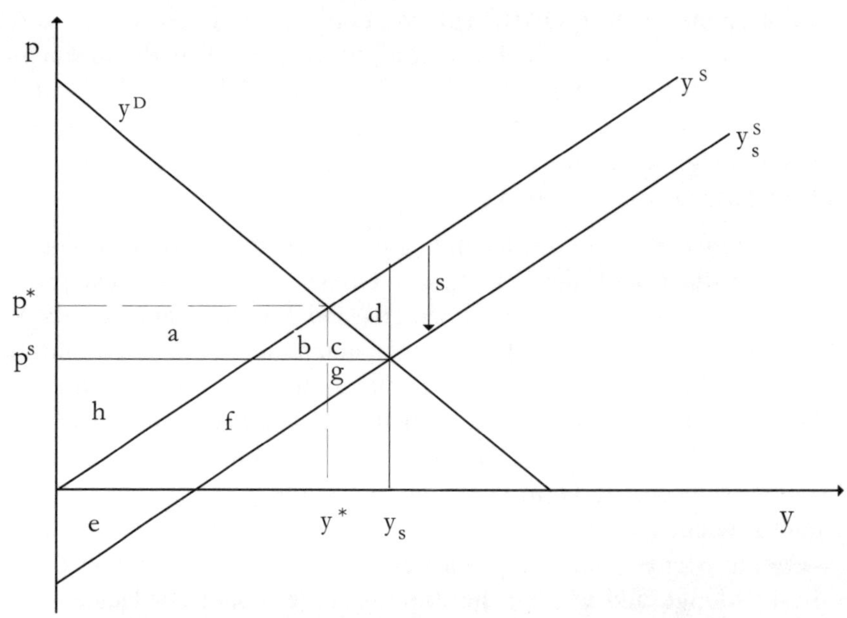

Abb. 5.4: Wohlfahrtswirkungen von (Stück-)Subventionen

Abb. 5.4 zeigt im Ausgangszustand einen Markt bei vollständiger Konkurrenz mit dem Gleichgewichtspreis p^* und der Gleichgewichtsmenge y^* sowie den analog zu

11 Das sehr empfehlenswerte (allerdings nicht ganz einfache) Standardlehrbuch der Industrieökonomie ist Tirole 1991.

unseren bisherigen Überlegungen folgenden Konsumenten- und Produzentenrenten. Wir nehmen nun an, daß der Staat die Unternehmen pro produzierter Einheit mit einem konstanten Satz s subventioniert, was man als Stücksubvention bezeichnet. Dies führt dazu, daß sich die Angebotsfunktion von y^S im Ausmaß von s auf y^S_s nach unten verschiebt. Entsprechend kommt es zum neuen Marktergebnis y_s/p_s. Die Subvention führt also (erwartungsgemäß) zu einer Verringerung des Preises und einer Erhöhung der Menge.

Abb. 5.4 zeigt nun, welche Effekte sich daraus für die Konsumentenrente, die Produzentenrente und die Wohlfahrt ergeben. Dabei argumentieren wir direkt über die *Veränderung* der einzelnen Größen. Zusammenfassend sind die Auswirkungen

$$\begin{array}{lcl} \Delta KR & = & a+b+c \\ \Delta PR & = & -a+e+f+g \\ \Delta St & = & -b-c-d-e-f-g \\ \hline \Delta W & = & -d \end{array}$$

Betrachten wir die Größen nun einzeln. Die Steigerung der Konsumentenrente um a, b und c folgt einfach daraus, daß die Konsumenten nun einen geringeren Preis bezahlen müssen. Sowohl der geringere Preis als auch die damit verbundene größere Nachfrage erhöhen die Wohlfahrt der Konsumenten.

Die Wohlfahrt der Produzenten erhöht sich selbstverständlich ebenfalls, weil sie subventioniert werden. Das Ausmaß der Erhöhung (e+f+g–a) erhalten Sie einfach, indem Sie von der neuen Produzentenrente (e+f+g+h) die alte Produzentenrente (h+a) abziehen.

Neben der Konsumenten- und Produzentenrente muß bei der Wohlfahrtsbestimmung nun aber auch der Staat berücksichtigt werden, weil die Subventionen irgendwie (letztlich aus Steuergeldern) finanziert werden müssen. Wenn wir die mit Steuern verbundenen negativen Zusatzeffekte vernachlässigen, so sind die Kosten des Staates (St) einfach die Subventionen. Da der Staat jede der im neuen Gleichgewicht verkauften y_s Einheiten mit s subventioniert, sind die Kosten einfach $s \cdot y_s$. Dies entspricht in der Graphik den Flächen b, c, d, e, f, g.

Wenn wir die Einzelergebnisse saldieren, so stellen wir fest, daß der Wohlfahrtsverlust insgesamt der Fläche d entspricht. Dies liegt einfach daran, daß die Subventionen „für sich genommen" keine Wohlfahrtswirkungen haben, weil die Unternehmen jede Mark bekommen, die der Staat ausgibt. Der negative Effekt entsteht aber dadurch, daß die Subventionen zu einer *Mengenveränderung* führen. Die Produktion wird nun über den Punkt hinaus ausgedehnt, bei dem sich die ursprünglichen Angebots- und Nachfragefunktionen schneiden; d.h. über den Punkt, in dem Grenznutzen = Grenzkosten gilt. Für alle Einheiten zwischen y^* und y_s liegen die Grenzkosten (d.h. die ursprüngliche Angebotsfunktion) schon über den Grenznutzen (d.h. der Nachfragefunktion), so daß jede in diesem Bereich produzierte Einheit die Wohlfahrt reduziert.

Das gleiche (spiegelbildliche) Resultat stellt sich ein, wenn wir statt einer Subvention eine Besteuerung betrachten. Die Steuer verschiebt die Angebotsfunktion nach oben, so daß die Produktionsmenge, gemessen am Optimum, zu niedrig ist – die Produktion wird in einem Punkt eingestellt, in dem die Grenznutzen der Konsumenten noch über den Grenzkosten der Produzenten liegen.

Einschränkend und zur Vermeidung von Mißverständnissen muß allerdings hervorgehoben werden, daß diese mikroökonomische Analyse über die Summe aus Konsumentenrente und Produzentenrente natürlich nicht alle Effekte berücksichtigt, die mit dem Verzicht auf Subventionen verbunden sind. So kommt es dadurch in betroffenen Branchen zur Arbeitslosigkeit und damit verbundener Dequalifikation von Arbeitnehmern, so daß der Abbau von Subventionen nicht immer von heute auf morgen erfolgen kann. Auf der anderen Seite gibt es aber beispielsweise Untersuchungen, die zeigen, daß im Steinkohlebergbau jeder Arbeitsplatz durchschnittlich mit ca. 100.000 EUR/Jahr subventioniert wird, was volkswirtschaftlich sicher nicht tragbar ist.

Ein zweiter und wichtigerer Punkt betrifft schließlich den Sachverhalt, daß Markteingriffe natürlich nur dann zwangsläufig ineffizient sind, wenn der Ausgangszustand effizient ist, wenn also tatsächlich im Ausgleich der volkswirtschaftlichen Grenznutzen und Grenzkosten produziert wird. Häufig gibt es aber bestimmte Auswirkungen, die die Entscheidungsträger gar nicht berücksichtigen – denken Sie etwa an ein Unternehmen, in dessen Produktionsprozeß Umweltschadstoffe anfallen, die zwar volkswirtschaftlich gesehen Kosten verursachen, die aber weder bei den Produzenten noch bei den Konsumenten anfallen. Es ist dann intuitiv einsichtig, daß dann über das volkswirtschaftliche Optimum hinaus produziert wird, so daß eine Besteuerung der betreffenden Produkte nicht zur Verschlechterung einer ursprünglich effizienten, sondern zur Verbesserung einer ursprünglich ineffizienten Allokation der Ressourcen führen kann. Diesen Aspekt untersuchen wir im neunten Kapitel des vorliegenden Kompaktstudiums.[12]

5.6 Die Faktornachfrage des Unternehmens

Nachdem wir uns bisher mit Gütermärkten beschäftigt haben, wenden wir uns nun den Faktormärkten bei vollständiger Konkurrenz zu. Das Faktorangebot der Haushalte wurde bereits im Abschnitt 2.3 erörtert, so daß wir nun zunächst die Faktornachfrage der Unternehmen betrachten müssen.

Dazu nehmen wir wie schon bei der Bestimmung der Angebotsfunktion vereinfachend an, daß ein Unternehmen den homogenen Output y mit nur zwei Faktoren produziere. Die Faktor- und Güterpreise sind gemäß der Annahme vollständiger Konkurrenz gegeben. Ferner unterstellen wir, daß nur die Menge von Faktor 1 variabel ist, während $\overline{x}_2$ kurzfristig gegeben ist. Demnach stellt $p_2 \cdot \overline{x}_2$ die Fixkosten des Unternehmens dar. Die Gewinnfunktion des Unternehmens lautet

$$(5.4) \qquad G(y) = p \cdot y(x_1, \overline{x}_2) - p_1 \cdot x_1 - p_2 \cdot \overline{x}_2 \ .$$

Dabei sind p, p_1, p_2 und $\overline{x}_2$ wie erwähnt konstant, so daß der Output y bei gegebener Produktionsfunktion eine eindeutige Funktion der Menge von Faktor 1 ist. Da wir uns für die gewinnmaximale Faktornachfrage interessieren, bilden wir die erste Ableitung des Gewinns nach der Faktormenge und setzen diese gleich Null:

$$(5.5) \qquad \frac{\partial G}{\partial x_1} = p\frac{\partial y}{\partial x_1} - p_1 = 0 \quad \Rightarrow \quad p\frac{\partial y}{\partial x_1} = p_1 \ .$$

Verbal ausgedrückt bedeutet die Gleichung, daß die gewinnmaximale Faktornachfrage eines Unternehmens erreicht ist, wenn *der Faktorpreis dem monetär bewer-*

12 Für eine Anwendung auf die Agrarmarktpolitik der EU vgl. Feess 1997, Abschnitt 13.5.

teten Grenzprodukt des Faktors entspricht.[13] Letztlich drückt dies wieder nichts anderes aus als die bekannte Bedingung Grenzerlös = Grenzkosten: Die Grenzkosten entsprechen dem exogen gegebenen Preis des Faktors (p_1) und der Grenzerlös ergibt sich aus der Multiplikation der Produktionssteigerung ($\partial y/\partial x_i$) mit dem Verkaufspreis des Produkts.

Da der Produktpreis p bei vollständiger Konkurrenz gegeben ist, hängt der Verlauf der Faktornachfragefunktion ausschließlich von der physischen Grenzproduktivität $\partial y/\partial x_i$ ab. Machen Sie sich genau den Zusammenhang zwischen der Faktornachfragefunktion und der Grenzproduktivitäts- bzw. Grenzertragsfunktion klar und erinnern Sie sich dabei an die Bestimmung der Angebotsfunktion: Die Grenzertragsfunktion beschreibt den Zusammenhang zwischen Faktormenge und Grenzertrag und die Faktornachfragefunktion den Zusammenhang zwischen Faktormenge und Faktorpreis. Beide Funktionen unterscheiden sich demnach nur dadurch, daß einmal der Grenzertrag und einmal der Faktorpreis auf der Ordinate abgetragen werden; auf der Abszisse steht jeweils die Faktormenge. Da Faktorpreis und Grenzprodukt im Gleichgewicht identisch sind, müssen die beiden Funktionen den gleichen Verlauf haben. *Vereinfachend kann man also sagen, daß die Faktornachfragefunktion bei vollständiger Konkurrenz der Grenzproduktivitätsfunktion entspricht.*

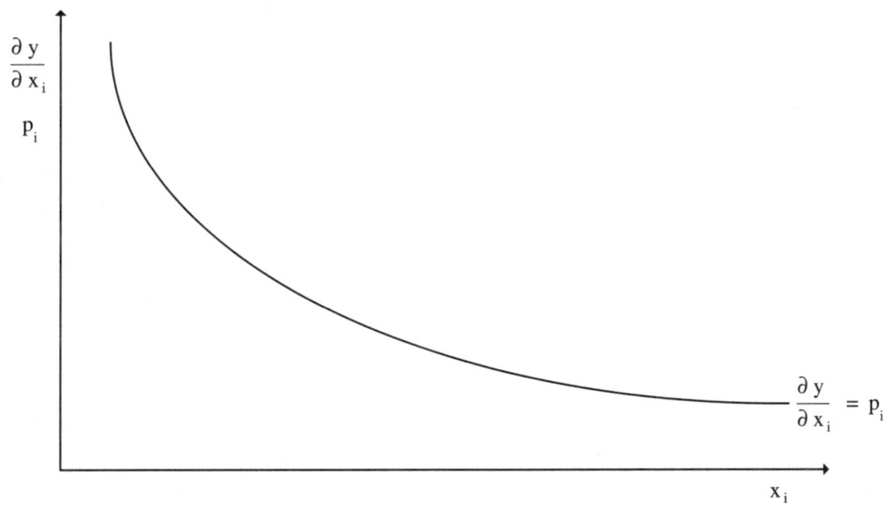

Abb. 5.5: Faktornachfrage als Funktion des Faktorpreises

5.7 Angebot und Nachfrage auf Faktormärkten

Die Preisbildung auf polypolistisch strukturierten Faktormärkten liefert gegenüber der Ableitung von Faktornachfrage (Abschnitt 5.6) und Faktorangebot (Abschnitt 2.3) wenig Neues. In Abschnitt 2.3 wurde gezeigt, daß in der Neoklassik ein bei steigendem Faktorpreis stetig steigendes Faktorangebot angenommen wird, während die Faktornachfrage bei sinkenden Grenzproduktivitäten negativ mit dem Faktorpreis korreliert ist. Faktorangebot und -nachfrage haben demnach den in Abb. 5.6 dargestellten Verlauf.

13 Dies erfordert, daß die zweite Ableitung kleiner Null ist, was bei sinkenden Grenzerträgen der Fall ist.

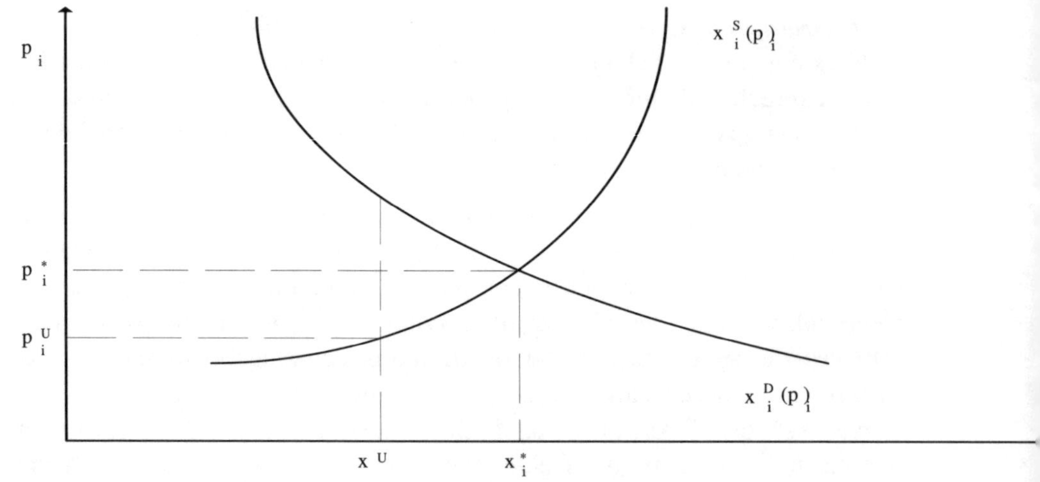

Abb. 5.6: Preisbildung auf Faktormärkten

Als zentrales Ergebnis wird nochmals hervorgehoben, daß im Gleichgewicht der Preis jedes Faktors seinem monetär bewerteten Grenzprodukt entspricht. Aus diesem Grund wird die neoklassische Theorie der Faktormärkte als *Grenzproduktivitätstheorie der Verteilung* bezeichnet. Machen Sie sich an Hand von Abb. 5.6 klar, daß eine Verletzung der Grenzproduktivitätsregel eine *Ineffizienz* auf dem betreffenden Faktormarkt signalisieren würde: Liegt beispielsweise der Faktorpreis unterhalb des Gleichgewichts (p_i^U in Abb. 5.6), so werden zusätzliche Einheiten des Faktors nicht eingesetzt, obwohl die Zahlungsbereitschaft der Unternehmen die Forderung des Faktorbesitzers (beispielsweise seine Lohnforderung) übersteigt. *Beide* Seiten könnten demnach ihren Nutzen erhöhen, indem weitere Einheiten zu einem Preis zwischen p_i^U und p_i^* eingesetzt werden. Diese Möglichkeit einer Nutzenerhöhung beider Seiten ist immer gegeben, wenn p_i^* nicht erreicht ist – also kann nur p_i^* effizient sein.

5.8 Die aggregierte Grenzproduktivitätstheorie der Verteilung

Gerade für das Verständnis der makroökonomischen Arbeitsmarkttheorie spielt die sog. *aggregierte* Grenzproduktivitätstheorie der Verteilung eine zentrale Rolle, in der die zahlreichen heterogenen Produktionsfaktoren zu „Arbeit" und „Kapital" aggregiert werden. Als produktionstechnische Grundlage dient eine Cobb-Douglas-Funktion mit A als Arbeit, K als Kapital und α_1 bzw. α_2 als zugehörigen Produktionselastizitäten:

$$(5.6) \qquad Y = A^{\alpha_1} \cdot K^{\alpha_2} \quad \text{mit } 0 < \alpha_1, \alpha_2 < 1 \quad .$$

Nehmen wir analog zur Minimalkostenkombination an, daß das Unternehmen einen bestimmten Output Y^0 produzieren möchte, und bezeichnen wir i als Zins und w als Lohnsatz. Die zugehörige Lagrange-Funktion lautet:

$$(5.7) \qquad L = \underbrace{wA + iK}_{\text{Kosten}} + \lambda(Y^0 - Y(A,K)) \quad .$$

Die Lagrange-Optimierung erfordert, daß die partiellen Ableitungen nach K, A und λ gleich Null gesetzt werden (die Ableitung nach λ wird nicht explizit aufgeführt, da sich wieder die Nebenbedingung ergibt):

(5.8) $$\frac{\partial L}{\partial A} = w - \lambda \frac{\partial Y}{\partial A} = 0 \ ,$$

(5.9) $$\frac{\partial L}{\partial K} = i - \lambda \frac{\partial Y}{\partial K} = 0 \ .$$

Division von (5.8) und (5.9) führt wieder zum bekannten Ergebnis, daß das Verhältnis der Faktorpreise dem Verhältnis der Grenzproduktivitäten entsprechen muß:

(5.10) $$\frac{w}{i} = \frac{\dfrac{\partial Y}{\partial A}}{\dfrac{\partial Y}{\partial K}} \ .$$

Verwenden wir nun als Produktionsfunktion die Cobb-Douglas-Funktion, so lautet die Lagrange-Funktion:

(5.11) $$L = wA + iK + \lambda(Y^0 - A^{\alpha_1} K^{\alpha_2}) \ .$$

Als Optimalitätsbedingungen folgen

(5.12) $$\frac{\partial L}{\partial A} = w - \lambda \alpha_1 A^{\alpha_1 - 1} \cdot K^{\alpha_2} = 0 \ ,$$

(5.13) $$\frac{\partial L}{\partial K} = i - \lambda \alpha_2 K^{\alpha_2 - 1} \cdot A^{\alpha_1} = 0 \ ,$$

mit

(5.14) $$\frac{w}{i} = \frac{\alpha_1 \cdot K}{\alpha_2 \cdot A} \ .$$

Dieses Resultat ist für Sie nichts Neues, weil es einfach die Minimalkostenkombination für die Cobb-Douglas-Funktion (vgl. hierzu Abschnitt 3.2.3.2 oben) auf die Produktionsfaktoren Arbeit und Kapital überträgt.

Eine ganz besondere Eigenschaft der Cobb-Douglas-Funktion besteht nun darin, daß die sog. *funktionale Einkommensverteilung ausschließlich* von der Produktionsfunktion bestimmt wird, während beispielsweise die Präferenzen der Arbeitnehmer (d.h. die Bereitschaft zum Arbeitsangebot) keinerlei Rolle spielen. Dieses verblüffende Ergebnis kann ausgehend von (5.14) leicht gezeigt werden. Die mit FE abgekürzte funktionale Einkommensverteilung ist die Aufteilung des Sozialprodukts auf Arbeits- und Kapitaleinkommen:

(5.15) $$FE = \frac{w \cdot A}{i \cdot K} \ .$$

Setzen wir nun für w/i Gleichung (5.14) ein, so erhalten wir

(5.16) $$FE = \frac{\alpha_1 \cdot K}{\alpha_1 \cdot A} \cdot \frac{A}{K} = \frac{\alpha_1}{\alpha_2} \ ,$$

d.h. die funktionale Einkommensverteilung entspricht dem Quotienten der *Produktionselastizitäten* (den Hochzahlen in der Produktionsfunktion). Dies bedeutet, daß bei einer effizienten Faktorentlohnung die funktionale Einkommensverteilung *unabhängig* von der Höhe des Lohnsatzes ist. Die Ursache für dieses Ergebnis ist die Cobb-Douglas-Funktion, weil bei dieser jede prozentuale Änderung der Faktorpreise von einer prozentual gleichen Änderung der Faktormengen begleitet wird und die Produkte aus Preisen und Mengen daher genau gleich bleiben. Gelingt es den Gewerkschaften beispielsweise, das Verhältnis aus Lohn- und Zinssatz (w/i) um vier Prozent zu erhöhen, so sinkt das Verhältnis aus Arbeits- und Kapitaleinsatz (A/K) ebenfalls um vier Prozent, so daß die funktionale Einkommensverteilung (w·A/i·K) genau gleich bleibt. Bedenken Sie die arbeitsmarktpolitische Brisanz dieses Ergebnisses!

6. Das Angebotsmonopol

6.1 Überblick

Nach vollständiger Konkurrenz betrachten wir mit dem Monopol nun die zweite „extreme“ Marktform, bei der es definitionsgemäß nur einen Anbieter gibt. Dabei müssen zwei grundsätzliche Arten der Monopolsituation unterschieden werden: beim „gewöhnlichen“ Monopol (Abschnitt 6.2) geht man von steigenden Grenzkosten aus, während beim sog. *natürlichen Monopol* (Abschnitt 6.3) sinkende Durchschnittskosten vorliegen. Wir werden sehen, daß dieser Unterschied für die wohlfahrtstheoretische Beurteilung von zentraler Bedeutung ist, weil im ersten Fall stets von einer Ineffizienz des Monopols gesprochen werden kann, sofern man sich wieder auf die statische Perspektive beschränkt. Im zweiten Fall ist die Situation dagegen komplizierter, weil bei sinkenden Durchschnittskosten die Kosten der Marktversorgung am niedrigsten sind, wenn nur ein Unternehmen produziert und anbietet. Dies führt zu einem möglicherweise bestehenden Regulierungsbedarf, auf den wir innerhalb des Abschnitts 6.3 zum natürlichen Monopol recht ausführlich eingehen.

6.2 Das gewöhnliche Monopol

6.2.1 Preisbildung im Angebotsmonopol

Der entscheidende Unterschied des Monopols gegenüber dem homogenen Polypol (vollständige Konkurrenz) ist, daß die Preiselastizität der Nachfrage *nicht* gegen unendlich geht. Dies liegt daran, daß den Haushalten keine homogenen Substitute zur Verfügung stehen und sie deshalb bei Preiserhöhungen nicht mit einem völligen Nachfrageverzicht reagieren. Auf vollkommenen Märkten wird die gleiche Ware von verschiedenen Produzenten angeboten, so daß nur die jeweils billigsten Anbieter ihre Ware absetzen können und der Preis für die Unternehmen ein Datum ist. Der Monopolist hat dagegen Preisspielräume, weil die Ausweichmöglichkeit auf identische Produkte anderer Hersteller für die Haushalte nicht besteht. Wie groß die Preiselastizität der Nachfrage im einzelnen ist, hängt vom jeweiligen Produkt ab. Graphisch bedeutet dies, daß die Nachfragefunktion für den Monopolisten – sie wird üblicherweise als Preis-Absatz-Funktion bezeichnet – eine negative Steigung aufweist. Denken Sie daran, daß im Gegensatz dazu die Nachfragefunktion für den *einzelnen* Anbieter bei vollständiger Konkurrenz wegen der unendlichen Preiselastizität der Nachfrage waagerecht ist.

Formal führt dieser Unterschied dazu, daß in der Definitionsgleichung des Gewinns die wechselseitige Abhängigkeit von Preis und Menge berücksichtigt werden muß. Dabei hat man sich darauf geeinigt, gemäß Gleichung (6.1) den Preis als Funktion der Menge aufzufassen; grundsätzlich könnte man statt p(y) auch y(p) schreiben

$$G(y) = \underbrace{p(y)\cdot y}_{\text{Erlös}} - \underbrace{K(y)}_{\text{Kosten}} \quad . \tag{6.1}$$

Zur Bestimmung eines Gewinnmaximums bilden wir wieder die erste Ableitung des Gewinns nach der Menge und erhalten

$$(6.2) \qquad \frac{dG}{dy} = \frac{dp}{dy} \cdot y + p(y) - \frac{dK}{dy} = 0 \quad \Rightarrow \quad \frac{dp}{dy} \cdot y + p(y) = \frac{dK}{dy} \ .$$

Vergleichen wir dieses zentrale Ergebnis nun mit der vollständigen Konkurrenz: Bei vollständiger Konkurrenz ist die gewinnmaximale Menge im Ausgleich von Preis und Grenzkosten (p = dK/dy) erreicht. Dies liegt daran, daß der Preis *nicht* auf eine Mengenerhöhung reagiert. Erhöht das Unternehmen bei vollständiger Konkurrenz seine Menge um eine Einheit und liegt der Marktpreis bei 20, so ist der zusätzliche Erlös durch die Mengenerhöhung selbstverständlich 20. Preis und Grenzerlös sind also identisch. Dementgegen muß beim Monopolisten berücksichtigt werden, daß die Mengenerhöhung zu einer Preisänderung führt, die *alle* Einheiten betrifft. Erhöht der Monopolist sein Angebot, so sinkt bei normal verlaufenden Nachfragefunktionen der Preis.

Die gesamte Erlösänderung, die durch das Angebot der zusätzlich produzierten Einheit verursacht wird (der Grenzerlös dE/dy), setzt sich demnach aus zwei verschiedenen Größen zusammen: Erstens steigt der Erlös, weil eine zusätzliche Einheit verkauft wird; dieser Effekt wird durch den Term p(y) in Gleichung (6.2) ausgedrückt. Zweitens führt die mit der Mengenerhöhung verbundene Preissenkung zu einer Erlösminderung, die durch $dp/dy \cdot y$ in Gleichung (6.2) erfaßt wird. Der gesamte Grenzerlös beträgt somit $dp/dy \cdot y + p(y)$. Denken Sie daran, daß die Gleichgewichtsbedingung für ein Unternehmen in *jeder* Marktform Grenzerlös = Grenzkosten lautet. Unterschiedlich ist nur der Grenzerlös selbst: Bei vollständiger Konkurrenz entspricht dieser dem Preis; im Monopol dem etwas komplizierteren Ausdruck $dp/dy \cdot y + p(y)$.

Nehmen Sie zur beispielhaften Darstellung an, daß der Monopolist im Ausgangszustand 5 Einheiten zu einem Preis von 10 verkauft ($p^0 = 10$; $y^0 = 5$). Sein Erlös ist im Ausgangszustand also 50. Nun erhöht er seine Menge auf 6, wodurch der Preis auf 9 sinkt ($p^1 = 9$; $y^1 = 6$). Da sein Erlös von 50 auf 54 steigt, beträgt der Grenzerlös 54 - 50 =4.

Gleichung (6.3) zeigt nun genau, aus welchen Komponenten sich die Erlösänderung zusammensetzt: Bei vollständiger Konkurrenz wäre der Grenzerlös 10 gewesen, weil das Unternehmen bei einem konstanten Preis von 10 eine zusätzliche Einheit verkauft hätte. Im Monopol muß *zusätzlich* noch die Preisänderung (-1) berücksichtigt werden, die *alle* Einheiten betrifft. In unserem Beispiel gilt demnach

$$(6.3) \qquad \underbrace{\frac{dp}{dy}}_{-1} \cdot \underbrace{y}_{6} + \underbrace{p(y)}_{10} = 4 \ .$$

Graphisch wird die Monopolpreisbildung meist auf Grundlage einer ertragsgesetzlichen Produktionsfunktion und einer linearen Preis-Absatz-Funktion dargestellt, so daß die relevanten Funktionen den in Abb. 6.1 skizzierten Verlauf haben.

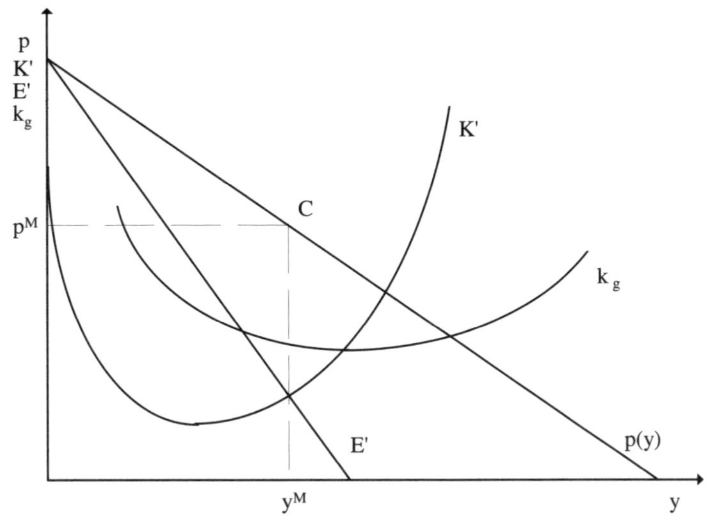

Abb. 6.1: Preisbildung im Monopol

Es kann leicht gezeigt werden, daß bei einer linearen Preis-Absatz-Funktion die Grenzerlösfunktion stets den gleichen Achsenabschnitt auf der Preisachse (bezeichnet als Prohibitivpreis, weil die Menge hier Null wird) und die doppelte negative Steigung wie die Preis-Absatz-Funktion (PAF) hat. Eine lineare PAF heißt

(6.4) $$p = a - by \quad \text{mit} \quad a, b > 0 .$$

Daraus folgt als Erlös

(6.5) $$E = p(y) \cdot y = (a - by) \cdot y = ay - by^2 .$$

Somit ist der Grenzerlös als erste Ableitung der Erlösfunktion

(6.6) $$\frac{dE}{dy} = a - 2by .$$

Die gewinnmaximale Angebotsmenge y^M ergibt sich gemäß Abb. 6.1 im Schnittpunkt aus Grenzerlös und Grenzkosten; der zugehörige Preis p^M findet sich auf der Preis-Absatz-Funktion. Der gewinnmaximale Monopolpreis wird auch als *Cournot-Preis* bezeichnet, weil das dargestellte Modell von *Cournot* schon im 19. Jahrhundert entwickelt wurde. Da der Preis in Abb. 6.1 über den Durchschnittskosten liegt, macht der Monopolist im Unterschied zum Gleichgewicht bei vollständiger Konkurrenz einen (Extra-)Gewinn.

6.2.2 Wohlfahrtstheoretische Interpretation: Konsumenten- und Produzentenrente

Erneut verwenden wir als Wohlfahrtsmaß die Summe aus Konsumenten- und Produzentenrente, wobei wir die Ergebnisse der vollständigen Konkurrenz mit denen des Monopols vergleichen. Vereinfachend gehen wir gemäß Abb. 6.2 in diesem Teil wieder von *linearen* Grenzkosten- und Nachfragefunktionen aus, was die geometrische Darstellung erleichtert, und an der Logik der Argumentation nichts ändert.

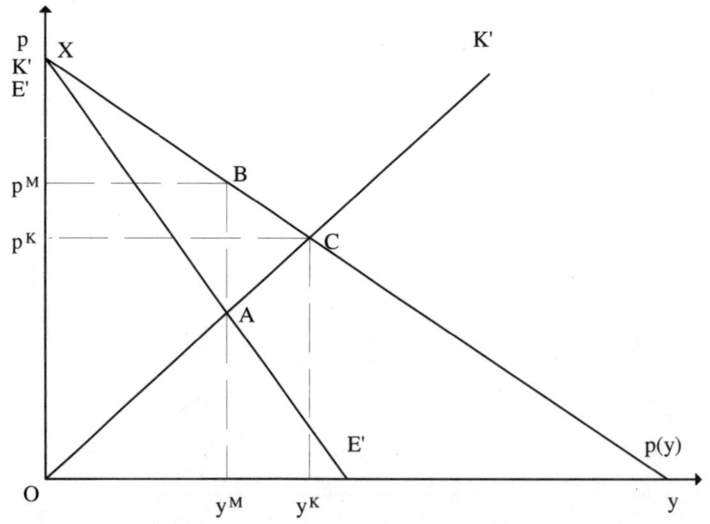

Abb. 6.2: Konsumenten- und Produzentenrente im Monopol bei vollständiger Konkurrenz

Die gewinnmaximale Menge des Monopolisten (y^M) ergibt sich aus dem Schnittpunkt von Grenzerlös und Grenzkosten; der zugehörige *Cournot*-Preis (p^M) folgt aus der Preis-Absatz-Funktion. Die Konsumentenrente entspricht dem Dreieck p^MBX und die Produzentenrente der Fläche OABp^M. Es sei daran erinnert, daß wir die Produzentenrente als Differenz der Erlöse (Oy^MBp^M) und des Integrals unter der Grenzkostenfunktion (Oy^MA) erhalten. Oy^MA repräsentiert die variablen Kosten, da diese ja das Integral unter der Grenzkostenfunktion sind. Die Summe aus Konsumenten- und Produzentenrente im Monopol ist somit OABX.

Um dies mit dem Ergebnis zu vergleichen, das sich bei vollständiger Konkurrenz ergeben hätte, sei daran erinnert, daß dort der mit p^K bezeichnete Gleichgewichtspreis im Schnittpunkt mit den Grenzkosten liegt. Die zugehörige Gleichgewichtsmenge beträgt y^K. Demnach ist die Menge im Monopol kleiner und der Preis höher als im homogenen Polypol. Die Konsumentenrente wäre bei vollständiger Konkurrenz die Fläche p^KCX; die Produzentenrente OCp^K. Die Summe aus Konsumenten- und Produzentenrente wird von dem Dreieck OCX dargestellt und übertrifft die Summe aus Konsumenten- und Produzentenrente im Monopol um das Dreieck ACB. In der statischen Modellbetrachtung führt das Monopol gegenüber dem homogenen Polypol damit eindeutig zu einem Wohlfahrtsverlust. Zwar ist die Produzentenrente im Monopol größer als bei vollständiger Konkurrenz, aber der Verlust an Konsumenten- übertrifft den Zuwachs an Produzentenrente. Achten Sie darauf, daß die Ineffizienz lediglich dadurch nachgewiesen werden kann, daß die *Summen* aus Konsumenten- und Produzentenrenten miteinander verglichen werden, da uns ja die gesamte Wohlfahrt interessiert.

Die genaue Betrachtung von Abb. 6.2 verdeutlicht, warum die Monopolpreisbildung zu einem Wohlfahrtsverlust führt. Alle Einheiten zwischen y^M und y^K verursachen Grenzkosten, die *unterhalb* der Zahlungsbereitschaft der Haushalte liegen. Offenbar wäre es wohlfahrtssteigernd, wenn diese Einheiten produziert werden – liegt beispielsweise die Zahlungsbereitschaft bei 3,24 EUR und sind die Grenzkosten bei 3,16 EUR, so könnten beide Parteien von einem Verkauf profitieren. Dennoch werden die Einheiten zwischen y^M und y^K vom Monopolisten nicht produziert, weil dieser nicht den Preis (bzw. die Zahlungsbereitschaft), sondern den Grenzerlös mit den Grenzkosten vergleicht und dieser bereits *unter* den Grenzkosten liegen würde. Dies ist, wie erläutert, auf den Sachverhalt zurückzuführen, daß jede Erhöhung der Produktionsmenge des Monopolisten Rückwirkungen auf den Marktpreis hat, die den Grenzerlös schmälern.

Auf Grund der Reduzierung der Summe aus Konsumenten- und Produzentenrente um das Dreieck ACB kann festgehalten werden, daß das Monopol zu einer unter statischen Wohlfahrtsgesichtspunkten suboptimalen Unterversorgung des Marktes führt.

6.2.3 Monopolistische Preisdifferenzierung

Bisher gingen wir davon aus, daß der Monopolist von *allen* Konsumenten den gleichen Preis für die Ware verlangt. Ein wichtiger Aspekt der Monopolpreisbildung ist nun, daß diese Annahme wesentlich für die hergeleitete Ineffizienz verantwortlich ist. Betrachten wir hierzu erneut Abb. 6.2: Der Monopolist produziert lediglich die Menge y^M, obwohl es für alle Mengeneinheiten zwischen der Monopolmenge y^M und der pareto-effizienten Produktionsmenge y^K noch Konsumenten gibt, deren Zahlungsbereitschaft *über* den Grenzkosten des Monopolisten liegt. Angesichts dieser Situation wird ein Monopolist versuchen, seinen im Cournot-Punkt gegebenen Gewinn durch *Preisdifferenzierung* zu erhöhen. Solche Preisdifferenzierungen finden sich in der Realität sehr häufig und in ganz unterschiedlichen Varianten. So werden die gleichen Kekse in verschiedenen Packungen in (hochpreisigen) Supermärkten und Lebensmitteldiscountern zu erheblich unterschiedlichen Preisen verkauft, Studenten erhalten billigere Eintrittskarten für die Zweitligaspiele zwischen Eintracht Frankfurt und dem 1. FC Kaiserslautern und Telefonate kosten nachts weniger als tagsüber.[14]

Wenn es dem Monopolisten gelingt, jeden Konsumenten genau im Ausmaß seiner Zahlungsbereitschaft zur Kasse zu bitten, spricht man auch von *perfekter Preisdifferenzierung*. Überlegen wir uns nun, welche Auswirkungen eine perfekte Preisdifferenzierung auf die Produktionsmenge, die Konsumentenrente, die Produzentenrente und die Wohlfahrt hat. Da der Monopolist von jedem Konsumenten dessen Zahlungsbereitschaft erhält, entspricht die Produzentenrente einfach der Fläche unter der Nachfragefunktion abzüglich der *(variablen)* Kosten und somit[15]

$$G(y) = \int_0^y p(y)\,dy - K(y) \quad . \tag{6.7}$$

Als Bedingung erster Ordnung folgt[16]

$$\frac{\partial G}{\partial y} = p(y) - \frac{\partial K}{\partial y} = 0 \tag{6.8}$$

bzw.

$$p(y) = \frac{\partial K}{\partial y} \quad . \tag{6.9}$$

14 Varian entwickelt in seiner Darstellung verschiedener Arten von Preisdifferenzierung das absolut überzeugende *Happy Hour Theorem.* Dieses besagt, daß die Zeiten, in denen Cocktails zum halben Preis angeboten werden, unter Wohlfahrtsgesichtspunkten immer zu kurz sind (vgl. Varian 1989, S. 625).

15 Fixkosten vernachlässigen wir in der Definition des Gewinns, da sie ohnehin nicht entscheidungsrelevant sind.

16 Bedenken Sie, daß die Integralrechnung die Umkehrung der Differentialrechnung ist und sich beide Operationen daher „aufheben“.

Gleichung (6.9) zeigt, daß der Monopolist bei perfekter Preisdifferenzierung gemäß der Bedingung Preis = Grenzkosten somit die gleiche Menge anbietet wie bei *vollständiger* Konkurrenz. Dies ist nicht weiter überraschend. Der Grund für einen *höheren* Preis als bei vollständiger Konkurrenz *ohne* perfekte Preisdifferenzierung war ja gerade, daß der Monopolist auch von Konsumenten mit einer *hohen* Zahlungsbereitschaft nur einen geringen Preis erhält, sofern er den Preis reduziert. Gerade dieser Effekt ist durch die Preisdifferenzierung aber ausgeschlossen, so daß der Monopolist den Preis für Konsumenten mit einer geringen Zahlungsbereitschaft bis auf die Grenzkosten senken kann, ohne Rückwirkungen auf die Preise für andere Konsumenten befürchten zu müssen.

Weil sich bei perfekter Preisdifferenzierung somit die gleiche Menge einstellt wie bei *vollständiger* Konkurrenz, wird damit auch die Wohlfahrt als Summe aus Konsumenten- und Produzentenrente maximiert. Da jeder einzelne Konsument einen Preis gemäß seiner wirklichen Zahlungsbereitschaft entrichten muß, ist die Konsumentenrente allerdings Null – denn diese ist ja gerade als die aufsummierte Differenz aus Zahlungsbereitschaft und Preis definiert. Die ganze Wohlfahrt geht somit an die Produzenten.

Einschränkend muß eingeräumt werden, daß die praktische Bedeutung der *perfekten* Preisdifferenzierung eher gering ist, weil der Monopolist ja die Zahlungsbereitschaft *jedes einzelnen Konsumenten* genau kennen muß, um die Konsumentenrente tatsächlich *vollständig* abschöpfen zu können. Außerdem muß der Weiterverkauf der Produkte *zwischen* den Konsumenten ausgeschlossen werden, weil andernfalls Arbitragegeschäfte möglich wären. Trotz dieser Einschränkungen ist das Ergebnis der Wohlfahrtsmaximierung durch perfekte Preisdifferenzierung aber interessant, weil deutlich zum Ausdruck kommt, daß die Maximierung der Wohlfahrt im Monopol durchaus damit vereinbar sein kann, daß die Wohlfahrt der Konsumenten Null ist.

6.3 Das natürliche Monopol

6.3.1 Die Kostensituation natürlicher Monopole

Das gerade hergeleitete Ergebnis einer Ineffizienz der Monopolpreisbildung muß in mindestens zweifacher Hinsicht relativiert werden, sofern man sich praktisch interessanten Fragen zuwendet. Die erste Relativierung besteht darin, daß sich der Nachweis ausschließlich auf die *statische Allokationsineffizienz* beschränkte. Bei der statischen Allokationsineffizienz wird davon ausgegangen, daß die Kostenfunktionen *gegeben* und somit unabhängig von der jeweiligen Marktform sind. Konkret bedeutet dies, daß der Vergleich von vollständiger Konkurrenz (homogenes Polypol) und Angebotsmonopol auf Grundlage identischer Kostenfunktionen durchgeführt wurde.

Diese Betrachtungsweise erfaßt nur einen sehr beschränkten Ausschnitt aus der Realität, weil darüber hinaus die Innovationsbereitschaft der Unternehmen in unterschiedlichen Marktformen berücksichtigt werden müßte. Im Unterschied zur statischen Allokationseffizienz bezeichnet man dies als die *dynamische Anreizwirkung*, die von einer Marktform ausgeht. Dabei handelt es sich um einen speziellen Zweig der Mikroökonomie, der meist unter dem Stichwort *Wettbewerbstheorie* untersucht und hier nicht näher behandelt wird. Sie können sich aber leicht klarmachen, daß die Innovationsbereitschaft in unterschiedlichen Marktformen höchst unterschiedlich sein kann. So sichert der Staat besonders durch die Patentgesetzgebung ganz bewußt kurzfristige Preisspielräume, damit sich die Innovationen für die Unternehmen auch auszahlen. Andernfalls wäre ein Erlahmen der Innovationstätigkeit zu befürchten, weil das innovative Unternehmen lediglich die Kosten, aber nicht die Erträge der Forschungs- und Entwicklungsaufwendungen zu spüren bekäme. Der Staat sorgt also bewußt für temporäre Monopole.

Diese Beschränkung der Analyse auf die statische Allokationseffizienz ist der erste Grund dafür, daß das Ergebnis der Ineffizienz des Angebotsmonopols relativiert werden muß. Daneben ist aber die Frage zu stellen, ob die in den bisherigen Kapiteln unterstellten Kostenverläufe tatsächlich geeignet sind, um die empirisch relevanten Monopolstellungen beispielsweise im Bereich der Energieversorgung oder der Bundesbahn zu erfassen. Dies muß verneint werden, weil beim Errichten und Betreiben eines Schienennetzes hohe Fixkosten anfallen, während die Grenzkosten der Marktversorgung tendenziell konstant sind. Eine solche Kostensituation ist in Abb. 6.3 dargestellt: Die Grenzkosten sind konstant und die durchschnittlichen Kosten nähern sich asymptotisch den Grenzkosten an, weil sich die Fixkosten auf eine immer größere Produktionsmenge verteilen.

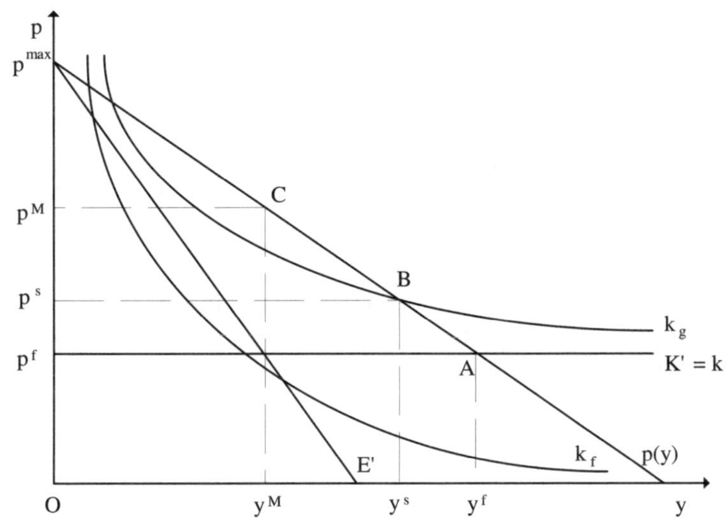

Abb. 6.3: Natürliches Monopol

Bei einer derartigen Situation spricht man von einem *natürlichen Monopol*, weil der Marktprozeß vermutlich dazu führen würde, daß letztlich nur *ein* Unternehmen am Markt verbleibt. Dies liegt daran, daß die Stückkosten mit steigender Menge stetig abnehmen, so daß das Unternehmen mit der größten Produktionsmenge am billigsten anbieten könnte. Ein natürliches Monopol kann demnach darüber definiert werden, daß die Marktnachfrage am kostengünstigsten durch nur ein Unternehmen befriedigt werden kann.[17]

6.3.2 First best, second best und die Entscheidung des Monopolisten

Wir wollen nun fragen, welche Menge ein Monopolist zu welchem Preis anbieten wird, wenn er als einziger am Markt tätig ist und die Regulierungsbehörde ihm keinerlei Vorschriften macht. Die Antwort auf diese Frage ist denkbar einfach: da den Monopolisten unsere Klassifikation in „gewöhnliche" und „natürliche" Monopole herzlich wenig interessiert, verlangt er wie gewohnt den Cournot-Preis, d.h. den Preis, der sich im Schnittpunkt der Grenzerlös- und der Grenzkostenfunktion ergibt. Wenn wir vereinfachend wieder von einer linearen Preis-Absatz-Funktion

17 Präziser spricht man von der „Subadditivität der Kostenfunktion".

bzw. Nachfragefunktion p(y) ausgehen, so hat die Grenzerlösfunktion die doppelte negative Steigung wie die Nachfragefunktion, und wir erhalten als Monopolmenge y^M und als Monopolpreis p^M, die in Abb. 6.3 dargestellten Ergebnisse. Analog zum gewöhnlichen Monopol ist der Monopolpreis aber auch hier volkswirtschaftlich ineffizient, weil die Zahlungsbereitschaft der Konsumenten noch weit über den Grenz- und Durchschnittskosten des Monopolisten liegt. Daraus folgt, daß die Regulierungsbehörde eingreifen muß, wenn sie den Markt *einem* Unternehmen überläßt. Andernfalls muß dieses Unternehmen keine Angst vor Konkurrenz haben und kann beruhigt den Monopolpreis verlangen, der zu einem Verlust an Wohlfahrt führt.

Fragen wir nun also, welchen Preis die Regulierungsbehörde gestatten sollte, wenn sie den Markt einem Monopolisten überlassen und gleichzeitig die Wohlfahrt maximieren möchte. Dabei gehen wir zunächst unrealistischerweise davon aus, daß die Behörde über die Verläufe der Nachfragefunktion und der Kostenfunktion vollständig informiert ist, um den Grundgedanken deutlicher machen zu können. Somit suchen wir in Abb. 6.3 die pareto-effiziente Produktionsmenge, die wir auch *first best* nennen. Als Wohlfahrtskriterium verwenden wir wieder die Summe aus Konsumenten- und Produzentenrente. Aus der Analyse der vollständigen Konkurrenz und des „gewöhnlichen" Monopols wissen wir, daß die Summe aus Konsumenten- und Produzentenrente dort maximiert wird, wo die Grenznutzen den Grenzkosten entsprechen. Da die Nachfragefunktion die Grenznutzen angibt, wird die Wohlfahrt also im Schnittpunkt der Nachfragefunktion mit der Grenzkostenfunktion und demnach im Punkt A in Abb. 6.3 maximiert. Die Summe aus Konsumenten- und Produzentenrente entspricht dann dem Dreieck p^fAp^{max}, wobei p^f für den first best-Preis und p^{max} für den Prohibitivpreis steht. Wir erhalten p^fA^{max}, indem wir von der Fläche unter der Nachfragefunktion die variablen Kosten (also die Fläche Oy^fAp^f unter der Grenzkostenfunktion bis zum Punkt A) abziehen.

Aufmerksamen Leser/innen wird allerdings nicht entgehen, daß unser Monopolist beim Preis p^f und der Menge y^f zwar seine variablen, aber nicht seine fixen Kosten decken kann und daher einen Verlust macht. Wenn die Durchschnittskosten k_g über den Grenzkosten liegen, so muß ein Preis in Höhe der Grenzkosten zwangsläufig zu einem Verlust führen, so daß kein Monopolist bereit sein würde, einen Preis p^f als Vorgabe der Regulierungsbehörde zu akzeptieren – lieber würde das Unternehmen auf seine Monopolstellung verzichten. Diese Überlegung führt uns unmittelbar zum Konzept des *second best*: Unter dem second best versteht man grundsätzlich die beste Möglichkeit unter Einhaltung „bestimmter", zusätzlicher Nebenbedingungen. In unserem speziellen Fall der Regulierung natürlicher Monopole versteht man unter dem second best den wohlfahrtsmaximalen Preis unter der Nebenbedingung, daß das Unternehmen keinen Verlust macht. Offenbar handelt es sich um den Preis p^s (und die zugehörige Menge y^s), bei dem der Preis gerade den totalen Durchschnittskosten des Monopolisten entspricht.

Innerhalb der ökonomischen Theorie der Regulierung gibt es eine lange Debatte darüber, ob sich die Regulierungsbehörde bei vollständiger Information eher für den Preis p^f oder den Preis p^s entscheiden sollte. p^f könnte sie dabei erreichen, indem sie den Monopolisten zusätzlich in der Differenz von Grenz- und Durchschnittskosten subventioniert, so daß der Gewinn (abgesehen von der üblichen Kapitalverzinsung) wieder Null wäre. *Für* p^f spricht, daß die Summe aus Konsumenten- und Produzentenrente maximiert wird und die Wohlfahrt daher ceteris paribus maximiert wird. *Gegen* p^f spricht allerdings, daß die Konsumenten in diesem Fall *nicht* die Gesamtkosten der Produktion tragen und die Unternehmen daher aus Steuern oder sonstigen Mitteln subventioniert werden müssen. Die ceteris paribus Bedingung bei der Herleitung der wohlfahrtstheoretischen Überlegenheit von p^f impliziert also, daß die Steuererhebung keine Kosten verursacht, die den Steuerbetrag (der ja wieder genutzt wird) überschreiten. Häufig muß aber angenommen werden, daß Steuern *erstens* Erhebungskosten und *zweitens* eine Verzerrung der Allokation herbeiführen, so daß die Kosten der Steuererhebung insgesamt beträchtlich über den puren Steuerbetrag hinausgehen. Man nennt dies auch eine *Mehrbelastung*, die bei der Gewährung von Subventionen berücksichtigt werden muß. Wenn man den Verlust an Konsumenten- und Produzentenrente beim Übergang von p^f nach p^s und die Mehrbelastung durch die für Subventionen erforderlichen Steuererhebungen gegeneinander abwägt so folgt daraus, daß die optimale Produktionsmenge irgendwo *zwischen* y^s und y^f liegt.

6.3.3 Sunk costs und Fixkosten

Gerade haben wir unter anderem hergeleitet, daß sich ein *un*regulierter Monopolist bedauerlicherweise weder für p^s noch für p^f, sondern schlicht für den gewöhnlichen Monopolpreis p^M entscheiden wird. Diese Feststellung müssen wir allerdings relativieren, weil ein Monopolist sein Verhalten nicht nur an der (in seinem Fall definitionsgemäß nicht vorhandenen) aktuellen, sondern auch an der *potentiellen* Konkurrenz orientieren muß. So könnte man sich vorstellen, daß ein Preis in Höhe von p^M auch im natürlichen Monopol neue Konkurrenten anlockt, die die Gewinnspielräume nutzen wollen. Im Extremfall könnte das am Markt tätige Unternehmen andere Unternehmen nur vom Markteintritt abhalten, wenn es einen Preis von p^s nimmt, weil dann durch ein Unterbieten keine Gewinne möglich sind. Sofern die „Drohung" durch potentielle Konkurrenten tatsächlich so groß ist, käme es also auch ganz ohne Regulierung zu einem Preis p^s, der unter Berücksichtigung der Mehrbelastungen durch Subventionen bei p^f nahe am volkswirtschaftlichen Optimum liegt.

Obwohl dieses vor allem von Baumol vorgetragene Argument sicherlich eine gewisse Bedeutung hat, sollte man seine Reichweite doch nicht überschätzen. Um dies zu verstehen, ist die Unterscheidung zwischen „gewöhnlichen" Fixkosten und jenem Teil der Fixkosten entscheidend, die man als *sunk costs* (versunkene Kosten) bezeichnet. Gewöhnliche Fixkosten sind zwar unabhängig von der Produktionsmenge, sie können aber vollständig abgebaut werden, sofern auf die Produktion verzichtet wird. Denken Sie etwa an einen LKW, dessen Steuerbelastung unabhängig von der km-Leistung ist, dessen Steuer aber entfällt, wenn die Spedition schließt. Sunk costs (man nennt sie in einem anderen theoretischen Zusammenhang zutreffend auch *spezifische* Investitionen) sind dagegen aufgewendete Kosten, die nicht mehr rückgängig gemacht werden können und *ausschließlich* in bestimmten Produktionsprozessen nützlich sind. Typisch dafür sind Ausbildungskosten für bestimmte Fähigkeiten oder eben Leitungsnetze oder Eisenbahnschienen, die lediglich dazu verwendet werden können, Züge darauf fahren zu lassen. Das entscheidende Definitionsmerkmal von sunk costs ist also deren prinzipielle *Irreversibilität.*

Warum ist dies für unsere Frage potentieller Konkurrenz wichtig? Versetzen wir uns dazu in ein Unternehmen, das angesichts des hohen Monopolpreises p^M einen Markteintritt erwägt. Bedenken Sie, daß *zum Zeitpunkt dieser Entscheidung* die späteren Fixkosten zur Errichtung des Leitungsnetzes noch variabel sind, so daß sich die Produktion nur lohnt, wenn langfristig mindestens der Preis p^s erzielt werden kann. Mit welcher Reaktion des schon am Markt etablierten Unternehmens muß unser potentieller Eindringling aber rechnen? Für das etablierte Unternehmen sind die Fixkosten schon unwiderruflich verlorene, irreversible sunk costs. Jede zu einem Preis über p^f verkaufte Einheit erhöht daher den Deckungsbeitrag und reduziert den Verlust. Das etablierte Unternehmen ist daher bereit, unter Vernachlässigung der Fixkostendeckung das eintretende Unternehmen zu unterbieten, um den Verlust zu vermindern. Es kommt zur „ruinösen" Konkurrenz, die lange als wichtigstes Argument zur Regulierung natürlicher Monopole galt. Die Bedeutung von sunk costs im Unterschied zu Fixkosten ist also, daß sich ein Unternehmen auch *langfristig* mit Verlusten zufrieden gibt, weil die Fixkosten auch durch ein Ausscheiden aus dem Markt nicht abgebaut werden können. Da dies potentielle Konkurrenten zum Zeitpunkt des möglichen Markteintritts wissen, werden sie die Finger vom Markteintritt lassen. Sunk costs sind daher eine wichtige Markteintrittsbarriere.

6.3.4 Strategien zur Regulierung natürlicher Monopole

Obwohl inzwischen für viele Märkte eine radikale Deregulierung mit dem Kernziel eines offenen Marktzugangs angestrebt wird, ist eine Vielzahl von Märkten weiterhin reglementiert. Im Grunde geht es bei jeder Form der Regulierung natürlicher Monopole um die Bestimmung der Tarife, die den Monopolisten genehmigt werden. Damit sollen die mit der Verringerung von Wettbewerb verbundenen Kostensenkungspotentiale durch steigende Skalenerträge genutzt werden, andererseits aber die Ineffizienzen durch einen Verlust an Summe aus Konsumentenrente und Produzentenrente vermindert werden. Auf die beiden wichtigsten Grundformen der Tarif-Regulierung wird in diesem Abschnitt eingegangen. Diese sind erstens die „klassische" kostenorientierte Preisfestsetzung (üblicher ist der englische Begriff *cost-plus-regulation*) und zweitens die „modernere" Preisobergrenzenregulierung (üblicher ist der englische Begriff *price caps*).

Die in vielen Ländern zur Tarifkontrolle verwendeten Regulierungsmodelle arbeiten nach einem kostenorientierten Prinzip, d.h. sie binden den genehmigten Preis an die Produktionskosten des Unternehmens. Steigen die Produktionskosten des Unternehmens, so werden auch höhere Tarife genehmigt, während Produktivitätsfortschritte zu einer Verringerung der Tarife führen. Dabei werden oft auch noch Preisdifferenzierungen vorgenommen, auf die wir hier nicht eingehen.[18] Die genaue Art und Weise der kostenorientierten Preisfestsetzung unterscheidet sich in den verschiedenen Ländern. So sind beispielsweise die Regulierungsbehörden in anglo-amerikanischen Ländern eher an feststehende Methoden wie die Festlegung einer bestimmten Kapitalrendite gebunden, während die Monopol-Preisaufsichten in der Bundesrepublik Deutschland einen recht großen Entscheidungsspielraum haben.

Die mit der traditionellen kostenorientierten Preispolitik verbundenen Probleme liegen im Grunde genommen auf der Hand. Erstens besteht ein *Informationsproblem*, weil es für die Regulierungsbehörde schwierig ist, die Kostensituation des natürlichen Monopolisten zu überprüfen. Es besteht deshalb die Gefahr, daß dem Monopolisten zu hohe Preise genehmigt werden, was zu einem Verlust der Summe aus Konsumentenrente und Produzentenrente führt. Diese Schwierigkeit ist vor allem dann zu beachten, wenn (und dies ist der empirische Normalfall) das betreffende Unternehmen nicht nur in regulierten, sondern auch in deregulierten Bereichen operiert. In diesem Fall ist es für das Unternehmen vor allem bei schwer zurechenbaren Gemeinkosten möglich, hohe Kosten im regulierten Bereich aus-

18 Vgl. z.B. Feess 1997, Abschnitt 16.4.

zuweisen, um auf diese Art dort höhere Preise und entsprechend höhere Gewinne zu erzielen. Diese Gewinne werden dann dazu genutzt, um den nicht-regulierten Bereich intern zu subventionieren. Die dadurch möglichen niedrigen Preise im nicht-regulierten Bereich sollen dabei dazu dienen, Konkurrenten aus dem Markt zu drängen und den Einzugsbereich der monopolistischen Marktstellung dadurch zu vergrößern.

Neben dem Informationsproblem stellt sich zweitens das Problem einer stark reduzierten *dynamischen Anreizwirkung*. Da der Monopolist weiß, daß jede Kostenveränderung nicht zu einer Gewinnveränderung, sondern lediglich zu geänderten Tarifen führt, ist der Anreiz zur Durchsetzung von Produktivitätsfortschritten gering. Die kostenorientierte Preis- bzw. Tarifpolitik ist daher seit Beginn der 80er Jahre immer stärker in die Kritik geraten.

Die mit einer kostenorientierten Preispolitik verbundenen Probleme haben zur Preisobergrenzen-Politik geführt, wie sie beispielsweise nach der Privatisierung von British Telecom angewendet wurde. 1986 wurden Preisobergrenzen im Energiesektor für British Gas implementiert und seit 1989 werden Ferngespräche in den USA auf diese Weise reguliert. Auch in der Bundesrepublik Deutschland wurden 1993 vom Bundesministerium für Post und Telekommunikation erstmals Preisobergrenzen eingesetzt, um einen bestimmten Teil der Telekom-Monopoldienstleistungen zu regulieren.

Das Prinzip von Preisobergrenzen kann durch vier Sachverhalte charakterisiert werden:

1. Die Regulierungsbehörde legt einen *maximalen Preis* (Tarif) fest. Unterhalb dieses Preises hat das regulierte Unternehmen beliebigen Handlungsspielraum.
2. Für Mehrproduktunternehmen wird nicht ein Preis für jedes einzelne Produkt, sondern ein *Preisindex* für den gesamten Warenkorb festgelegt. Dies bedeutet, daß das Unternehmen bestimmte Preise gegenüber der Vergangenheit erhöhen kann, ohne automatisch gegen die gesetzten Preisobergrenzen zu verstoßen. Das Unternehmen kann also innerhalb seiner Preisstruktur Veränderungen vornehmen, d.h. die Preise einzelner Produkte können frei gewählt werden, sofern nur der Preisindex nicht überschritten wird. Diese Möglichkeiten zur Preisdifferenzierung sind volkswirtschaftlich vorteilhaft.
3. Der entscheidende Punkt ist, daß sich die Anpassung des Preisindexes *nicht* an der Kostenentwicklung des Unternehmens orientiert. Andernfalls hätte man es ja wieder mit einer indirekten Variante der kostenorientierten Preispolitik zu tun, deren (dynamische) Ineffizienzen man ja gerade vermeiden möchte. Die Anpassung des Preisindexes orientiert sich erstens an der Inflationsrate und zweitens an der Produktivitätsentwicklung, die von einem durchschnittlichen Unternehmen in der betroffenen Branche im Vergleich zur Gesamtwirtschaft zu erwarten ist. Sollte also beispielsweise die Inflationsrate 3 % betragen, kann man aber von einem durchschnittlichen Unternehmen einen überdurchschnittlichen Produktivitätsfortschritt (und damit eine Kostenreduktion) von 1% erwarten, so wird der Preisindex um 2 % nach oben korrigiert. Dabei besteht die Schwierigkeit natürlich darin, die erwartete durchschnittliche Kostenverminderung des Unternehmens ohne Rücksicht auf die Daten über die tatsächliche Kostensituation bzw. Produktivitätsentwicklung des betreffenden Unternehmens zu schätzen.
4. Nach Veröffentlichung der Preisobergrenze hat die Regulierungsbehörde im betrachteten (und vorher festgelegten) Zeitraum keinen Einfluß mehr auf den Preisindex.

Grundsätzlich stellt die Preisobergrenzen-Politik durchaus einen Fortschritt gegenüber der kostenorientierten Tarifpolitik dar, weil der Anreiz zur Produktivitätssteigerung bestehen bleibt. Problematisch wird die Preisobergrenzenregulierung allerdings, wenn die Informationen über die Produktivitätsentwicklung extrem schlecht sind. Die Behörde ist dann praktisch gezwungen, von niedrigen Kostensenkungspotentialen auszugehen, um den Konkurs des Unternehmens zu vermeiden. Dies kann auf der anderen Seite zu stark überhöhten Preisen führen, die einen entsprechenden Wohlfahrtsverlust implizieren.

Ein weiterer kritischer Aspekt bei Preisobergrenzenregulierungen, der im Zusammenhang mit der Privatisierung natürlicher Monopole auch generell von Bedeutung ist, betrifft die Wahl der Produktqualität. Da zusätzliche Gewinne durch Kostensenkungen nicht von der Regulierungsbehörde abgeschöpft werden (dies ist bei der kostenorientierten Tarifpolitik der Fall, weil die Tarife reduziert werden), besteht zumindest dann ein Anreiz zur Verringerung der Produktqualität, wenn die Kunden nur unvollständig über die Produktqualität informiert sind. Dies ist eine Gefahr, die beispielsweise im Flugverkehr gesehen wird, so daß hohe Kontrollen erforderlich sind. Allgemein vermutet man daher, daß eine kostenorientierte Preispolitik eher zu einer erhöhten und eine Preisobergrenzenregulierung eher zu einer verminderten Produktqualität führen.

Abschließend zur kostenorientierten Preisfestsetzung und zur Preisobergrenzenregulierung sei darauf hingewiesen, daß sich in der Realität viele Regulierungsmechanismen *zwischen* diesen beiden Extremformen bewegen, weil beispielsweise innerhalb der Kapitalrenditenregulierung für Kraftwerke die Höhe der Renditen durchaus auch von Kostensenkungen abhängig gemacht werden, so daß auch innerhalb dieses Systems Kostensenkungsanreize bestehen. Auf der anderen Seite scheint es innerhalb der Preisobergrenzenregulierung in der Praxis kaum möglich, den durchschnittlichen Produktivitätsfortschritt nicht auch vom (vergangenen) Verhalten der Firma abhängig zu machen, was den Anreiz reduziert. Dennoch kann man festhalten, daß die Preisobergrenzenregulierung größere Kostensenkungsanreize bietet als die kostenorientierte Tariffestsetzung.

6.3.5 Wettbewerb um den Markt (Ausschreibungen)

Bisher gingen wir davon aus, daß ein bestimmtes Unternehmen bereits als natürlicher Monopolist agiert und fragten nach unterschiedlichen Regulierungsmöglichkeiten. Eine radikalere Lösung und viel diskutierte Methode besteht darin, den wegen sinkender Durchschnittskosten kaum möglichen Wettbewerb *im* Markt durch einen Wettbewerb *um* den Markt zu ersetzen. Dabei wird der Markt von der Regulierungsbehörde in zuvor festgelegten Zeiträumen meistbietend versteigert. Der Bieter erhält den Zuschlag, der den geringsten Preis für die Marktversorgung anbietet. Wenn das Auktionsverfahren entsprechend effizient ausgestaltet wird, wird dies dazu führen, daß der Bieter mit den niedrigsten Durchschnittskosten den Zuschlag erhält und einen Preis am Markt verlangen darf, der gerade die Durchschnittskosten des potentiellen Anbieters mit den zweitniedrigsten Durchschnittskosten deckt. Verlangt er nämlich in der Auktion einen höheren Preis, so könnte er vom Unternehmen mit den zweitniedrigsten Kosten unterboten werden, und dieser würde dann dennoch einen kleinen Gewinn erzielen. Dies bedeutet, daß das Auktionsverfahren bei *identischen* Firmen zum second best-Preis führt, während bei unterschiedlichen Unternehmen das Unternehmen mit den niedrigsten Durchschnittskosten einen Gewinn erzielt, der um so höher ist, je größer der Abstand zu den zweitniedrigsten Durchschnittskosten ist.

Der bestechende Vorteil des Auktionsverfahrens ist offensichtlich, daß es – ganz ohne regulative Eingriffe[19] – aufgrund der Konkurrenz in der Auktion zu einem Preis kommt, der nicht weit von dem Preis entfernt ist, den die Regulierungsbehörde implementieren würde, wenn sie das Unternehmen nicht subventionieren möchte (also den second best-Preis). Im Unterschied zu verschiedenen Regulierungsvarianten setzt dies keinerlei Kenntnis der Kostenfunktion des natürlichen Monopolisten voraus. Allerdings stellen sich selbstverständlich auch Probleme

- Erstens muß die Anzahl potentieller Bieter so groß sein, daß sich kooperatives Verhalten zwischen den Bietern (also Absprachen) nicht lohnt. Andernfalls könnten sich die Bieter auf hohe Preise einigen und Kompensationszahlungen von dem Unternehmen, das den Zuschlag erhält, an andere Unternehmen vereinbaren.
- Zweitens muß analog zur Preisobergrenzenregulierung eine exakte, minimale Produktqualität festgelegt werden, weil das Unternehmen bei einem fixierten Verkaufspreis und dem für die betreffende Periode garantierten Ausschluß von Konkurrenz natürlich einen starken Anreiz hat, die Kosten durch eine Verminderung der Produktqualität zu reduzieren.
- Ein drittes Problem liegt in der Festlegung des idealen Zeitraums von einer Auktion bis zur nächsten. Häufig wird hervorgehoben, daß bei einem (zu) kurzen Zeitraum die Produktionskapazitäten unnötig oft errichtet werden, sofern beim zweiten Mal ein anderes Unternehmen den Zuschlag erhält. Ist der Zeitraum dagegen (zu) lang, so muß damit gerechnet werden, daß das am Markt tätige Unternehmen ein spezifisches Know-how aufbaut, das erstens die Durchschnittskosten im Vergleich zu anderen Unternehmen verringert und zweitens, wegen der Spezifizität des Wissens (sunk costs), eine Markteintrittsbarriere konstituiert. Der erste Fall scheint uns eher unproblematisch, weil das neue Unternehmen nur dann einen niedrigeren Preis als das alte Unternehmen fordern kann, wenn dieser Preis die *totalen* Durchschnittskosten, also die Durchschnittskosten inkl. der Errichtung der Produktionskapazitäten deckt. Da das alte Unternehmen wegen der sunk cost-Problematik bei seinem Gebot bis zu den *variablen* Kosten hinuntergehen wird, erhält das neue Unternehmen den Zuschlag nur, wenn die *totalen* Durchschnittskosten des neuen Unternehmens unter den *variablen* Durchschnittskosten des alten Unternehmens liegen. Unter diesen Umständen ist der Wechsel aber auch trotz der erneuten Errichtung der Kapazitäten ökonomisch vorzuziehen. Problematischer ist der zweite Fall, in dem das alte Unternehmen am Markt bleibt. Denn je weiter die Durchschnittskosten des alten Unternehmens aufgrund von Lernkurveneffekten und anderen Faktoren von denen anderer Unternehmen abweichen, desto mehr weicht der Preis, den das alte Unternehmen in der Auktion fordern kann, von den Durchschnittskosten ab – und desto größer ist demnach die Abweichung des realisierten Preises vom second best-Preis.

Wegen dieser Problematik scheint das Auktionsverfahren vor allem für Situationen wie beispielsweise der Müllabfuhr interessant zu sein, in denen das spezifische Know-how und die sunk costs keine überragende Rolle spielen.

19 Natürlich muß die Behörde überprüfen, daß das Unternehmen den vereinbarten Preis nicht überschreitet.

7. Monopolistische Angebotskonkurrenz (Heterogenes Polypol)

7.1 Grundlagen

Bei monopolistischer Angebotskonkurrenz bieten die Anbieter einander ähnliche, aber im Urteil der Nachfrager nicht vollständig identische Produkte an. Die Nachfrager haben Präferenzen für bestimmte Produkte, wie dies beispielsweise für den Schokolademarkt typisch ist. Dies bedeutet, daß jeder Anbieter im Unterschied zum homogenen Polypol über bestimmte Preisspielräume verfügt, weil er ein „kleines Angebotsmonopol" für sein spezielles Produkt hat. Allerdings sind alle Güter einander so ähnlich, daß sie in enger Substitutionskonkurrenz zueinander stehen. Daher ist es zweckmäßig, die Märkte für die ähnlichen Güter zu einem Markt zusammenzufassen, der sich durch eine hohe Produktdifferenzierung auszeichnet. Die einzelnen Produkte können im heterogenen Polypol also durchaus unterschiedliche Preise haben.

Wichtig für das Verständnis der monopolistischen Konkurrenz ist, daß die preispolitischen Handlungen *eines* Unternehmens für die anderen Unternehmen kaum spürbar sind. Wenn ein einzelner Anbieter den Preis für sein Gut senkt, gewinnt er möglicherweise eine für ihn wichtige Nachfrage hinzu. Da sich der Nachfrageverlust aber auf sehr viele andere Unternehmen verteilt, sehen diese keine Veranlassung, auf die Aktionen des Konkurrenten zu reagieren. Die Unternehmen werden bei monopolistischer Konkurrenz die Preise ihrer Mitanbieter daher wie konstante Größen behandeln. Diese Eigenschaft ist der wichtigste Unterschied zwischen der monopolistischen Konkurrenz und dem heterogenen Oligopol, bei dem nur wenige Konkurrenten ähnliche Produkte anbieten und die sog. *Reaktionsverbundenheit* deshalb entscheidend höher ist.

Neben dem Preis stehen einem Anbieter weitere absatzpolitische Instrumente zur Verfügung, mit denen er versuchen kann, räumliche, persönliche und sachliche Präferenzen der Nachfrager für sein Produkt zu schaffen. Nach *Erich Gutenberg* kann man, abgesehen von der Preispolitik, zwischen den absatzpolitischen Instrumenten der Produktgestaltung (Qualität, Aufmachung und Verpackung), der Werbung und der Absatzmethode unterscheiden. Der Einsatz dieser Instrumente soll einerseits die Nachfrage nach dem Produkt des Anbieters günstig beeinflussen, hat aber andererseits Auswirkungen auf die Kosten. Hierdurch entsteht ein Zusammenhang zwischen der Preis-Absatz- und der Kostenfunktion. Im Idealfall müßte das Unternehmen diesen Zusammenhang genau kennen, um seine absatzpolitischen Instrumente optimal zu kombinieren.

Die Marktform der monopolistischen Angebotskonkurrenz wurde erstmals von *Edward H. Chamberlin* (1933), der die Bezeichnung monopolistic competition prägte, sowie von *Joan Robinson* (1933), die von imperfect competition sprach, untersucht. Unter empirischen Gesichtspunkten ist das heterogene Polypol neben dem heterogenen Oligopol die wichtigste Marktform.

Wir beschränken uns in unserer Darstellung der monopolistischen Konkurrenz auf die beiden nach wie vor sehr häufig gelehrten Ansätze von Chamberlin und

Gutenberg, während wir für aktuellere, spieltheoretisch orientierte Modelle auf die industrieökonomische Speziallliteratur verweisen müssen.[20]

7.2 Der Ansatz *Gutenbergs*

Da es sich um einen Markt mit Präferenzen bzw. mit einer im Urteil der Nachfrager bestehenden Produktdifferenzierung handelt, wird ein Anbieter nicht seinen gesamten Absatz verlieren, wenn er den Preis erhöht. Einige Nachfrager werden zwar aufgrund der Preiserhöhung zu anderen Anbietern abwandern oder auf den Kauf des Gutes verzichten. Der Rest der Nachfrager wird infolge der Präferenzbindung jedoch bereit sein, das Gut auch zu dem erhöhten Preis zu kaufen.

Ausgangspunkt der genaueren Überlegungen *Gutenbergs* ist die Annahme, daß es verschiedene Teilstücke der Preis-Absatz-Funktion (PAF) mit unterschiedlichen Preiselastizitäten der Nachfrage gibt. Innerhalb eines mittleren Bereiches verläuft die PAF relativ steil, weil die Marktteilnehmer den Produkten treu bleiben. Dieser Bereich kann als monopolistisch bezeichnet werden und wird von einem oberen und unteren Grenzpreis beschränkt. Außerhalb dieser Grenzen verläuft die Preis-Absatz-Funktion flach und nähert sich demnach dem Marktverhalten im homogenen Polypol an.

Diese Annahme ist durchaus plausibel, weil das Unternehmen oberhalb des oberen Grenzpreises bei weiteren Preiserhöhungen mit einem starken Nachfragerückgang rechnen muß – trotz ihrer Vorlieben für bestimmte Produkte akzeptieren die Konsumenten die Preisdifferenzen nicht mehr. Unterhalb des unteren Grenzpreises kann das Unternehmen durch weitere Preissenkungen einen großen Teil der Nachfrage anderer Unternehmen auf sich ziehen, weil nun die Konsumenten der Konkurrenzprodukte die großen Preisdifferenzen nicht mehr hinnehmen. Im Extremfall kann angenommen werden, daß die Preis-Absatz-Funktion außerhalb der Grenzen des monopolistischen Bereiches gemäß den Bedingungen vollständiger Konkurrenz waagerecht ist. Die unterschiedlichen Teilstücke führen gemäß Abb. 7.1 zu einer *doppelt geknickten Preis-Absatz-Funktion.*

Zu den unterschiedlichen Teilstücken der PAF gehören auch unterschiedliche Teilstücke der Grenzerlösfunktion E'. Da diese Teilstücke der Grenzerlösfunktion unterschiedliche Steigungen haben, können im Modell *Gutenbergs zwei* lokale Gewinnmaxima existieren, von denen das eine im monopolistischen Bereich und das andere unterhalb des unteren Grenzpreises liegt. Denken Sie daran, daß – wie in jeder Marktform - auch hier die Gewinnmaximierungsregel Grenzerlös = Grenzkosten gilt.

Durch Einsetzen der Gleichgewichtswerte der lokalen Maxima in die Gewinnfunktion ergibt sich schließlich das globale Maximum und die optimale Angebotspolitik des Unternehmens. Die zentrale Vermutung *Gutenbergs* ist, daß das Unternehmen seinen Preis auch dann beibehalten wird, wenn es lediglich ein lokales Maximum erreicht hat. Dies liegt daran, daß beispielsweise eine *vorsichtige* Preissenkung ausgehend von y_1^* in Abb. 7.1 (bzw. eine Preiserhöhung ausgehend von y_2^*) die Gewinne zunächst reduzieren würde. Die erforderlichen radikalen Maßnahmen zur Erreichung des globalen Maximums setzen dagegen ein hohes Maß an Markttransparenz oder eine enorme Risikobereitschaft voraus, was üblicherweise nicht unterstellt werden kann. *Gutenbergs* Modell dient demnach dazu, empirisch beobachtbare Preisstarrheiten theoretisch zu fundieren.

20 Auch hierzu empfehlen wir das Standardlehrbuch zur Industrieökonomie von Tirole 1991.

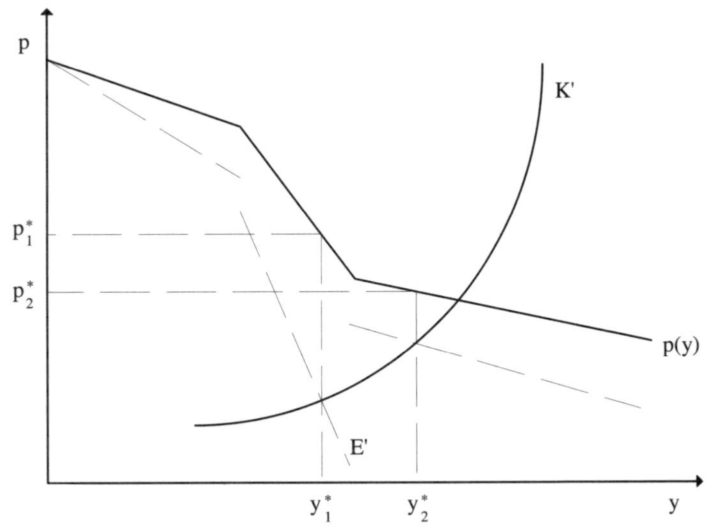

Abb. 7.1: Die doppelt geknickte Preis-Absatz-Funktion nach Gutenberg

7.3 Die Tangentenlösung

Im angelsächsischen Schrifttum dominierte lange die auch als excess capacity-Theorem bezeichnete Tangentenlösung, bei der eine kurz- und eine langfristige Betrachtungsweise zu unterscheiden sind.[21] Ein wesentlicher Unterschied zum Ansatz *Gutenbergs* ist, daß dieser das Verhalten des *einzelnen* Unternehmens in den Mittelpunkt stellt, während Chamberlin und Robinson von der Perspektive des Gesamtmarkts ausgehen. Wesentliche Annahmen bei der Tangentenlösung sind

- der freie Marktzugang und -abgang, der Gewinnspielräume letztlich zum Verschwinden bringt;
- der ertragsgesetzliche Kostenverlauf;
- sowie identische Kosten- und Preis-Absatz-Funktionen *aller* Anbieter, was auch als doppelte Symmetrieannahme bezeichnet wird.

Formal befindet sich der einzelne Anbieter kurzfristig in der Position eines Monopolisten, weil andere Anbieter auf sein Verhalten nicht reagieren. Dies ist, wie eingangs (Abschnitt 7.1) geschildert, darauf zurückzuführen, daß es viele Anbieter gibt und die Aktionen eines Anbieters für die anderen daher kaum spürbar sind. Abb. 7.2 zeigt die kurzfristige Situation des Unternehmens.

Das kurzfristige Gleichgewicht unterscheidet sich nicht von der Situation eines Angebotsmonopolisten, so daß Sie die gleichgewichtigen Mengen, Preise und Gewinne leicht selbst bestimmen können. Da freier Marktzugang angenommen wurde, locken die Gewinne zusätzliche Anbieter ähnlicher Produkte an. Dadurch dreht sich die Preis-Absatz-Funktion des etablierten Anbieters nach links unten. Drehpunkt ist die Sättigungsmenge auf der Abszisse. Wegen der steigenden Substitutionsmöglichkeit ist die PAF nun flacher, d.h. die Preiselastizität der Nachfrage hat zugenommen.

21 Die Vergangenheitsform wird verwendet, weil die monopolistische Konkurrenz in der aktuellen und theoretisch anspruchsvollen Literatur im Rahmen spieltheoretischer Modelle behandelt wird. Das vorliegende Kompaktstudium beschränkt sich aber bewußt auf die grundlegenden Anforderungen des deutschen Lehrbetriebs.

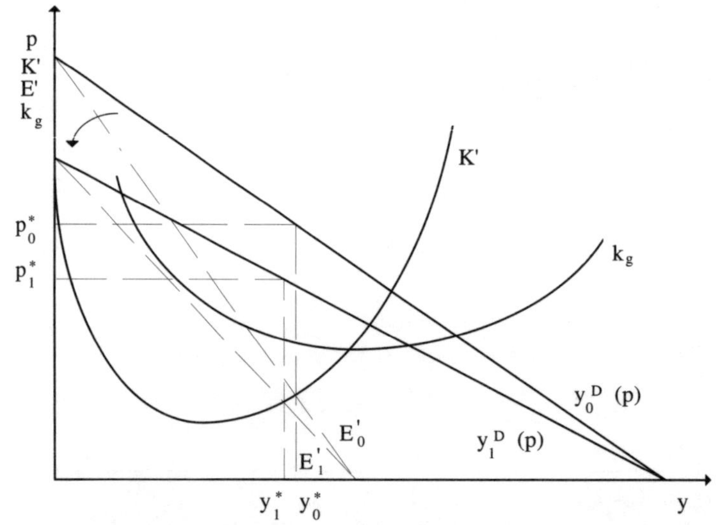

Abb. 7.2: Kurzfristige Gewinnmaximierung nach Chamberlin

Dieser Markteintrittsprozeß hält so lange an, bis schließlich in der langfristigen Betrachtung alle Gewinne verschwunden sind (denken Sie dabei daran, daß Kapitalmarktverzinsungen *nicht* als Gewinn, sondern als Kosten interpretiert werden und man demgemäß von einem Gewinn von Null spricht, wenn das Unternehmen gerade die übliche Kapitalmarktverzinsung erreicht). Formal erfordert dies, daß die Preis-Absatz-Funktion zur *Tangente* an die langfristigen Durchschnittskosten k_g wird. Wird die Tangentenlage nicht erreicht, so herrscht kein langfristiges Gleichgewicht, weil die Gewinne noch positiv sind. Darüber hinaus werden die etablierten Anbieter versuchen, ihren monopolistischen Spielraum sowie ihren Marktanteil durch Intensivierung der Werbung zu erhöhen. Je nach Werbeschlachten verlagern sich die Nachfragekurven nach rechts oben oder nach links unten, während sich die Kostenkurven infolge des Werbeaufwands nach oben verschieben.

Abb. 7.3 zeigt, daß im langfristigen Gleichgewicht eine Menge *unterhalb* des Betriebsoptimums (Minimum der Durchschnittskosten) angeboten wird. Höhere Mengen könnten demnach zu sinkenden Stückkosten angeboten werden, würden aber zu Verlusten führen. Die Anbieter verfügen über freie Kapazitäten (excess capacities). Dieses Vorliegen freier Kapazitäten und demnach eine Produktion *außerhalb* des Minimums der Durchschnittskosten ist der zentrale Unterschied zwischen der monopolistischen und der vollständigen Konkurrenz, wo alle Anbieter im Minimum der langfristigen Durchschnittskostenkurve (Betriebsoptimum) produzieren. Es ist leicht einsichtig, daß die vollständige Konkurrenz der Grenzfall der monopolistischen Konkurrenz ist: Je flacher die Preis-Absatz-Funktion verläuft, um so geringer werden der Abstand des Gleichgewichtspunktes vom Betriebsoptimum und die freien Kapazitäten. Bei völliger Substituierbarkeit des Gutes (Güterhomogenität) geht die unvollständige in die vollständige Konkurrenz über.

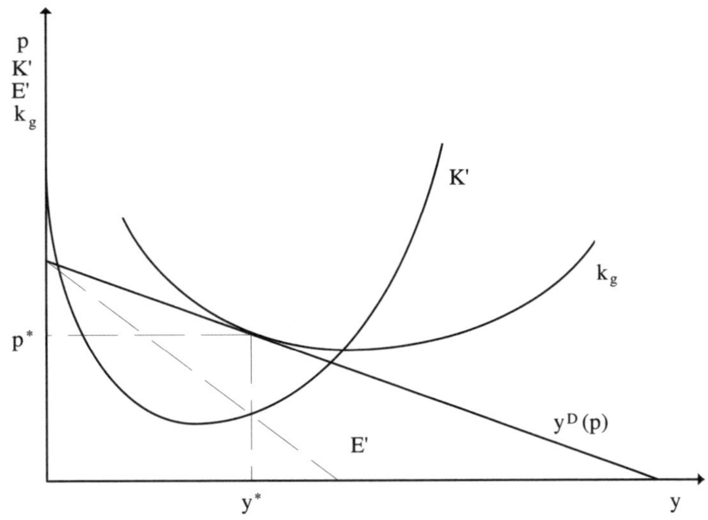

Abb. 7.3: Langfristiges Gleichgewicht nach Chamberlin

Zusammenfassend können wir festhalten, daß die höheren Durchschnittskosten (und Preise) bei monopolistischer im Vergleich zu vollständiger Konkurrenz auf die Produktdifferenzierung zurückzuführen sind. Man spricht daher davon, daß die Konsumenten für die größere Produktvielfalt einen höheren Preis bezahlen müssen.

8. Oligopoltheorie

8.1 Grundlagen

Gemeinsam mit der monopolistischen Konkurrenz ist das Oligopol, bei dem eine im Vergleich zu vollkommener Konkurrenz geringe Anzahl von Anbietern am Markt konkurriert, die empirisch wichtigste Marktform. Der entscheidende Unterschied des Oligopols gegenüber allen anderen Marktformen ist, daß die Anbieter ihr Verhalten wechselseitig berücksichtigen. Dies kann man sich leicht klar machen, wenn man an die beschränkte Zahl von Anbietern denkt: Erhöht das Automobilunternehmen A seine Preise, so wird dies in aller Regel den gewinnmaximalen Angebotspreis des Automobilunternehmens B beeinflussen. Da aber auch das Verhalten von B die gewinnmaximale Strategie von A beeinflußt, entsteht die für das Oligopol charakteristische *strategische Interdependenz*, die eine Analyse des Preisbildungsprozesses im Oligopol so interessant und so schwierig macht. Die zentrale Aufgabe der Oligopoltheorie besteht demnach darin, die wechselseitige Abhängigkeit der gewinnmaximalen Strategien in geeigneter Weise darzustellen.

Die Methode zur Behandlung solcher Probleme ist die *Spieltheorie*, die 1928 von *John v. Neumann* vorbereitet wurde und ihre erste ausführliche Grundlegung 1944 in „Theory of Games and Economic Behavior" von *v. Neumann/Morgenstern* fand. Auch die bekannten Modelle von *Cournot* und *v. Stackelberg* lassen sich vor dem Hintergrund der Spieltheorie erheblich besser verstehen. Es ist daher ausgesprochen hilfreich, sich vor der Auseinandersetzung mit einzelnen Ansätzen wenigstens die Grundgedanken der Spieltheorie anzueignen (Abschnitt 8.2).

Anschließend (Abschnitte 8.3 bis 8.6) schildern wir die grundlegenden Oligopolmodelle und deren wohlfahrtstheoretische Konsequenzen, wobei wir für weiterführende Fragen selbstverständlich erneut gezwungen sind, auf die ausführlichere Lehrbuchliteratur zu verweisen.[22] In Abschnitt 8.7 gehen wir schließlich auf ein nicht spieltheoretisch formuliertes älteres Modell ein, das im Lehrbetrieb nach wie vor eine große Rolle spielt und gut dafür geeignet ist, mit einfachen Mitteln empirisch beobachtbare Preisstarrheiten in Oligopolen zu erklären.

8.2 Grundgedanken der Spieltheorie

Um die elementaren Überlegungen der Spieltheorie möglichst direkt mit dem Oligopolproblem in Verbindung bringen zu können, stellen wir uns ein heterogenes Duopol vor, d.h. ein Oligopol mit nur zwei Anbietern, die ähnliche, aber nicht identische Produkte anbieten. Vereinfachend unterstellen wir in diesem Abschnitt, daß beide nur zwischen zwei Preisen wählen. Die Preise (Strategien) des Duopolisten A nennen wir S_1^A (niedriger Preis) und S_2^A (hoher Preis), die Preise des Duopolisten B entsprechend S_1^B und S_2^B. Aus der *Kombination* beider Strategien ergeben sich die Auszahlungen (Gewinne), wobei jeweils die erste Zahl in einer Zelle die Auszahlung für A und die zweite Zahl die Auszahlung für B darstellt. Bei-

22 Eine ausführlichere und weitergehende Darstellung von Oligopolmodellen findet sich z.B. in Feess 1997, Kapitel 17.

spielsweise beträgt der Gewinn des Duopolisten B in Tab. 8.1 6 Einheiten, sofern A und B die niedrigen Preise wählen (S_1^A und S_1^B).

B / A	S_1^B	S_2^B
S_1^A	8 / 6	11 / 3
S_2^A	3 / 11	5 / 8

Tab. 8.1: Gleichgewicht in dominanten Strategien

Beide Duopolisten erzielen ihren höchsten Gewinn, wenn sie selbst den niedrigen Preis und der Konkurrent den höheren Preis wählt. Allerdings kann kein Unternehmen damit rechnen, diesen hohen Gewinn wirklich zu realisieren, weil die Auszahlungen für das jeweils andere Unternehmen minimal wären. Die Frage ist also, ob sich irgendwelche plausiblen Hypothesen darüber treffen lassen, welche Strategienkombination mit welchen Ergebnissen (d.h. hier: welche Preiskombination mit welchen Gewinnen) sich einstellen wird.

Wie die meisten ökonomischen Theorien, so stellt auch die Spieltheorie die Frage, ob ein *Gleichgewicht* existiert. Aufgrund der strategischen Interdependenz der Entscheidungssituation gibt es aber zahlreiche verschiedene Gleichgewichtskonzepte, so daß ein zentrales Forschungsgebiet der Spieltheorie die Frage betrifft, welches Gleichgewichtskonzept unter welchen Umständen angebracht – d.h. theoretisch weitreichend und empirisch überzeugend – ist. Wir betrachten hier zunächst die beiden einfachsten und verbreitetsten Lösungskonzepte.[23]

Das erste Gleichgewichtskonzept heißt *Gleichgewicht in dominanten Strategien.* Eine Verhaltensstrategie des Spielers A heißt *dominant*, wenn sie für jedes denkbare Verhalten der anderen Spieler mindestens den gleichen Nutzen stiftet wie alle anderen Strategien. Anders formuliert: Es gibt keine Strategienkombination der anderen Spieler, für die eine Strategie des betrachteten Spielers einen höheren Nutzen ermöglicht als die dominante Strategie. Machen Sie sich klar, daß jeder Spieler eine dominante Strategie zweifellos einsetzen wird. Denn wenn beispielsweise ein Automobilpreis von x EUR den Gewinn des Duopolisten A für alle denkbaren Verhaltensweisen des B stets maximiert, so muß sich A keine Gedanken um das Verhalten des B machen und kann einfach den Preis x setzen. Kennt B die Situation des A, so wird er die Strategie wählen, die angesichts des Preises x von A seinen eigenen Gewinn maximiert. Denn er kann ja sicher sein, daß sich A für x entscheidet.

In unserer in Tab. 8.1 dargestellten Situation verfügen sogar beide Spieler über eine dominante Strategie: Wenn B sich für S_1^B entscheidet, so ist für A die Wahl von Strategie 1 günstiger (er macht dann einen Gewinn von 8, während dieser bei S_2^A nur 3 wäre). Auch wenn B sich für S_2^B entscheidet, schneidet A mit Strategie 1 besser ab, d.h die Strategie S_1^A ist dominant. Da für den Duopolisten B die Strategie S_1^B dominant ist, kann kein Zweifel daran bestehen, daß sich
$(S_1^A\ ;\ S_1^B) = (8; 6)$ einstellt, sofern sich die Beteiligten rational verhalten (d.h. sofern sie hohe Gewinne lieber mögen als niedrige Gewinne). Hat mindestens ein Spieler eine dominante Strategie, so kann man von einem Gleichgewicht in dominanten Strategien sprechen.

23 In Abschnitt 8.5 müssen wir ein etwas weitergehendes Gleichgewichtskonzept einführen.

Eine besonders interessante Situation liegt vor, sofern es ein Gleichgewicht in dominanten Strategien gibt, daneben aber auch Strategien existieren, die *beide* Spieler besser stellen würden. Diese auf den ersten Blick paradoxe Situation wird in Anlehnung an das klassische Spiel der Spieltheorie als *Gefangenendilemma* bezeichnet. Beim Gefangenendilemma werden zwei Ganoven festgenommen und unabhängig voneinander nach ihrer Schuld befragt; Strategie 1 besteht in der Beteuerung der Unschuld und Strategie 2 im Ablegen eines Geständnisses. Dies ergibt beispielsweise folgende, in Haftjahren ausgedrückte Ergebnismatrix:

B / A	S_1^B	S_2^B
S_1^A	1 / 1	20 / 0
S_2^A	0 / 20	7 / 7

Tab. 8.2: Gefangenendilemma

Leugnen beide (S_1^A ; S_1^B), so können sie nur wegen Bagatellvergehen belangt und zu jeweils einem Jahr Haft verurteilt werden. Gestehen beide, so beträgt die Strafe jeweils sieben Jahre und im Fall asymmetrischen Verhaltens wird der jeweilige Kronzeuge freigesprochen, während der andere gnadenlos bestraft wird. Überprüfen Sie nun, daß der Punkt (S_2^A ; S_2^B) = (7; 7) ein Gleichgewicht in dominanten Strategien ist, obwohl der Punkt (S_1^A ; S_1^B) = (1; 1) für beide besser wäre! Doch selbst wenn sich beide absprechen, kann dieser Punkt nicht erreicht werden, weil keiner einen Grund hat, sich an die Absprache zu halten – schließlich kann er sich durch einen Bruch der Absprache (also durch Gestehen) einen Freispruch verschaffen. Dem Chef der Gangsterbande, der seine Angestellten baldmöglichst wieder einsetzen möchte, muß also dringend die Einführung zusätzlicher Sanktionsmechanismen für gestehende Täter (beispielsweise „Rübe ab") empfohlen werden.

Dieses Gefangenendilemma kann man problemlos auf den Oligopolfall übertragen, indem man die in Tab. 8.3 dargestellte Matrix zugrundelegt.

B / A	S_1^B	S_2^B
S_1^A	8 / 6	11 / 3
S_2^A	3 / 11	10 / 10

Tab. 8.3: Gefangenendilemma im Oligopol

Analog zum Gefangenendilemma ist (S_1^A; S_1^B) = (8; 6) der einzige Gleichgewichtspunkt in dominaten Strategien, während die hohen Gewinne
– (S_2^A ; S_2^B) = (10; 10) – *kein Gleichgewicht* sind. Auch hier ist hervorzuheben, daß eine vorhergehende Absprache der Konkurrenten keinen Erfolg verspricht, weil keiner der Betroffenen einen Anreiz hat, sich an diese zu halten. Wenigstens erwähnt sei aber, daß sich die Ergebnisse ändern, sofern die Duopolisten wissen, daß sich die Situation in Zukunft wiederholen kann (sog. wiederholte Spiele) oder wenn sie die Möglichkeit zu bindenden Absprachen haben. Die Möglichkeit bindender Absprachen wird als *kooperative* Spieltheorie bezeichnet, bei der sich pareto-effiziente Ergebnisse einstellen. Wir untersuchen hier die *nicht-kooperative* Spieltheorie, bei der jeder einzelne ohne die Chance zu bindenden Absprachen seinen Nutzen zu maximieren versucht.

Der große Vorteil des Gleichgewichtskonzepts dominanter Strategien ist, daß es zu einer kaum bestreitbaren Lösung führt – sofern dominante Strategien existieren. Gerade dies wird aber meist nicht der Fall sein, was man sich leicht klar machen kann, indem man beispielsweise eine stetige Preisvariation zuläßt oder die Anzahl der Spieler erhöht: Es ist kaum anzunehmen, daß für alle Preise aller Konkurrenten ein bestimmter Preis von A den Gewinn des A maximiert. Tab. 8.4 zeigt, daß es selbst bei zwei Spielern und je zwei Strategien keine dominanten Strategien geben muß.

A \ B	S_1^B	S_2^B
S_1^A	8 / 6	4 / 3
S_2^A	3 / 7	5 / 10

Tab. 8.4: Nash-Gleichgewicht

Entscheidet sich B für S_1^B, so liefert S_1^A den höchsten erreichbaren Gewinn für A; doch wenn B S_2^B wählt, ist für A die Strategie S_2^A günstiger. Spieler A verfügt demnach über keine dominante Strategie. Überprüfen Sie, daß sich B in einer analogen Situation befindet, so daß kein Spieler über eine dominante Strategie verfügt. Das mit Abstand verbreitetste Gleichgewichtskonzept für diese schwierigeren und praxisrelevanteren Situationen ist das *Nash*-Gleichgewicht: *Ein Nash-Gleichgewicht liegt vor, sofern kein Spieler seine Strategie ändern kann, ohne sich zu verschlechtern, wenn die anderen Spieler bei ihren Strategien bleiben.*

In unserem Fall gibt es zwei *Nash*-Gleichgewichte bei 8/6 und 5/10, weil hier in der Tat kein Spieler abweichen kann, ohne seinen Gewinn zu verringern. Betrachten wird das *Nash*-Gleichgewicht 8/6: Spielt Duopolist A statt S_1^A die Strategie S_2^A, so sinkt sein Gewinn von 8 auf 3; entscheidet sich B für S_2^B, so reduziert sich sein Gewinn von 6 auf 3. Es ist leicht einsichtig, daß es viele Situationen mit *Nash*-Gleichgewichten gibt, in denen das Konzept dominanter Strategien versagt. Allerdings ist das *Nash*-Gleichgewicht weniger zwingend, da selbst bei nur einem *Nash*-Gleichgewicht nicht gänzlich überzeugend begründet werden kann, warum sich diese Situation wirklich einstellen sollte. Dieses Problem verschärft sich, wenn – wie in unserem Beispiel – zwei *Nash*-Gleichgewichte existieren und sich so die Frage stellt, welches der Gleichgewichte der Theoretiker prognostizieren soll.[24] Außerdem läßt sich selbst in unserem einfachsten Fall leicht eine Situation darstellen, in der nicht einmal ein *Nash*-Gleichgewicht, geschweige denn ein Gleichgewicht in dominanten Strategien, existiert. Das faszinierende Instrumentarium der Spieltheorie wird heute weit über das Oligopolproblem hinaus auf zahlreiche interessante Fragen angewendet und kann getrost als das Herzstück der modernen Mikroökonomie bezeichnet werden. Als wichtigste Erweiterungen seien hier nur verfeinerte Gleichgewichtskonzepte, die Ausdehnung des Zeithorizonts (wiederholte Spiele) und die Berücksichtigung stochastischer Ergebnisse genannt. Die folgenden, älteren Lösungskonzepte des Oligopolproblems werden wir daher stets spieltheoretisch interpretieren.

---

24 In 2×2-Spielen gibt es grundsätzlich entweder mindestens eine dominante Strategie, zwei Nash-Gleichgewichte oder gar keines.

8.3 Der simultane Mengenwettbewerb (Cournot-Lösung)

Das erste bedeutende Duopol-Modell wurde schon 1830 von *Cournot* entwickelt, der als Beispiel die Besitzer zweier Mineralquellen wählte. Da es sich um homogene Produkte handelt, gilt für beide Anbieter die gleiche Preis-Absatz-Funktion, die den üblichen Verlauf hat und demnach als

(8.1) $$p = a - b(y_A + y_B) = a - by_A - by_B \quad \text{mit} \quad a; b > 0$$

geschrieben werden kann. Der wichtige Unterschied zum Monopol ist, daß der Nachfragepreis von der Menge *beider* Anbieter abhängt. Eine wichtige Annahme des Cournot-Modells besteht darin, daß die beteiligten Oligopolisten *gleichzeitig* über ihre Mengen entscheiden. Im Mineralwasserbeispiel von *Cournot* handelt es sich um freisprudelnde Quellen, so daß die entstehenden Kosten von *Cournot* mit Null angesetzt wurden. Wir folgen hier dieser Vereinfachung, um die Grundgedanken in möglichst einfacher Weise darstellen zu können (wir kommen darauf noch zurück).

Da unter diesen Umständen Erlös- und Gewinnmaximierung identisch sind, lauten die Gewinnfunktionen von A und B

(8.2) $$G_A = p \cdot y_A = (a - by_A - by_B)y_A = a\,y_A - by_A^2 - by_By_A \ ,$$

(8.3) $$G_B = p \cdot y_B = (a - by_A - by_B)y_B = a\,y_B - by_B^2 - by_Ay_B \ .$$

Das Lösungskonzept von *Cournot* entspricht bereits dem späteren *Nash*-Gleichgewicht, so daß auch von der *Cournot-Nash*-Lösung gesprochen wird. Um ein so definiertes Gleichgewicht zu bestimmen, wird im ersten Schritt die Angebotsfunktion des A als Funktion der exogen gegebenen Mengen des B und umgekehrt bestimmt. Bedenken Sie, daß der Begriff Angebots*funktion* zeigt, daß wir zu jeder Menge des B eine andere Menge des A erhalten. Gäbe es dagegen ein Gleichgewicht in dominanten Strategien, so wäre beispielsweise die gewinnmaximale Menge des A immer gleich – unabhängig von der Menge des B. Im zweiten Schritt wird untersucht, ob es eine Mengenkombination gibt, bei der kein Unternehmen einen Anreiz hat, seine Menge zu ändern (*Nash*- bzw. *Cournot-Nash*-Gleichgewicht).

Die Angebotsfunktionen der Unternehmen ergeben sich aus den gleich Null gesetzten ersten Ableitungen der Gewinnfunktionen, da diese ja zu den Gewinnmaxima führen:

(8.4) $$\frac{dG_A}{dy_A^C} = a - 2by_A^C - by_B = 0 \quad \Rightarrow \quad (8.4a) \quad y_A^C = \frac{a - by_B}{2b} \ ,$$

(8.5) $$\frac{dG_B}{dy_B^C} = a - 2by_B^C - by_A = 0 \quad \Rightarrow \quad (8.5a) \quad y_B^C = \frac{a - by_A}{2b} \ .$$

(8.4) und (8.5) zeigen, daß die gewinnmaximalen Angebotsmengen der Duopolisten jeweils von der Angebotsmenge der Konkurrenten abhängen (sonst dürfte y_B nicht in der Angebotsfunktion des A auftauchen und umgekehrt). Je höher die Angebotsmenge des Konkurrenten ist, desto niedriger ist die optimale eigene Angebotsmenge. Die Angebotsfunktionen (8.4a) und (8.5a) werden auch als *Reaktionsfunktionen* bezeichnet, weil sie das gewinnmaximale Angebotsverhalten als Funktion der Menge der Konkurrenten abbilden. In unserem Fall haben die Reaktionsfunktionen die Achsenabschnitte a/(2b) und die Steigungen -1/2, die sich aus den ersten Ableitungen ergeben. Abb. 8.1 zeigt die Reaktionsfunktionen.

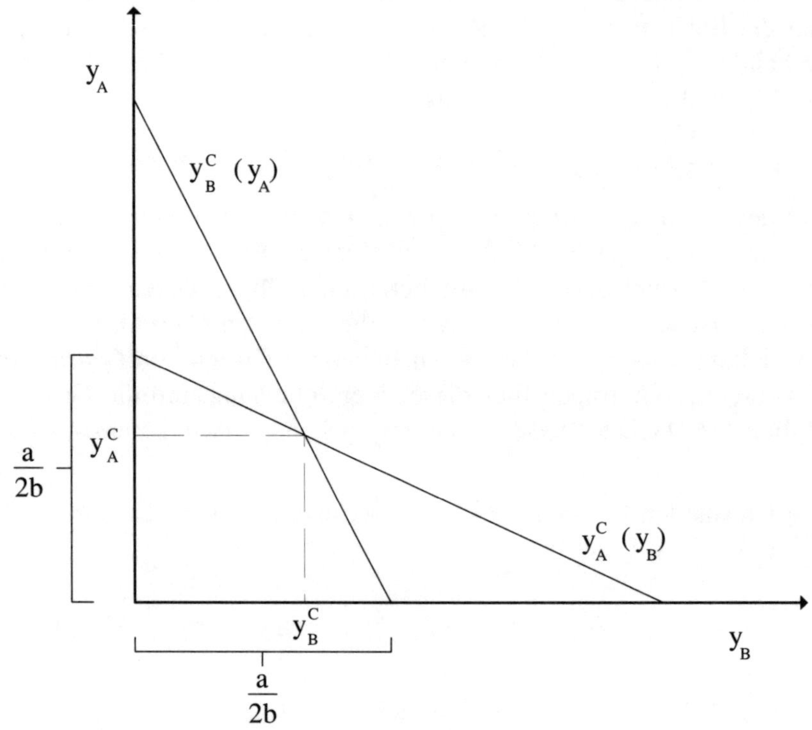

Abb. 8.1: Reaktionsfunktionen nach Cournot

Im zweiten Schritt wird nun untersucht, ob es einen *Gleichgewichtspunkt* gibt, bei dem die Angebotspolitiken der Duopolisten miteinander vereinbar sind. Dies ist der Fall, sofern die von A vermutete Angebotsmenge des B (y_B in Gleichung (8.4a)) der Angebotsmenge des B (y_B^C) entspricht und umgekehrt. Demnach verfügen wir zur Bestimmung des Gleichgewichts mit (8.4a) und (8.5a) über zwei Gleichungen mit zwei Unbekannten, weil wir y_A mit y_A^C und y_B mit y_B^C gleichsetzen können. Das einzige Gleichgewicht (graphisch: der Schnittpunkt der Reaktionsfunktionen) liegt bei

(8.6) $$y_A^C = y_B^C = \frac{a}{3b} \quad .$$

Aus der Preis-Absatz-Funktion erhalten wir als zugehörigen Gleichgewichtspreis

(8.7) $$p = a - b(y_A + y_B) = a - b\left(\frac{a}{3b} + \frac{a}{3b}\right) = \frac{1}{3}a \quad .$$

Der Gewinn der Unternehmen beträgt dann

(8.8) $$G_A = y_A \cdot p = \frac{a}{3b} \cdot \frac{a}{3} = \frac{a^2}{9b} \quad ,$$

(8.9) $$G_B = y_B \cdot p = \frac{a}{3b} \cdot \frac{a}{3} = \frac{a^2}{9b} \quad .$$

Um einzusehen, daß die *Cournot*-Lösung wirklich ein *Nash*-Gleichgewicht im Sinne der Spieltheorie ist, müssen Sie lediglich überprüfen, ob tatsächlich kein Unternehmen sein Verhalten ändern kann, ohne eine Gewinneinbuße zu erleiden

– vorausgesetzt, das andere Unternehmen spielt seine *Cournot-Nash*-Strategie. Erhöht beispielsweise Unternehmen A seine Menge auf a/2b, so sinkt der Preis auf 1/6a und der Gewinn beträgt nur noch $a^2/12b$. Kein Unternehmen hat demnach eine Möglichkeit, aus dem *Cournot-Nash*-Gleichgewicht „auszubrechen". Zur Vermeidung von Mißverständnissen sei hervorgehoben, daß es im allgemeinen selbstverständlich keinen Grund dafür gibt, daß beide Unternehmen die gleichen Mengen anbieten – dieses Ergebnis stellt sich nur ein, wenn beide Unternehmen die gleichen Kostenfunktionen haben. Dies ist hier der Fall, da die Kosten ja Null sind.

Zur Vermeidung von Mißverständnissen sei hervorgehoben, daß unsere Vereinfachungen eines *homogenen* Marktes (identische Produkte), der Vernachlässigung von Kosten und die Beschränkung auf nur zwei Anbieter (Duopol) konzeptionell nichts ändern. Die Berücksichtigung heterogener Produkte würde dazu führen, daß wir zwei verschiedene Preis-Absatz-Funktionen aufstellen müßten, die folgendermaßen heißen würden:

(8.10) $$p_1 = a_1 - b_1y_1 - c_1y_2 \quad \text{mit} \quad b_1 > c_1$$

(8.11) $$p_2 = a_2 - b_2y_1 - c_2y_2 \quad \text{mit} \quad b_2 < c_2$$

Auch in diesen Preis-Absatz-Funktionen kommt die strategische Interdependenz dadurch zum Ausdruck, daß der erzielbare Preis nicht nur von der eigenen, sondern auch von der anderen Menge abhängt. Die Annahmen $b_1 > c_1$ bzw. $b_2 < c_2$ garantieren, daß die eigene Angebotsmenge für den Marktpreis wichtiger ist als die Menge des Konkurrenten. Die Einführung von Kosten führt lediglich dazu, daß wir von den Erlösen die Kosten abziehen müssen, die Lösungsmethode ändert sich dadurch nicht. Die Ausdehnung der Anzahl von Anbietern würde statt zu zwei Gleichungen mit zwei Unbekannten zu n Gleichungen mit n Unbekannten führen, würde aber am Prinzip ebenfalls nichts ändern.

8.4 Gemeinsame Gewinnmaximierung (Kollusionslösung)

Obwohl die Cournot-Nash-Lösung das einzige Gleichgewicht darstellt, ist die Situation für die Produzenten in gewisser Hinsicht unbefriedigend. Denn *beide* Unternehmen können sich verbessern, wenn sie jeweils eine geringere Menge anbieten und versuchen würden, ihren *gemeinsamen* Gewinn zu maximieren. Diese gemeinsame Gewinnmaximierung, die auch *Kollusionslösung* genannt wird, ist ähnlich wie das für beide beste Ergebnis beim Gefangenendilemma allerdings *kein* Nash-Gleichgewicht, so daß sie ohne Sanktionsmechanismen auch nicht erreicht werden kann.[25] Obwohl die Kollusionslösung demnach kein Gleichgewicht ist, ist ihr Vergleich mit der Cournot-Lösung interessant, um die jeweiligen Eigenarten besser verstehen zu können.

Formal können wir bei der gemeinsamen Gewinnmaximierung beide Anbieter zu einem Unternehmen zusammenfassen. In unserem einfachen Fall ohne Kosten ergibt sich der Gewinn dann analog zum Monopol aus

(8.12) $$G = p \cdot y = (a - by)\, y = ay - by^2 \quad .$$

25 Eine weitere Möglichkeit, auf die hier nicht eingegangen wird, besteht darin, daß die Oligopolisten mehrfach in die gleiche Situation kommen, ohne den Zeitpunkt des Spielabbruchs zu kennen. Unter diesen Umständen kann auch die Kollusionslösung ein Gleichgewicht sein.

Die Gewinnmaximierung ergibt

(8.13) $$\frac{dG}{dy^M} = a - 2by^M = 0 \quad \Rightarrow \quad y^M = \frac{a}{2b} \quad .$$

Der zugehörige Monopolpreis p^M beträgt

(8.14) $$p^M = a - by^M = a - b\left(\frac{a}{2b}\right) = \frac{a}{2} \quad .$$

Demnach ist der Gesamtgewinn bei gemeinsamer Gewinnmaximierung

(8.15) $$G^M = \frac{a}{2b} \cdot \frac{a}{2} = \frac{a^2}{4b} \quad .$$

Teilen sich die Duopolisten die Produktionsmenge, so macht jeder den halben Gewinn in Höhe von $a^2/(8b)$, der eindeutig *über* dem Gewinn in der *Cournot-Nash*-Lösung liegt. Obwohl die gemeinsame Gewinnmaximierung somit reizvoll ist, ist ihre Durchsetzung analog zum Gefangenendilemma schwierig. Durch Einsetzen in die entsprechenden Reaktionsfunktionen stellt man leicht fest, daß jedes Unternehmen durch eine höhere Menge seinen *eigenen* Gewinn erhöhen kann, sofern das andere Unternehmen sich an seine Absprache hält: Die gemeinsame Gewinnmaximierung ist also kein *Nash*-Gleichgewicht. Dies kann zumindest zum Teil erklären, warum in Kartellen wie der OPEC zur Wahrung der Kartelldisziplin strenge Sanktionsmechanismen eingesetzt werden.

8.5 Der sequentielle Mengenwettbewerb (Stackelberg-Lösung)

Ein weiteres verbreitetes Oligopolmodell von *v. Stackelberg* geht im Unterschied zu *Cournot* davon aus, daß ein Unternehmen (beispielsweise A) seine Menge *zuerst* und unter Kenntnis der Reaktionsfunktion des B festlegt. *Anschließend* sucht B den Punkt auf seiner Reaktionsfunktion. A wird also versuchen, B auf den Punkt von dessen Reaktionsfunktion zu bringen, der für A optimal ist. Da B in diesem Fall *reagiert* und A aufgrund der Berücksichtigung der Reaktionsfunktion seines Konkurrenten *agiert*, ist A in der Unabhängigkeits- und B in der Abhängigkeitsposition. Man spricht daher auch von *asymmetrischem Verhalten.*

Spieltheoretisch gesprochen handelt es sich im Unterschied zum simultanen *Cournot*-Wettbewerb um einen *sequentiellen* Wettbewerb bzw. ein mehrstufiges oder *dynamisches Spiel*, wie erst der eine Spieler und dann der andere Spieler zieht. Sofern es sich um *endliche dynamische Spiele* (also Spiele mit bekanntem Zeithorizont) handelt, kann man diese über die sog. *backwards induction* (Rückwärtsinduktion) lösen. Darunter versteht man, daß man Spiele gedanklich „von hinten nach vorne löst".[26] In unserem Fall bedeutet dies, daß sich der zuerst ziehende Oligopolist A gedanklich in B versetzt, um dessen Verhalten zu antizipieren. Er fragt sich also, welche Menge der B zu jeder Menge von ihm (also zu jeder Menge des A) anbieten wird, sofern B seinen Gewinn maximieren möchte und die Menge des A erfährt. Daran anknüpfend kann A sich dann für die Menge entscheiden, die – gegeben das analysierte Verhalten des B – seinen eigenen Gewinn maximiert.

---

26 Etwas exakter gesprochen löst man dynamische Spiele über das Konzept *teilspielperfekter Gleichgewichte*, die bei endlichen Spielen aber mit der Methode der Rückwärts-induktion identisch ist.

Formal erhält man die *Stackelberg*-Lösung, indem man die Reaktionsfunktion von B bei der Gewinnmaximierung des A berücksichtigt. Also setzen wir (8.5a) in (8.2) ein und erhalten

$$(8.16) \qquad G_A = ay_A - by_A^2 - by_A y_B$$

$$= ay_A - by_A{}^2 - by_A\left(\frac{a - by_A}{2b}\right)$$

$$= \frac{ay_A}{2} - \frac{by_A{}^2}{2} \quad .$$

Die Gewinnmaximierung führt zu

$$(8.17) \qquad \frac{dG}{dy_A^S} = \frac{a}{2} - by_A^S = 0 \quad \Rightarrow \quad y_A^S = \frac{a}{2b} \quad .$$

Damit liegt die Angebotsmenge des unabhängigen *Stackelberg*-Duopolisten über der in der *Cournot-Nash*-Lösung (vgl. Gleichung 8.6). Die Menge des abhängigen Duopolisten ergibt sich aus seiner Reaktionsfunktion als

$$(8.18) \qquad y_B^S = \frac{a - by_A^S}{2b} = \frac{a - b\frac{a}{2b}}{2b} = \frac{a}{4b} \quad .$$

Die zugehörigen Preise und Gewinne können Sie leicht durch Einsetzen in die entsprechenden Funktionen ermitteln. Bemerkenswert an der *Stackelberg*-Lösung ist, daß sich A nicht auf seiner Reaktionsfunktion befindet, da die gewinnmaximale Angebotsmenge bei $y_B^S = a/4b$ *nicht* a/2b ist (prüfen Sie dies durch Einsetzen von y_B^S in die Reaktionsfunktion des A). Daraus darf aber nicht geschlossen werden, daß die *Stackelberg*-Lösung kein Gleichgewicht sei. Denn Unternehmen A erreicht seinen gegenüber der *Cournot*-Lösung höheren Gewinn gerade dadurch, daß er seine Menge einfach festlegt und danach *nicht* mehr reagieren kann; erst dies zwingt B, die höhere Menge des A zu akzeptieren. Spieltheoretisch gesprochen, muß die *Stackelberg*-Lösung demnach als *andere Spielform* interpretiert werden, weil die Konkurrenten nicht simultan, sondern nacheinander ziehen. Man bezeichnet die *Cournot-Nash*-Lösung folgerichtig als die *Nash*-Lösung des einstufigen, simultanen Spiels und die *Stackelberg-Nash*-Lösung als *Nash*-Lösung des zweistufigen, sequentiellen Spiels.[27]

8.6 Wohlfahrtstheoretische Beurteilung

Aus der Beschäftigung mit dem Monopol und der Marktform vollständiger Konkurrenz wissen wir, daß eine Angebotsmenge genau dann wohlfahrtsoptimal (pareto-effizient) ist, wenn die Grenznutzen der Konsumenten den Grenzkosten der Produzenten entsprechen. In unserem Beispiel haben wir die Kosten vernachlässigt (bzw. sind von Kosten von Null ausgegangen), so daß die pareto-effiziente Produktionsmenge dort liegt, wo auch die Grenznutzen Null sind. Diese Menge erhalten wir, indem wir in der Preis-Absatz-Funktion

---

27 Genauer gesprochen handelt es sich um ein teilspielperfektes Nash-Gleichgewicht, dessen allgemeine Erläuterung unsere Zielsetzung aber sprengen würde (vgl. Feess 1997, Abschnitt 17.2.3).

(8.1) $$p = a - b(y_A + y_B) = a - by_A - by_B \quad \text{mit} \quad a; b > 0$$

einen Grenznutzen bzw. Preis von Null vorgeben, also

(8.19) $$0 = a - by \quad .$$

Die pareto-effiziente Angebotsmenge liegt demnach bei

(8.20) $$y = \frac{a}{b} \quad .$$

Diese Kenntnis der pareto-effizienten Produktionsmenge gibt uns die Möglichkeit, die verschiedenen hergeleiteten Resultate wohlfahrtstheoretisch miteinander zu vergleichen. Wenn wir die Angebotsmengen der beiden Duopolisten jeweils addieren und die gesamte Cournotmenge Y^C, die gesamte Stackelbergmenge Y^S und die gesamte Monopolmenge Y^M nennen, so ergeben sich

(8.21) $$Y^C = \frac{2a}{3b}$$

(8.22) $$Y^S = \frac{3a}{4b}$$

(8.23) $$Y^M = \frac{a}{2b} \quad .$$

Der Vergleich der Produktionsmengen ergibt demnach

(8.24) $$Y^M < Y^C < Y^S \quad .$$

Daraus folgt, daß die Lösung der gemeinsamen Gewinnmaximierung zwar für die Monopolisten (definitionsgemäß) die günstigste, unter wohlfahrtstheoretischen Gesichtspunkten aber die ungünstigste ist. Dies ist nicht weiter verwunderlich, weil sich die Unternehmen dann wie ein Anbieter verhalten und die Mengen entsprechend verknappen. Wir möchten allerdings nochmals hervorheben, daß die Kollusionslösung kein *Nash*-Gleichgewicht ist und deshalb nur bei wirksamen Sanktionen oder in wiederholten Spielen ohne bekannten Spielabbruch plausibel ist. Wir kommen demnach zu dem Resultat, daß wettbewerbspolitische Maßnahmen gegen Kartellösungen zumindest unter dem Gesichtspunkt der statischen Allokationseffizienz und bei nicht sinkenden Durchschnittskosten gerechtfertigt sind, weil die gemeinsame Gewinnmaximierung weiter vom Optimum abweicht als die Gleichgewichtslösungen im Oligopol, die sich ohne Absprachen ergeben.

Interessant ist, daß die *Stackelberg*-Lösung (also der sequentielle Mengenwettbewerb) wohlfahrtstheoretisch besser abschneidet als die *Cournot*-Lösung (also der *Cournot*-Wettbewerb), weil die gesamte Produktionsmenge größer ist und demnach näher an der Lösung vollständiger Konkurrenz liegt. Der Grund dafür ist, daß der zuerst agierende Oligopolist sich für eine ausgesprochen hohe Menge entscheidet, weil er dadurch den zweiten Oligopolisten „einschüchtern“ bzw. zu einer niedrigen Menge bewegen kann. Diese hohe Menge des zuerst agierenden Duopolisten überkompensiert den Mengenrückgang des zweiten.

8.7 Geknickte Preis-Absatz-Funktion

In diesem abschließenden Abschnitt zur Oligopolpreisbildung möchten wir ein etwas älteres Modell darstellen, das von *Hall/Hitch* sowie *Sweezy* Ende der dreißiger Jahre entwickelt wurde und als Modell der *„geknickten Preis-Absatz-Funktion“* bezeichnet wird. Methodisch ist dieses Modell weniger überzeugend als die zuvor geschilderten, formal sehr klaren spieltheoretischen Modelle. Dennoch wird es im Lehrbetrieb zurecht noch häufig verwendet, weil es eine gute intuitive Erklärung für empirisch beobachtbare Preisstarrheiten im Oligopol gibt. Dabei liegt das heterogene Oligopol zugrunde, weil im homogenen Oligopol die Preiselastizität der Nachfrage unendlich ist und das Modell dann nicht funktionieren würde. Dies ist aber kein Defizit, weil das homogene Oligopol letztlich ohnehin nur ein „pathologischer“ Spezialfall des heterogenen Oligopols ist – denn wo gibt es schon *vollständig* identische Produkte?

Im Mittelpunkt des Modells steht die Vermutung, daß Oligopolisten bei Preisänderungen mit *asymmetrischem Verhalten* der Konkurrenten rechnen müssen. Bei einer Preiserhöhung hoffen die Konkurrenten auf zusätzliche Nachfrage und reagieren nicht. Bei Preissenkungen ziehen sie dagegen aus Angst vor Umsatzverlusten mit. Für das einzelne Unternehmen bedeutet dies, daß die Preiselastizität der Nachfrage bei einer Preis*erhöhung hoch* ist, weil die Konsumenten bei konstantem Preis der Konkurrenz abwandern; die Preis-Absatz-Funktion ist flach. Bei einer Preis*senkung* ist die Preis-Absatz-Funktion dagegen steil, weil die Preissenkung bei gleichem Verhalten der Konkurrenz nur eine geringe Nachfragesteigerung ermöglicht. Wenn bei einer Preiserhöhung mit starken Nachfrageverlusten gerechnet werden muß und eine Preissenkung kaum zusätzliche Marktanteile verspricht, so ist es offensichtlich gewinnmaximal, den einmal gesetzten Preis beizubehalten.

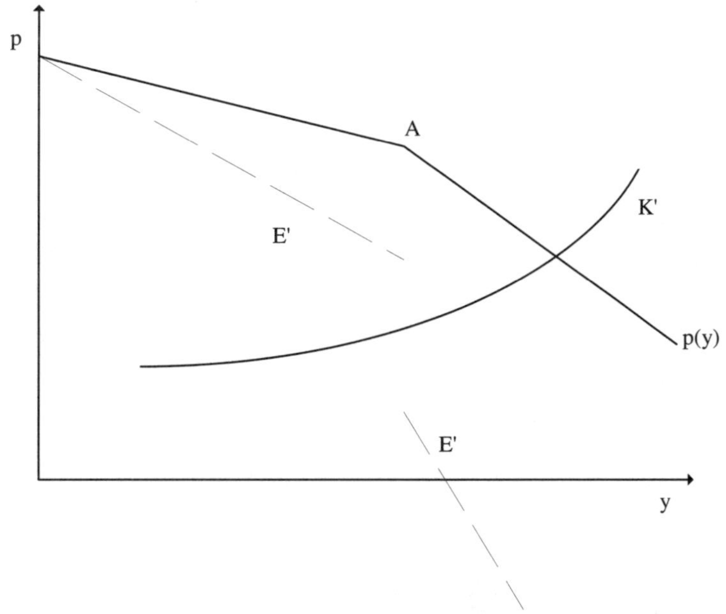

Abb. 8.2: Geknickte Preis-Absatz-Funktion

Die beiden Teilstücke der Preis-Absatz-Funktion führen dazu, daß die Grenzerlösfunktion E' im ursprünglichen Preis A eine Unstetigkeitsstelle hat. Verläuft die Grenzkostenfunktion durch diesen Unbestimmtheitsbereich, so versagt die Gleichgewichtsbedingung Grenzerlös = Grenzkosten. Dennoch muß im Punkt A das

Gewinnmaximum des Unternehmens sein: Bewegen wir uns von A nach rechts, so liegen die Grenzkosten über dem Grenzerlös, und jede zusätzliche Einheit vermindert demnach den Gewinn. Links von A ist der Grenzerlös dagegen höher als die Grenzkosten, so daß jeder Verzicht auf eine Einheit ein Verzicht auf gewinnbringende Einheiten wäre. A muß also gewinnmaximal sein.

Das geschilderte Modell trägt in besonders einfacher Weise zum Verständnis möglicher Preisstarrheiten im heterogenen Oligopol bei. Ungeklärt bleibt allerdings, wie es zu Punkt A kommt und wie groß das Unstetigkeitsintervall ist. Dazu müßten die Preis-Absatz-Funktionen und Kostenfunktionen spezifiziert werden, was aber zu Lasten der einfachen Struktur ginge.

9. Externe Effekte und öffentliche Güter

9.1 Öffentliche Güter: Klassifikation und Effizienzbedingungen

In den vergangenen Kapiteln haben wir unter preis- und wohlfahrtstheoretischen Gesichtspunkten Marktformen untersucht, die sich durch die Struktur auf der Angebotsseite unterschieden. Dementgegen bestand eine ausgesprochen wichtige Gemeinsamkeit darin, daß wir jeweils Märkte für private Güter betrachteten. Private Güter sind Güter wie Lebensmittel und Kleidung, deren Verwendung durch ein beliebiges Wirtschaftssubjekt A andere Wirtschaftssubjekte vom Konsum ausschließt. Dieses Definitionsmerkmal privater Güter wird als Ausschlußprinzip oder Rivalität im Konsum bezeichnet, weil der Genuß eines Schluckes Bier andere Konsumenten von der Möglichkeit ausschließt, den gleichen Schluck Bier zu trinken. Ferner wird bei privaten Gütern davon ausgegangen, daß sich andere Wirtschaftssubjekte „nicht für den Bierkonsum des A interessieren" – oder präziser ausgedrückt: daß der Bierkonsum des A nicht in die Nutzenfunktionen anderer Wirtschaftssubjekte eingeht.

Am anderen Ende des Güterspektrums stehen *öffentliche Güter* wie Rüstung, Rundfunk, Straßenbeleuchtung und Autobahnen, die über das *Nicht-Ausschlußprinzip* und die *Nicht-Rivalität* im Konsum definiert werden. Das Nicht-Ausschlußprinzip besagt, daß öffentliche Güter vollständig von n Wirtschaftssubjekten konsumiert werden. Unter der Nicht-Rivalität wird verstanden, daß die Erhöhung von n keinen Einfluß auf das Konsumniveau jedes einzelnen hat. Das Nicht-Ausschlußprinzip und die Nicht-Rivalität im Konsum werden üblicherweise zwar als miteinander verwandt, aber nicht als identisch betrachtet. Zumindest auf den ersten Blick sind durchaus Fälle denkbar, bei denen die eine Bedingung erfüllt ist und die andere nicht. Nehmen Sie an, daß zwar jeder Konsument die Autobahn benutzt (das Nicht-Ausschlußprinzip gilt), deren Qualität aber von der Anzahl der Autos abhängt (die Nicht-Rivalität ist verletzt, weil die Staugefahr zunimmt). Allerdings kann man dann in Frage stellen, ob wirklich jeder die ganze Autobahn benutzt oder der Gegensatz zwischen Nicht-Ausschlußprinzip und Nicht-Rivalität lediglich durch eine zu grobe Definition des Gutes „Autobahn" hervorgerufen wird. Auch eine hundertprozentig überzeugende Abgrenzung privater und öffentlicher Güter ist nicht möglich: Wer am Rande eines Straßenzugs wohnt, konsumiert einen Bruchteil der Straßenbeleuchtung und wer in der Urlaubszeit Autoferien macht, kennt die Rivalität um Autobahnen nur zu gut.

Wichtiger als der spitzfindige Streit um Definitionen ist aber ein Verständnis des grundlegenden Unterschieds zwischen privaten und öffentlichen Gütern, der in der Effizienzbedingung ihrer Bereitstellung liegt: Bei privaten Gütern lautete die Effizienzbedingung, daß die Grenzkosten der Produktion gerade noch dem Grenznutzen im Konsum entsprechen müssen ($\partial K/\partial y = \partial U/\partial y$). $\partial U/\partial y$ ist dabei der Grenznutzen *eines* Konsumenten, weil der Konsum eines Gummibären, wie erwähnt, andere Konsumenten vom Konsum des gleichen Bären ausschließt. Dagegen wäre es offensichtlich unsinnig, eine Straßenlaterne nur zu errichten, wenn der Grenznutzen *eines* Konsumenten die Grenzkosten noch deckt – würden wir diese Entscheidungsgrundlage verwenden, so gäbe es überhaupt keine Straßenbeleuchtung. Im Idealfall der Nicht-Rivalität im Konsum ist die Installation der

Straßenbeleuchtung offensichtlich vorteilhaft, sofern die *Summe* der Grenznutzen aller Konsumenten die Grenzkosten noch deckt.

Formal können wir dieses schon intuitiv einsichtige Ergebnis herleiten, indem wir von einer sozialen Wohlfahrtsfunktion ausgehen, in die der Nutzen jedes betroffenen Wirtschaftssubjekts eingeht. Das Problem der Gewichtung der verschiedenen Nutzen ist dabei zwar praktisch von Bedeutung, wird unter theoretischen Gesichtspunkten aber oft überschätzt, weil wir für jede beliebige Gewichtung entsprechende Effizienzbedingungen ableiten können.[28] Es spricht daher nichts dagegen, die Nutzen aller Wirtschaftssubjekte vereinfachend gleich zu gewichten. Bezeichnen wir das öffentliche Gut als y, den Nutzen des Wirtschaftssubjekts i als $U_i(y)$ und die Kosten der Straßenbeleuchtung als K(y), so lautet die zu maximierende gesamtwirtschaftliche Zielfunktion L:

$$L(y) = U_1(y) + U_2(y) + \ldots + U_n(y) - K(y) \quad . \tag{9.1}$$

Die Zielfunktion wird nach y abgeleitet und gleich Null gesetzt:

$$\frac{\partial L}{\partial y} = \frac{\partial U_1}{\partial y} + \frac{\partial U_2}{\partial y} + \ldots + \frac{\partial U_n}{\partial y} - \frac{\partial K}{\partial y} = 0 \quad . \tag{9.2}$$

Dies bestätigt die Intuition, daß im Optimum die Summe der Grenznutzen den Grenzkosten entspricht:

$$\frac{\partial U_1}{\partial y} + \frac{\partial U_2}{\partial y} + \ldots + \frac{\partial U_n}{\partial y} = \sum_{i=1}^{n} \frac{\partial U_i}{\partial y} = \frac{\partial K}{\partial y} \quad . \tag{9.3}$$

Bei der graphischen Bestimmung des Optimums bedeutet dies, daß im Unterschied zu privaten Gütern die Nachfragefunktionen nicht horizontal, sondern vertikal addiert werden müssen.

In Abb. 9.1 nehmen wir zur Veranschaulichung an, daß das öffentliche Gut nur in die Nutzenfunktionen von drei Individuen eingeht (sonst wird die Graphik zu unübersichtlich). Gleichung (9.3) bringt das für öffentliche Güter zentrale Resultat zum Ausdruck, daß die Summe der Grenznutzen den Grenzkosten ensprechen muß. Also müssen wir zur Ermittlung des Optimums die Summe der Grenznutzen bestimmen. Da die Zahlungsbereitschaft (d.h. die Nachfragefunktion) eines Wirtschaftssubjekts *seinen individuellen* Grenznutzen angibt, müssen wir *alle* Zahlungsbereitschaften addieren. Da die Zahlungsbereitschaften (die Preise) auf der Ordinate abgetragen werden, müssen wir die Nachfragefunktionen *vertikal* aggregieren. Denken Sie an den Unterschied zu privaten Gütern: Dort wurden die Nachfragefunktionen zur Ermittlung der Gesamtnachfrage *horizontal* aggregiert, weil der Grenznutzen *jedes einzelnen* Wirtschaftssubjekts den Grenzkosten entsprechen muß.

---

28 Weiterführend interessierte Leser/innen seien darauf hingewiesen, daß die sauberste Anwendung des Pareto-Kriteriums darin besteht, den Nutzenindex von n-1 Wirtschaftssubjekten konstant zu halten und dann den Nutzenindex des verbliebenen Wirtschaftssubjekts zu maximieren.

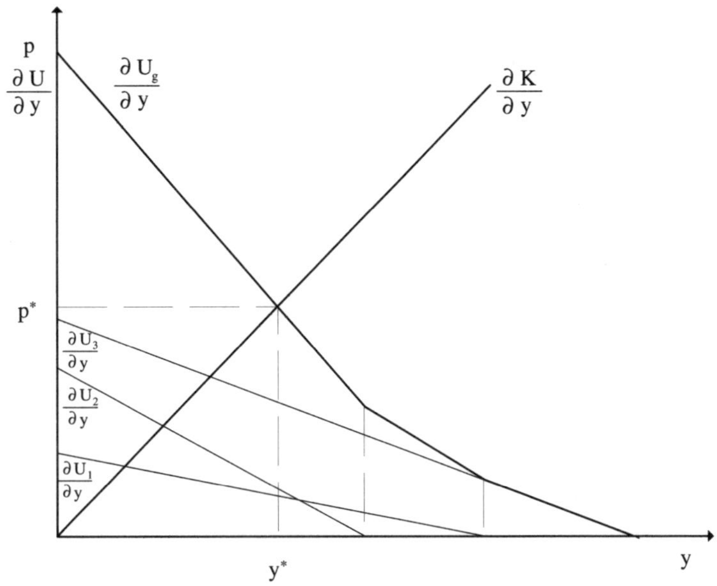

Abb. 9.1: Die optimale Produktionsmenge bei öffentlichen Gütern

9.2 Schwierigkeiten bei der Präferenzermittlung

Bei der Bestimmung des Optimums wurde implizit unterstellt, daß die Präferenzen der einzelnen Wirtschaftssubjekte bekannt seien: Dies ist aber alles andere als selbstverständlich: Während die Präferenzen für Gummibären zumindest näherungsweise aus Nachfragefunktionen geschätzt werden können, gibt es für öffentliche Güter keine Märkte und damit auch keine Markt*daten*, denen die Präferenzen entnommen werden können.

Überlegen wir zunächst, warum die Bereitstellung öffentlicher Güter nicht dem Markt überlassen, sondern von öffentlichen Gebietskörperschaften übernommen wird. Dazu müssen wir uns nur ein privates Unternehmen vorstellen, daß sich um den Verkauf von Straßenbeleuchtung bemüht. Jeder *einzelne* weiß, daß seine Zahlungsbereitschaft (sein Grenznutzen) nur einen Bruchteil des gesamten Grenznutzens einer beliebigen Mengeneinheit Straßenbeleuchtung ausmacht. Ferner ist ihm bekannt, daß für Straßenbeleuchtung das Nicht-Ausschlußprinzip gilt, d.h. es ist ohne prohibitiv hohe Aufwendungen nicht möglich, ihn vom Konsum einer einmal installierten Straßenbeleuchtung auszuschließen. Selbst wenn dies möglich wäre, so wäre sein Ausschluß ineffizient und damit *gesamt*wirtschaftlich unerwünscht, weil die Grenzkosten seiner *Benutzung* (nicht zu verwechseln mit den Grenzkosten der Erstellung!) Null sind. Da er somit nicht ausgeschlossen werden kann (oder zumindest aus gesamtwirtschaftlichen Erwägungen nicht ausgeschlossen werden soll), wird er auch dann nicht zur Bezahlung der Straßenbeleuchtung bereit sein, wenn diese ihm einen hohen Nutzen stiftet. Er wird die Finanzierung vielmehr anderen überlassen und darauf hoffen, daß er die Straßenbeleuchtung wegen des Nicht-Ausschlußprinzips zum Nulltarif konsumieren kann. Dieses Verhalten wird als free-rider-Verhalten bezeichnet. Übersetzt nennt man es meist Trittbrettfahrerverhalten; doch scheint der Begriff Schwarzfahrerverhalten besser, weil die betreffenden Konsumenten keineswegs auf dem unbequemen Trittbrett Platz nehmen müssen.

Das free-rider-Verhalten wird dadurch zum für öffentliche Güter charakteristischen *free-rider-Problem*, daß sich alle Konsumenten wie unser Schwarzfahrer verhalten – jeder möchte die Finanzierung den anderen überlassen, so daß private

Unternehmen das öffentliche Gut nicht produzieren können. Ein Ausweg wäre ein künstlicher Marktausschluß, der aber erstens teuer und zweitens unsinnig wäre – es kann nicht effizient sein, einen Konsumenten von der Benutzung eines Gutes auszuschließen, dessen Nutzung wegen der Nicht-Rivalität keine Kosten verursacht. Öffentliche Güter können daher von privaten Unternehmen auch dann nicht produziert werden, wenn die Summe der Grenznutzen über den Grenzkosten liegt.

Verdeutlichen Sie sich, daß das free-rider-Problem lediglich ein Spezialfall des in der Oligopoltheorie geschilderten Gefangenendilemmas ist. Alle betroffenen Individuen könnten sich durch eine Partizipation an der Finanzierung des öffentlichen Gutes besserstellen (denn die Nettonutzen steigen ja durch die Produktion), aber dies wäre kein *Nash*-Gleichgewicht: Jeder hätte einen Grund zur Verhaltensänderung, weil bei *einzelnen* Abweichungen das öffentliche Gut dennoch produziert werden würde und unser free-rider in den Genuß des kostenlosen Konsums kommen würde. Da dieses Verhalten individuell rational ist, muß die Produktion öffentlicher Güter den öffentlichen Gebietskörperschaften überlassen werden.

Auch für die Gebietskörperschaften stellt sich das Problem der Präferenzermittlung, weil sie auf keine Marktpreise für öffentliche Güter zurückgreifen können. Die möglichst genaue Kenntnis der Präferenzen ist aber erforderlich, um die vorhandenen öffentlichen Gelder sinnvoll einsetzen („optimal alloziieren“) zu können. Soll das Budget zur Verbesserung der Luftqualität in Ballungsräumen oder zum Ausbau von Sportstätten verwendet werden? Zur Ermittlung der Zahlungsbereitschaften lassen sich in erster Linie die Verfahren der direkten und der indirekten Präferenzermittlung unterscheiden. Der Grundgedanke der Verfahren der indirekten Präferenzermittlung ist, die Präferenzen aus Daten abzuleiten, die dem Marktgeschehen entnommen werden können. Zwar gibt es keine Märkte zum direkten Kauf von Ferienluft, aber aus den Aufwendungen für Urlaub in guter Luft kann versucht werden, deren Wert zu bestimmen (Aufwandsmethode). Verwandt mit der Aufwandsmethode ist die Marktpreismethode, bei der der Wert guter Luft beispielsweise aus dem Vergleich der Mietpreise in mehr oder weniger belasteten Regionen ermittelt werden soll. Theoretisch besteht die Begründung für Verfahren der indirekten Präferenzermittlung darin, daß die Individuen versuchen werden, ihre Präferenzen für öffentliche Güter zu verwirklichen und sich dies irgendwie in den Preisen niederschlagen muß. Beide Verfahren werden in der Praxis häufig angewendet. Die praktischen Schwierigkeiten sind naheliegend und liegen in den erforderlichen ceteris paribus-Klauseln. So stellt sich beispielsweise die Frage, in welchem Ausmaß die niedrigeren Mietpreise an einer Ausfallstraße auf Lärmbelästigungen zurückzuführen sind und welche Rolle die Infrastruktur (Restaurants etc.) spielt.

Während die Methoden der indirekten Präferenzermittlung an Marktpreisen anzusetzen versuchen, werden bei der direkten Präferenzermittlung die Betroffenen befragt. Zunehmender Beliebtheit erfreuen sich in der Bundesrepublik Deutschland beispielsweise Zahlungsbereitschafts-Befragungen zur Ermittlung der Präferenzen für Umweltgüter. So wurde vom Umweltbundesamt eine Studie durchgeführt, in der eine repräsentative Stichprobe der Einwohner Berlins nach der Zahlungsbereitschaft für eine Verbesserung der Luftqualität befragt wurde. Da Kenndaten wie SO_2- oder NO_x-Belastungen für die meisten Betroffenen keinen wirklichen Informationswert haben, wurden zwei mögliche Verbesserungen – eine durchschnittliche deutsche Kleinstadt und ein Luftkurort – vorgegeben. Zwar sind die Resultate mit viel Vorsicht zu genießen, doch sollte man die Verfahren auch nicht zu kritisch beurteilen, ohne entsprechende Gegenvorschläge zu machen.

Weiterführend interessierte Leser/innen seien darauf hingeweisen, daß im Rahmen der Spieltheorie ausgesprochen intelligente Befragungs- und Zahlungsmechanismen entwickelt wurden, bei denen das Äußern der wirklichen Präferenzen eine *dominante Strategie* (also die beste Alternative unabhängig von den Äußerungen der anderen Befragten) ist. Einen solchen Befragungs- und Zahlungsmechanismus bezeichnet man zu Ehren seines Begründers als *Groves-Mechanismus.* Im Kern beruht das Verfahren darauf, daß bei Durchführung der Befragung nicht jeder seine geäußerte Zahlungsbereitschaft (dies gäbe einen Anreiz zu strategischem Verhalten), sondern nur die Differenz aus den Kosten der Maßnahme und der Summe der geäußerten Zahlungsbereitschaften aller anderen Befragten bezahlt. Dies hat den Vorteil, daß die eigene Antwort zwar über die Durchführung des Projekts, aber nicht über die Höhe der eigenen Zahlung entscheidet, wodurch der Anreiz zum „Lügen“ ausgeschlossen wird. Eine Schwäche des zunehmend wichtigeren Mechanismus ist allerdings, daß die Summe der auf diese Art eingenommenen Gelder die Kosten der Maßnahme im allgemeinen nicht deckt. Dieses Defizit sollte man aber nicht überbewerten, weil es primär nicht um die Finanzierung, sondern um die Frage geht, ob die Durchführung der Maßnahme überhaupt sinnvoll ist.[29]

9.3 Externe Effekte: Klassifikation und Effizienzbedingungen

Private und öffentliche Güter beschreiben die Extrempunkte eines letztlich stetigen Güterspektrums: Bei privaten Gütern betrifft die wirtschaftliche Aktivität (z.B. unser Gummibärchenkonsum) keine anderen Wirtschaftssubjekte, bei öffentlichen Gütern konsumieren alle Betroffenen das gesamte Gut (z.B. Straßenbeleuchtung). Die Wirklichkeit wird sehr häufig dazwischen liegen, weil nur bestimmte Teile einer wirtschaftlichen Aktivität auch Auswirkungen auf andere haben. Solche Auswirkungen werden als *externe Effekte* bezeichnet und wurden von *Alfred Marshall* schon im neunzehnten Jahrhundert thematisiert. Ausgiebig untersuchte *A.C. Pigou* (1920) die Konsequenzen externer Effekte und definierte diese darüber,

> *„daß eine Person A, indem sie einer zweiten Person B gegen Bezahlung einen Dienst leistet, zugleich anderen Personen Vor- oder Nachteile verschafft, die so geartet sind, daß den begünstigten Parteien keine Zahlung auferlegt oder von seiten der geschädigten Parteien keine Kompensation erzwungen werden kann.“*[30]

Diese Formulierung ist allerdings nicht hundertprozentig korrekt, weil *jede* wirtschaftliche Aktivität über den Preismechanismus auch andere Wirtschaftssubjekte betrifft. Steigt beispielsweise die Nachfrage eines großen Industrieunternehmens nach Papier, so erhöht dies möglicherweise den Papierpreis. Die Nachfragesteigerung eines Unternehmens wirkt sich daher negativ auf andere Nachfrager aus. Solche gewöhnlichen Marktmechanismen sind mit externen Effekten aber nicht gemeint, weil sie die Effizienz der Allokation nicht stören. Wir müssen externe Effekte daher etwas umständlicher als *Pigou* definieren: Ein externer Effekt liegt vor, wenn in die Nutzen- oder Produktionsfunktionen der Wirtschaftssubjekte i Variable y_j eingehen, die von anderen Wirtschaftssubjekten j gewählt werden, ohne die Auswirkungen auf i zu beachten und ohne die Existenz marktlicher oder

29 Vgl. für eine ausführliche Darstellung des Groves-Mechanismus z.B. Feess 1997, Abschnitt 19.5.2.

30 Pigou 1979, S. 25.

sonstiger Vertragsbeziehungen zwischen i und j (mit U_i als Nutzenindex von i gilt somit $\partial U_i / \partial y_j \neq 0$). Die Beeinflussung von Nutzenfunktionen bezeichnet man als Konsum- und die Beeinflussung von Produktionsfunktionen als Produktionsexternalitäten.

Externe Effekte können positiv oder negativ sein: Von positiven (negativen) externen Effekten wird gesprochen, sofern die Auswirkungen ökonomischer Aktivitäten das Nutzenniveau anderer Wirtschaftssubjekte erhöhen (reduzieren). Das wichtigste Beispiel für positive externe Effekte ist der technische Fortschritt. Gibt es keine Patentrechte, so können andere Unternehmen kostenlos auf Ergebnisse zurückgreifen, die in forschungsfreudigen Unternehmen erarbeitet wurden. Ihre besondere Bedeutung innerhalb der Mikroökonomie haben externe Effekte aber erst mit der ökonomischen Interpretation der Umweltverschmutzung erhalten. In den meisten Produktionsprozessen entstehen irgendwelche Umweltbelastungen, die vom Abfall aus Getränkeverpackungen bis zum Treibhauseffekt reichen, das Nutzenniveau der Gesellschaftsmitglieder negativ beeinflussen und für eine ineffiziente Allokation der Ressourcen sorgen. Dabei handelt es sich oft gleichzeitig um Konsum- *und* um Produktionsexternalitäten. So mag das Einleiten von Schadstoffen in ein Gewässer einerseits eine negative Produktionsexternalität sein, weil sich die Produktionsbedingungen des Fischereigewerbes verschlechtern. Andererseits kann aber auch eine negative Konsumexternalität vorliegen, weil der Blick auf das getrübte Wasser die Freude beim abendlichen Spaziergang vermindert. Eine wirtschaftliche Aktivität kann auch gleichzeitig positive und negative externe Effekte haben: Denken Sie an einen Kleingärtner, dessen schön angelegter Garten Blumenliebhaber entzückt und heuschnupfengeplagte Zeitgenossen quält. Die Begriffe positive und negative externe Effekte sowie Konsum- und Produktionsexternalitäten ermöglichen uns die Systematisierung in Übers. 9.1.

	positiv	negativ
Konsumexternalität	$\partial U_j / \partial y > 0$ (z.B. Wiederaufforstungsmaßnahmen eines Unternehmens)	$\partial U_j / \partial y < 0$ (z.B. Umweltverschmutzung)
Produktionsexternalität	$\partial K_j / \partial y < 0$ (z.B. Forschungsergebnisse eines Unternehmens, die sich andere Unternehmen kostenlos zunutze machen können)	$\partial K_j / \partial y > 0$ (z.B. Umweltverschmutzung, sofern sie die Qualität der Produktionsfaktoren anderer Unternehmen verschlechtert)

Übers. 9.1: Systematisierung externer Effekte

Um die Effizienzbedingungen bei externen Effekten möglichst allgemein formulieren zu können, stellen wir uns ein Produkt y vor, in dessen Produktionsprozeß außer den „gewöhnlichen" – d.h. marktvermittelten – Kosten und Nutzen auch noch alle denkbaren Arten von externen Effekten anfallen. Wir verwenden folgende Bezeichnungen:

1. Die marktvermittelten Nutzen der Produktion nennen wir $U_i(y)$.
2. Die marktvermittelten Kosten der Produktion nennen wir $K_i(y)$. Sie wissen, daß die Nutzenmaximierung der Haushalte und die Gewinnmaximierung der Unternehmen bei vollständiger Konkurrenz gemäß Gleichung (9.4) gerade zum Ausgleich von Grenznutzen und Grenzkosten führen würde:

(9.4) $$\frac{\partial U_i}{\partial y} = \frac{\partial K_i}{\partial y} \quad .$$

3. Nun entstehen bei der Produktion negative externe Effekte durch das Einleiten eines Schadstoffs in ein angrenzendes Gewässer. Die dadurch entstehenden Auswirkungen auf die Produktions- und Kostenfunktionen anderer Unternehmen j (negative Produktionsexternalität) drücken wir durch deren zusätzliche Kosten aus und bezeichnen sie mit $K_j(y)$. Dabei ist es grundsätzlich unerheblich, ob die Schadstoffe nur die Kostenfunktion eines oder mehrerer anderer Unternehmen betreffen. Da es sich um eine negative Produktionsexternalität handelt, gilt $\partial K_j/\partial y > 0$, d.h. es werden Kosten gespart.
4. Die durch die Schadstoffe entstehenden Auswirkungen auf die Nutzenfunktionen von Spaziergängern (negative Konsumexternalität) nennen wir $U_j(y)$. Da es sich um eine negative Konsumexternalität handelt, gilt $\partial U_j/\partial y < 0$.
5. Nun nehmen wir aber auch an, daß gleichzeitig positive externe Effekte entstehen. Die F&E-Aufwendungen des Unternehmens führen zu Verfahrensinnovationen, die die Produktionsbedingungen anderer Unternehmen verbessern. Die dadurch entstehenden zusätzlichen Kosten anderer Unternehmen nennen wir $K_m(y)$. Da es sich um eine positive Produktionsexternalität handelt, gilt $\partial K_m/\partial y < 0$.
6. Positive Konsumexternalitäten können beispielsweise dadurch entstehen, daß das Unternehmen aus Marketinggründen ein naheliegendes Grundstück aufforstet oder von der Umweltbehörde zu bestimmten Maßnahmen verpflichtet wird. Möglicherweise nehmen auch einfach die Transportaufwendungen zum Arbeitsplatz ab. Die positiven Auswirkungen auf die Nutzenfunktionen nennen wir $U_m(y)$. Da es sich um eine positive Konsumexternalität handelt, gilt $\partial U_m/\partial y > 0$.

Offensichtlich wird die gesellschaftliche Wohlfahrt maximiert, wenn die Differenz *aller* Nutzen und Kosten maximiert wird. Die soziale Wohlfahrtsfunktion L können wir demnach folgendermaßen schreiben:

(9.5) $$L = U_i(y) + U_j(y) + U_m(y) - K_i(y) - K_j(y) - K_m(y) \quad .$$

Zur Bestimmung der Optimalitätsbedingung müssen wir die Zielfunktion ableiten und gleich Null setzen

(9.6) $$\frac{\partial L}{\partial y} = \frac{\partial U_i}{\partial y} + \frac{\partial U_j}{\partial y} + \frac{\partial U_m}{\partial y} - \frac{\partial K_i}{\partial y} - \frac{\partial K_j}{\partial y} - \frac{\partial K_m}{\partial y} = 0 \quad .$$

Gleichung (9.6) zeigt das intuitiv einsichtige Ergebnis, daß im Optimum die Summe *aller* anfallenden Grenznutzen der Summe aller anfallenden Grenzkosten entsprechen muß.[31] Positive externe Effekte vergrößern die optimale Produktionsmenge und negative externe Effekte verringern diese. Der Vergleich mit (9.4) verdeutlicht, daß die Marktlösung bei vollständiger Konkurrenz keineswegs optimal ist, sofern externe Effekte bestehen: rationale (d.h. gewinnmaximierende) Unternehmen berücksichtigen nur die zahlungskräftige Nachfrage (also $U_i(y)$) und ihre eigenen Kosten (also $K_i(y)$), aber nicht die anderen Auswirkungen. Aus diesem Grund muß die öffentliche Hand eingreifen, um die Produktionsmengen zu korrigieren. Wirtschaftspolitische Maßnahmen wie die Förderung der F&E-Anstrengungen von Unternehmen (Technologiepolitik) oder die Abwasserabgabe, die

31 In unserem Fall sind $\partial K_m/\partial y$ und $\partial U_j/\partial y$ allerdings negativ, wie dies gemäß Punkt 4 die negative Konsumexternalität und gemäß Punkt 5 die *positive* Produktionsexternalität implizieren.

Unternehmen beim Einleiten von Schadstoffen in Gewässer belastet, sollen die betreffenden Wirtschaftssubjekte daher indirekt dazu bewegen, bei ihren Entscheidungen auch die Auswirkungen auf Dritte zu berücksichtigen.

Bevor wir uns damit näher beschäftigen, sei noch darauf hingewiesen, daß die Effizienzbedingungen für externe Effekte auch die für private *und* öffentliche Güter als Spezialfälle enthalten: Unsere einfache Formalanalyse externer Effekte ergab, daß die Optimalitätsbedingung *immer* darin besteht, daß die Summe aller Grenznutzen der Summe aller Grenzkosten entspricht. Dies gilt, wie gezeigt, analog für öffentliche Güter, darüber hinaus aber grundsätzlich auch bei privaten Gütern: Dort vereinfacht sich die Effizienzbedingung dadurch, daß als Kosten und Nutzen ausschließlich die Produktionskosten der Anbieter und die Nutzen der Nachfrager existieren. Da diese Kosten und Nutzen in der Angebots- und Nachfragebereitschaft zum Ausdruck kommen, erübrigen sich wirtschaftspolitische Maßnahmen. Die Theorie externer Effekte ist also ein sehr allgemeines Konzept, das als Spezialfälle auch private und öffentliche Güter enthält.

9.4 Die wirtschaftspolitische Aufgabe: Internalisierung externer Effekte

Das wesentliche Resultat des vorhergehenden Abschnitts war, daß beim Vorliegen externer Effekte unregulierte Märkte ineffizient sind und daher wirtschaftspolitische Eingriffe geboten sind, damit die physischen Verursacher externer Effekte diese bei ihren wirtschaftlichen Aktivitäten berücksichtigen. Solche Maßnahmen werden als *Internalisierung externer Effekte* bezeichnet und im folgenden näher betrachtet.

9.4.1 Eigentumsrechte zur Internalisierung externer Effekte: Das *Coase*-Theorem

1960 erschien mit *Ronald H. Coase*'s „The Problem of Social Cost“ ein wichtiger Aufsatz, der den Ursachen externer Effekte näher nachging. *Coase* illustriert seine Grundgedanken mit dem Beispiel eines Viehzüchters, dessen Herden die Felder eines Getreidebauern zertrampeln und damit einen negativen externen Effekt begründen. Die Ineffizienz besteht darin, daß die Tiere auch dann noch fressen, wenn der dadurch hervorgerufene Grenznutzen bereits kleiner ist als der Grenzschaden des Getreidebauern. Dies setzt allerdings voraus, daß dem Getreidebauern keine juristischen Maßnahmen zur Verfügung stehen, um die gefräßigen Tiere zu bändigen.

Die erste und wichtigste Frage von *Coase* lautet nun, ob ein solch ineffizienter Zustand eigentlich stabil sein kann oder ob die Betroffenen nicht von sich aus für eine Verbesserung der Situation sorgen werden. Dazu betrachten wir Abb. 9.2: y sei die Menge gefressenen Getreides, $\partial U_V/\partial y$ der Grenznutzen des Viehzüchters und $\partial S_G/\partial y$ der Grenzschaden bzw. der negative Grenznutzen des Getreidebauern; beide in Abhängigkeit von y. Wir unterstellen die üblichen Funktionsverläufe; d.h. sinkende Grenznutzen und steigende Grenzschäden.

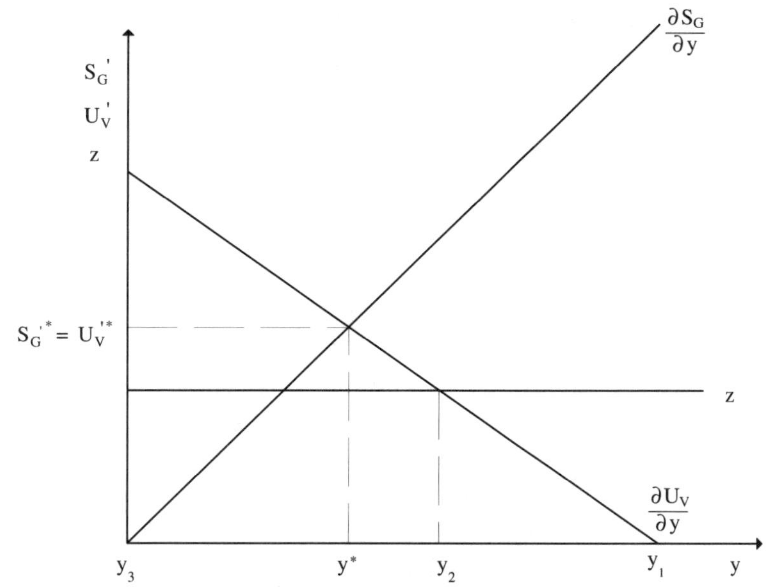

Abb. 9.2: Internalisierung externer Effekte durch Eigentumsrechte

In unserem Ausgangsbeispiel haben wir angenommen, daß die Eigentumsrechte beim Viehzüchter liegen. Er wird seine Kühe daher zunächst so viel Getreide fressen lassen, bis der Grenznutzen auf Null gesunken ist (y_1 in Abb. 9.2) – die dadurch hervorgerufenen externen Effekte interessieren ihn nicht. Nun wissen wir aber, daß dieser Zustand nicht pareto-effizient ist, weil der Grenznutzen $\partial U_V/\partial y$ bereits weit unter dem Grenzschaden $\partial S_G/\partial y$ liegt. Die pareto-effiziente Getreidemenge liegt bei y^*. Im Zentrum der Überlegungen von *Coase* steht nun der elementare ökonomische Sachverhalt, daß beim Übergang von einer ineffizienten in eine effiziente Situation *alle* Beteiligten profitieren können, sofern ein entsprechender Einigungsprozeß gelingt.

Konkret bedeutet dies, daß der Getreidebauer G dem Viehzüchter V *Kompensationszahlungen* anbieten wird, damit sich seine Viecher mäßigen. Nehmen wir an, G bietet den Betrag z dafür, die abgefressene Menge auf y_2 zu reduzieren. In diesem Fall stellen sich *beide* besser als in der Ausgangssituation, weil z im Bereich zwischen y_2 und y_1 über $\partial U_V/\partial y$ und unter $\partial S_G/\partial y$ liegt. Der Verhandlungsprozeß wird erst im pareto-effizienten Punkt y^* zum Stillstand kommen, wenn eine Verbesserung beider nicht mehr möglich ist. Der Verhandlungsprozeß der Betroffenen führt also durch Kompensationszahlungen (d.h. durch legale Bestechung) ganz ohne staatliche Eingriffe zur pareto-effizienten Internalisierung externer Effekte. Dies ist das *erste Ergebnis* der Analyse von *Coase*.

Seine Berühmtheit erreichte der Aufsatz von *Coase* dadurch, daß sich das Ergebnis einer pareto-effizienten Allokation auch dann einstellt, wenn die Eigentumsrechte nicht dem Viehzüchter, sondern dem Getreidebauern zugeordnet werden. In diesem Fall wird der Getreidebauer jede Aktivität der hungrigen Kühe gnadenlos unterbinden, so daß es zunächst zum Punkt y_3 kommt. Analog zur gerade geschilderten Situation hat nun der Viehzüchter einen Anlaß, dem Getreidebauern Kompensationszahlungen anzubieten, solange $\partial U_V/\partial y$ über $\partial S_G/\partial y$ liegt. Dieses *zweite Ergebnis* wird als *Coase-Theorem* bezeichnet: Die Effizenz der Allokation ergibt sich unabhängig davon, wer die Eigentumsrechte zugesprochen bekommt – vorausgesetzt, daß die Eigentumsrechte so präzise definiert sind, daß der Verhandlungsprozeß überhaupt in Gang gesetzt werden kann.

Einschränkend sei allerdings zunächst darauf hingewiesen, daß in unserer Graphik vereinfachend von sog. *Einkommenseffekten* abgesehen wird: grundsätzlich müssen wir davon ausgehen, daß die Allokation sich zumindest geringfügig durch die Zuordnung der Eigentumsrechte ändert, weil die Nachfrage (auch nach Getreide), wie in der Haushaltstheorie ausführlich gezeigt wurde, nicht nur von den Präferenzen und den Preisen, sondern auch vom Einkommen beeinflußt wird. Dies ist aber von untergeordneter Bedeutung: entscheidend ist lediglich, daß sich in beiden Fällen eine pareto-effiziente Allokation ergibt. Das *Coase*-Theorem besagt demnach, daß zur Internalisierung externer Effekte lediglich die eindeutige Festlegung von *Eigentumsrechten* erforderlich ist. Es begründet damit den Forschungszweig der ökonomischen Theorie des Rechts, die die Auswirkungen rechtlicher Festlegungen auf die Effizienz der Marktergebnisse untersucht.

Nun muß das *Coase*-Theorem allerdings sowohl in theoretischer als auch in praktischer Hinsicht stark relativiert werden. Theoretisch ist zu bedenken, daß die Spieltheorie keineswegs stets effiziente Verhandlungsergebnisse prognostiziert (erinnern Sie sich an das Gefangenendilemma). Dies gilt nur, wenn man die *kooperative* Spieltheorie verwendet, die wie erläutert nicht nur dem *Coase*-Theorem, sondern bereits der *Edgeworth*-Box implizit zugrundeliegt. Analog zur Edgeworth-Box ergibt die genauere spieltheoretische Analyse des *Coase*-Theorems daher auch, daß mit effizienten Verhandlungen nur dann gerechnet werden kann, wenn die Wirtschaftssubjekte vollständig informiert sind. Bei einer asymmetrischen Informationsverteilung kommt es dagegen auf die Verhandlungsstruktur und die genauere Art der Informationsverteilung an, wobei sich das *Coase*-Theorem als recht einfacher Spezialfall der allgemeinen spieltheoretischen Untersuchung von Verhandlungen erweist. Während *Coase* diesen Punkt nicht berücksichtigte, war er sich über die eingeschränkte praktische Bedeutung durchaus im klaren. Diese ist darauf zurückzuführen, daß bei zahlreichen Betroffenen die *Transaktionskosten* des Verhandlungsprozesses zu hoch sind. Dies gilt beispielsweise für Umweltverschmutzungen, wo nicht ernsthaft an eine Verhandlungslösung zwischen allen Industrieunternehmen und Autofahrern als Verursachern sowie allen „Konsumenten" der Atemluft zur Verringerung von Stickoxiden gedacht werden kann.

9.4.2 Die *Pigou*-Steuer zur Internalisierung externer Effekte

Da die exakte Festlegung von Eigentumsrechten in vielen praktisch relevanten Fällen nicht ausreichen wird, sind darüber hinausgehende wirtschaftspolitische Maßnahmen erforderlich. Das klassische Instrument ist die nach *A.C. Pigou* benannte *Pigou-Steuer* zur Internalisierung negativer externer Effekte (bei positiven externen Effekten läßt sich analog dazu eine *Pigou*-Subvention einführen). Nehmen wir wieder an, daß ein Industrieunternehmen negative externe Effekte verursacht, die ihm in der Ausgangssituation nicht zugerechnet werden. Der externe Effekt falle in Form einer Produktionsexternalität an, die die Kostenfunktion anderer Unternehmen um $\partial K_j/\partial y$ erhöhe. Mit y als Produktionsmenge, p als Produktpreis bei vollständiger Konkurrenz, $\partial U_i/\partial y$ als Nutzen aus der Produktion und $K_i(y)$ als reinen Produktionskosten maximiert das Unternehmen bei vollständiger Konkurrenz die Gewinnfunktion

$$(9.7)\qquad G(y) = p \cdot y - K_i(y) \quad .$$

Die bekannte Gewinnmaximierungsbedingung ergibt sich aus der gleich Null gesetzten ersten Ableitung und lautet

$$(9.8)\qquad p = \frac{\partial K_i}{\partial y} \quad .$$

Dabei sei daran erinnert, daß p der Zahlungsbereitschaft und somit dem Grenznutzen der Produktion entspricht. Die soziale Wohlfahrtsfunktion lautet

$$(9.9) \qquad L = \frac{\partial U_i}{\partial y} - \frac{\partial K_i}{\partial y} - \frac{\partial K_j}{\partial y}$$

mit der zugehörigen Optimalitätsbedingung

$$(9.10) \qquad \frac{\partial U_i}{\partial y} = \frac{\partial K_i}{\partial y} + \frac{\partial K_j}{\partial y} \quad .$$

Da die rechte Seite von (9.10) größer ist als die rechte Seite von (9.8), gilt dies auch für die linken Seiten. Das Unternehmen muß dazu gebracht werden, seine Produktion an (9.10) zu orientieren. Bei der *Pigou*-Steuer wird auf jede emittierte (ausgestoßene) Schadstoffeinheit ein Steuersatz t erhoben, den das produzierende Unternehmen an eine Umweltbehörde entrichten muß. Nehmen wir vereinfachend an, daß der Schadstoff proportional zur Produktion y anfällt, so lautet die Gewinnfunktion des Unternehmens bei Einführung des Steuersatzes t

$$(9.11) \qquad G(y,t) = p \cdot y - K_i(y) - t \cdot y \quad .$$

Gewinnmaximierung ergibt

$$(9.12) \qquad p = \frac{\partial K_i}{\partial y} + t \quad .$$

Es sei erneut daran erinnert, daß wir bei vollständiger Konkurrenz den Nachfragepreis (die Zahlungsbereitschaft) als Grenznutzen interpretieren und somit gilt auch:

$$(9.13) \qquad \frac{\partial U_i}{\partial y} = \frac{\partial K_i}{\partial y} + t \, .$$

Der Vergleich mit Gleichung (9.10) zeigt, daß die soziale Wohlfahrtsfunktion (Maximierung von L) und die Entscheidungsregel des Unternehmens (Maximierung des Gewinns G) genau dann übereinstimmen, wenn eine Steuer in Höhe der Grenzschädigung erhoben wird ($\partial K_j / \partial y = t$). Diese Steuer in Höhe der Grenzschädigung ermöglicht eine pareto-effiziente Internalisierung externer Effekte und heißt *Pigou*-Steuer. In der Praxis besteht die Schwierigkeit neben der politischen Durchsetzbarkeit selbstverständlich in der Kenntnis des optimalen Steuersatzes. Dies setzt in unserem Beispiel voraus, daß die Auswirkungen des Schadstoffausstoßes bekannt sind und in Geld bewertet werden können – man wird sich daher meist mit groben Schätzungen begnügen müssen. Außerdem müssen die Kostenfunktionen der Unternehmen bekannt sein, weil sonst mehr oder weniger Schadstoffe als erwartet vermieden werden. Für die Umweltpolitik als besonders wichtigem Bereich der Internalisierung externer Effekte bedeutet dies, daß man Steuerlösungen auf einige besonders wichtige Bereiche beschränken muß. Abschließend sei nochmals hervorgehoben, daß die Existenz natürlicher Monopole (Abschnitt 6.3) und externer Effekte die wichtigste *mikroökonomische* Begründung einer aktiven Wirtschaftspolitik ist.

10. Informationsökonomie

10.1 Überblick

In allen bisherigen Kapiteln gingen wir davon aus, daß alle Wirtschaftssubjekte über alle relevanten Nebenbedingungen – beispielsweise die Preis-Absatz-Funktion oder die Kostenfunktion – gleich gut (und vollständig) informiert sind. Dies ist zwar eine unrealistische Annahme, zur Erfassung vieler interessanter Sachverhalte aber eine durchaus nützliche Vereinfachung. Allerdings gibt es auch Situationen, in denen gerade die Tatsache, daß Wirtschaftssubjekte *unterschiedlich gut* informiert sind, zu wichtigen Einsichten führt. Entscheidend ist dabei nicht die Unsicherheit über die Nebenbedingungen (dies wird im Rahmen der Entscheidungstheorie thematisiert), sondern die Tatsache, daß manche Wirtschaftssubjekte einen Wissensvorsprung gegenüber anderen haben. Man spricht dann von *asymmetrischer* Information, deren Auswirkungen im Rahmen der Informationsökonomie untersucht werden.

Bei der Informationsökonomie handelt es sich um ein sehr breites Feld, dessen formale Darstellung recht weitgehende Kenntnisse der Spieltheorie erfordert, welche über die Zielsetzung des vorliegenden Kompaktstudiums hinausgehen. Wir beschränken uns daher auf die Erläuterung zweier auch für die Praxis sehr wichtiger Phänomene, die man als *moral hazard* und *adverse selection* bezeichnet.

Das Problem des moral hazard stammt ursprünglich aus der Versicherungstheorie und besteht darin, daß ein Wirtschaftssubjekt *nach* Vertragsabschluß eine *unbeobachtbare* Aktion durchführt. Beispielsweise kann eine Versicherungsgesellschaft nicht beobachten, wie sorgfältig der versicherte Autofahrer fährt. Der Begriff moral hazard erklärt sich daraus, daß der Fahrer ohne Versicherungsschutz vorsichtiger wäre. Im Kern handelt es sich dabei erneut um ein Problem externer Effekte, weil der Versicherungsnehmer weiß, daß zumindest ein Teil des Schadens vom Versicherer getragen wird.

Auch das Problem von adverse selection kann gut innerhalb der Versicherungstheorie erläutert werden. Während es bei moral hazard um Aktionen nach Vertragsabschluß geht, besteht das Problem bei adverse selection darin, dass bestimmte Eigenschaften (in der Fachsprache nennt man dies auch „Typen“) des Versicherungsnehmers nicht bekannt sind. So ist der Autofahrer etwa besser über seine Fähigkeiten informiert als der Versicherer, und das Risiko wird nicht nur von Sorgfalt und Geschwindigkeit, sondern auch von den Fähigkeiten selbst bestimmt. Wenn die Versicherung nur die durchschnittlichen Fähigkeiten kennt, so wird sie eine Versicherungsprämie verlangen, die über dem Risiko guter Autofahrer liegt, so dass diese das Interesse an einer Versicherung verlieren. Genau dies erklärt den Begriff adverse selection („negative Auslese“), weil sich nur schlechte „Typen“ überhaupt versichern (möchten).

Im Folgenden beschränken wir uns auf eine Darstellung der elementaren Sachverhalte von moral hazard (10.2) und adverse selection (10.3), bevor wir in Abschnitt 10.4 auf einige weiterführende Fragen eingehen.

10.2 Moral Hazard

Vor allem innerhalb der Betriebswirtschaftslehre wird Ihnen häufig der Begriff „Principal-Agent-Theorie" begegnen. Damit sind Situationen gemeint, in denen ein *Prinzipal* (beispielsweise ein Unternehmer oder ein Versicherungsunternehmen) einen Vertrag mit einem *Agenten* abschließt. Charakteristisch für die Situation sind drei Annahmen: Erstens hängt der Nutzen des Prinzipals von der Aktion des Agenten ab – beispielsweise der Nutzen des Unternehmers vom Arbeitseinsatz des Managers oder der Nutzen der Versicherungsgesellschaft von der Geschwindigkeit des Autofahrers. Zweitens ist die Aktion des Agenten unbeobachtbar, so daß ein moral hazard-Problem entsteht. Der Agent verfügt also über einen Informationsvorsprung. Und drittens geht man bei der Vereinbarung des ursprünglichen Vertrags davon aus, daß der Principal dem Agenten ein sog. „take-it-or-leave-it-offer" machen kann, was bedeutet, daß der Agent keine Verhandlungsmacht hat – er kann das Angebot nur annehmen oder ablehnen. Bedenken Sie, daß dies zwar eine Vereinfachung ist, diese aber in vielen Fällen durchaus realistisch ist, da man beispielsweise nur selten individuelle Verträge mit Versicherungen aushandeln kann.

Der ökonomisch entscheidende Punkt an Situationen mit unbeobachtbaren Aktionen (moral hazard) ist, daß Verträge nicht auf das Verhalten abgestimmt werden können – eben wie das Verhalten unbeobachtbar ist. Es ist offensichtlich, daß dies zu Schwierigkeiten führen kann: Denken Sie etwa an einen Autofahrer, der bei effizienter Fahrweise einen erwarteten Schaden von 100 verursacht und seiner Versicherung einen Betrag von 200 dafür anbietet, daß diese den kompletten Schaden übernimmt, wenn dieser eintritt. Es ist durchaus möglich, daß der Kunde einen solchen Vertrag anbietet, weil er stark risikoavers und deshalb bereit ist, einen Betrag zu bezahlen, der erheblich über dem Erwartungsschaden liegt. Ohne das Problem unbeobachtbarer Aktionen würde die Versicherung den Vertrag annehmen und eine Klausel einbauen, daß der Versicherungsschutz entfällt, wenn der Autofahrer nicht effizient, sondern mit überhöhter Geschwindigkeit oder unkonzentriert durch die Gegend braust. Es ist aber eine unrealistische Annahme, daß die Versicherung alle „Aktionen", die das Risiko beeinflussen, wirklich beobachten oder aus einem Schaden rekonstruieren kann – dies mag für die Geschwindigkeit zutreffen, aber nicht für die Konzentration. Was kann aber *ohne* solche Ausschlußklauseln passieren? Wenn die Versicherung das ganze Risiko trägt[32], hat der Versicherungsnehmer keinen Anreiz mehr, effizient zu fahren – der Erwartungsschaden beträgt also *wegen* des Kontraktes nicht mehr 100, sondern möglicherweise sogar mehr als 200, so daß die Versicherung nicht auf den Vertrag eingehen wird, sofern sie das Problem korrekt antizipiert. Man bezeichnet dies auch als *moral hazard* (moralische Wagnisse), weil nach Vertragsabschluß deshalb riskante Aktionen ausgeführt werden, weil zumindest ein Teil der damit möglicherweise verbundenen negativen Konsequenzen auf den Vertragspartner abgewälzt werden. Es dürfte einleuchten, daß moral hazard-Probleme sehr häufig auftreten und keineswegs auf Versicherungssituationen beschränkt sind. Denken Sie beispielsweise an einen Manager oder einen Beamten, der ein Fixgehalt bekommt und dessen Arbeitsanreize entsprechend geschmälert sind. Ein anderes wichtiges Beispiel ist ein Investor, der mit einem Kredit wirtschaftet und das

32 Dies ist faktisch nicht möglich, weil der Versicherungsschutz wenig nützt, wenn man nach einem Unfall stirbt. Solche „impliziten" Selbstbeteiligungen erhöhen die Vorsicht, ändern aber nichts am Kern des Arguments, das auch dann bestehen bleibt (in abgeschwächter Form), wenn die Versicherung nur einen Teil des Schadens übernimmt.

Risiko nur bis zu seiner Konkursschranke einkalkuliert, weil es ihm gleichgültig ist, ob er im Konkursfall 2 oder 3 Millionen Schulden hat.[33]

Diese Überlegung zeigt, daß die Unbeobachtbarkeit von Aktionen dann und nur dann ein Problem hinsichtlich der effizienten Allokation der Ressourcen darstellt, wenn es aus irgendwelchen Gründen nicht möglich oder nicht wünschenswert ist, bestimmte Wirtschaftssubjekte mit den vollen Risiken ihres Handelns zu konfrontieren. Denn wenn diese für alle Folgen ihres Handelns aufkommen müssen, dann spielt es keine Rolle, ob andere Wirtschaftssubjekte deren Verhalten beobachten können (vorausgesetzt, man kann die Folgen eindeutig den Verursachern zurechnen). Wenn ein Autofahrer *alle* von ihm verursachten Schäden unabhängig von seinem Fahrstil begleichen muß, so hat er auch dann einen Anreiz zu vorsichtigem Fahren, wenn seine Geschwindigkeit weder beobachtet noch aus dem (potentiellen) Unfallgeschehen rekonstruiert werden kann.

Somit stellt sich die Frage, warum Wirtschaftssubjekte häufig *nicht* mit den ganzen Folgen ihrer Aktionen konfrontiert werden. Dafür gibt es vor allem drei bedeutende Gründe: Der *erste große Problemkomplex* entsteht durch *Risikoaversion*. Denken wir hierzu erneut an unsere Autofahrerin, die wir A nennen. A ordnet einer *sicheren* Versicherungsprämie von 100,– EUR einen höheren Nutzen zu als der Zahlung eines *möglichen* Schadens von 100.000,– EUR mit 0,1 %, obwohl die *erwartete* Zahlung im zweiten Fall ebenfalls 100,– EUR beträgt. Dies ist die Definition von Risikoaversion, die wir im zweiten Kapitel erläutert haben. Bei Risikoaversion verlangt ein first best, daß die Risiken risikoaverser Wirtschaftssubjekte *vollständig* von risikoneutralen Wirtschaftssubjekten übernommen werden, weil sich diese ausschließlich am Erwartungswert orientieren und der durch die Risikoaversion entstehende Wohlfahrtsverlust daher völlig aufgefangen werden kann. Dies führt bei unbeobachtbaren Aktionen aber genau zu dem beschriebenen Problem moralischer Wagnisse (moral hazard), so daß *zwei Ineffizienzen gegeneinander abgewogen werden müssen*. Je höher die Risikoübernahme durch Dritte, desto stärker die moral hazard-Probleme; je geringer die Risikoübernahme, desto größer das Risiko, das bei risikoaversen Wirtschaftssubjekten verbleibt. Es ist genau dieser Zielkonflikt zwischen Anreizwirkung und Risikoallokation, der nur noch ein *second best*[34] ermöglicht und im Versicherungsfall dazu führt, daß die Selbstbeteiligungen weder 0 % (dann wäre die Risikoteilung perfekt) noch 100 % (dann wäre moral hazard ausgeschlossen) betragen. Wir erläutern diesen zweiten Grund für eine (partielle) Risikoübernahme durch Dritte allerdings nicht unter Bezug auf die Versicherungsproblematik, sondern mit einer Situation, in der ein Unternehmer einen Arbeitnehmer beschäftigt, dessen Leistung bzw. Aktivität er nicht beobachten kann. In dieser Einführung beschränken wir uns auf dieses Problem, es gibt jedoch auch andere: Ein *zweiter Grund* einer nicht-vollständigen Zurechnung ist, daß Wirtschaftssubjekte gar nicht genug Geld zur Verfügung haben, um die Risiken ihres Verhaltens selbst tragen zu können. Dies gilt beispielsweise wieder für unsere Autofahrerin, deren Budgetschranke bei wirklich katastrophalen Schäden überschritten ist. Es kommt also „automatisch“ zu externen Effekten, die nicht internalisiert werden können. Der *dritte Grund* für die (partielle) Risikoübernahme durch Dritte wird als *Teamproblem* bezeichnet. Darunter versteht man, daß *mehrere* Wirtschaftssubjekte gemeinsam einen Output erzeugen, ohne daß die

33 Dies gilt zumindest für das amerikanische Konkursrecht, in dem der Verursacher nach Abnahme seines Vermögens einen neuen Start gewährt bekommt (d.h. er muß seine zukünftigen Einnahmen nicht abgeben).

34 Darunter versteht man in diesem Zusammenhang die bestmögliche Allokation unter der Annahme, daß asymmetrische Informationsverteilung besteht.

Leistungen bzw. die Aktionen der einzelnen Teilnehmer beobachtet werden können. Sofern überhaupt nicht (auch nicht stochastisch) festgestellt werden können, wer welche Aktion gewählt hat, gibt es *keinen Entlohnungsmechanismus* (d.h. keine Aufteilung des Outputs), der dazu führt, daß alle Beteiligten einen Anreiz zur Wahl ihrer effizienten Aktion haben. Es gibt also wichtige Gründe, moral-hazard-Probleme ernst zu nehmen!

Lassen Sie uns das moral hazard-Problem mit Risiko-Aversion nun etwas genauer darstellen. Dazu betrachten wir einen Principal und einen Agenten, deren Nutzenniveaus wir U_P und U_A nennen. Der Arbeitseinsatz e des Agenten erzeugt einen stochastischen, also zufallsverteilten Output y, den wir denkbar einfach als

(10.1) $$y = e + \theta$$

definieren, wobei θ eine gleichverteilte Zufallsvariable mit dem Erwartungswert Null ist. Der Erwartungswert des Outputs entspricht also dem Arbeitseinsatz e. Das Arbeitsleid (V_A) des Agenten sei durch

(10.2) $$V_A(e) = 0{,}1e^2$$

gegeben. Das Arbeitsleid steigt also progressiv mit dem Einsatz e. Wir gehen davon aus, daß die Entlohnung w für den Agenten aus einer konstanten Zahlung c und einer *ebenfalls konstanten* prozentualen Beteiligung r am Output besteht. Wir beschränken unser Interesse also auf *lineare* (und damit praktisch leicht handhabbare) Entlohnungsschemata der Art

(10.3) $$w(y) = w(e, \theta) = c + r \cdot y(e, \theta)$$

Bedenken Sie, daß damit der Lohn des Agenten *keine* deterministische Funktion des Arbeitseinsatzes e ist, weil der Output eine stochastische Funktion von e ist. Wenn der Agent risikoneutral wäre, so würde er seine Entlohnung aber gemäß des Erwartungswerts bewerten, der wegen $E(\theta) = 0$

(10.4) $$u_A[w(e, \theta)] = c + r \cdot e$$

ist. Nun ist Risikoaversion aber darüber definiert, daß unsichere Zahlungen bei gleichem Erwartungswert geringer bewertet werden. Dazu definieren wir als Risikonutzenfunktion des Agenten

(10.5) $$u_A[w(e, \theta)] = c + \ln(r \cdot e + 1)$$

Dies machen wir deshalb, weil die Logarithmusfunktion garantiert, daß der Nutzen des Agenten in der variablen Entlohnung nur degressiv zunimmt und eine Einheit variable Entlohnung geringer bewertet wird als eine Einheit fixe Entlohnung[35]. Die Nettonutzenfunktion des Agenten erhalten wir, indem wir das Arbeitsleid abziehen:

(10.6) $$U_A[w(e, \theta)] = c + \ln(r \cdot e + 1) - 0{,}1 \cdot e^2$$

Da der Principal risikoneutral ist, maximiert er seinen Nutzen

(10.7) $$U_P = e - r \cdot e - c\ .$$

---

35 Letzteres wäre beispielsweise bei einer Wurzelfunktion nicht erfüllt, weil die Wurzel aus Zahlen kleiner Eins größer ist als die Zahl selbst. Daher ist die Logarithmusfunktion die einfachste korrekte Methode, um den gewünschten Zusammenhang auszudrücken.

Dabei ist e einfach der erwartete Output, r·e ist die erwartete variable Lohnzahlung und c ist die Fixzahlung an den Agenten.

Versetzen wir uns nun in den Principal, der folgendes Problem hat: Erstens kann er keinen vom Arbeitseinsatz abhängigen Vertrag vorschlagen, weil er diesen nicht beobachten kann. Zweitens will er nicht das ganze Risiko übernehmen, weil der Agent sonst keinen Arbeitsanreiz mehr hat. Drittens will er dem Agenten aber auch nicht das ganze Risiko aufbürden, weil er diesem dann wegen dessen Risikoaversion einen relativ hohen Erwartungswert bezahlen müßte, damit dieser überhaupt auf seinen Reservationsnutzen kommt. Dies ist der klassische *„trade-off" (d.h. der Zielkonflikt) zwischen Anreizverträglichkeit und Risikoallokation* – je geringer die variable Entlohnung, desto besser die Risikoverteilung und desto geringer der Arbeitsanreiz (und umgekehrt).

Der Principal kann unter diesen Umständen also nur noch ein *second best* erreichen, das wir mit e^S bezeichnen. Dieses second best findet der Principal, indem er seinen Nutzen unter zwei Nebenbedingungen maximiert: erstens muß der Agent den Vertrag annehmen (dies nennt man *Teilnahmebedingung*), und zweitens weiß der Principal, daß der Agent seinen Arbeitseinsatz e gemäß seiner *eigenen* Nutzenfunktion wählt, ohne den Nutzen des Principals zu berücksichtigen. Dies nennt man *Anreizverträglichkeitsbedingung*.

Die Zielfunktion des Agenten bei Risikoaversion ist wie oben erläutert

$$(10.8) \qquad U_A = c + \ln\cdot(r\cdot e + 1) - 0{,}1e^2$$

so daß die übliche Maximierung für einen gegebenen variablen Lohnbestandteil r ergibt.

$$(10.9) \qquad \frac{\partial U_A}{\partial e} = \frac{r}{re+1} - 0{,}2e = 0$$

Auflösen nach e ergibt den nicht besonders anwenderfreundlichen Ausdruck[36]

$$(10.10) \qquad e = \frac{-1}{2r} + \sqrt{\frac{1}{4r^2} + 5}$$

führt. Dies gibt den Arbeitseinsatz des Agenten in Abhängigkeit vom variablen Lohnbestandteil r an (bedenken Sie, daß der konstante Lohnbestandteil c für die Wahl des Arbeitseinsatzes keine Rolle spielt, weil c ja unabhängig vom Output und damit auch unabhängig vom Arbeitseinsatz anfällt). Der konstante Lohnbestandteil c ist also ausschließlich wegen der Einhaltung der Teilnahmebedingung, aber nicht wegen der Anreizverträglichkeitsbedingung wichtig. Somit maximiert der Principal also seinen Nutzen

$$(10.11) \qquad U_P = e - c - r\cdot e$$

unter den Nebenbedingungen

36 Leider ist es uns nicht gelungen, ein einfacheres Beispiel zu konstruieren, das alle Anforderungen erfüllt. Die zweite Lösung

$$e = -\frac{1}{2r} - \sqrt{\frac{1}{4r^2} + 5}$$

ist ökonomisch bedeutungslos.

(10.12) $$e = \frac{-1}{2r} + \sqrt{\frac{1}{4r^2} + 5}$$

und

(10.13) $$c + \ln(r \cdot e + 1) - 0{,}1 \cdot e^2 = 0,$$

wobei die letzte Gleichung ausdrückt, daß der Nutzen des Agenten nicht negativ werden darf. Leider läßt sich die zugehörige Lösung allgemein nicht ohne weiteres bestimmen, doch behauptet der Computer, daß die optimale variable Entlohnung r $\approx 0{,}496$ ist.

Der entscheidende Punkt ist, daß der für den Principal optimale Vertrag[37] weder $r = 0$ noch $r = 1$ verlangt. Der Zielkonflikt zwischen Risikoallokation und Anreizverträglichkeit führt dazu, daß der Agent einen *Teil* des Risikos trägt. Damit verbleibt ein Teil der Auswirkungen seines Arbeitseinsatzes beim Principal, wodurch ein Problem externer Effekte entsteht, welches ein first best verhindert. Links vom optimalen variablen Lohnbestandteil $r^s \approx 0{,}496$ steigt der Nutzen des Principals stetig an, wenn r^s erhöht wird. Dies liegt daran, daß bei einem niedrigen r^s der zu geringe Anreizeffekt noch sehr stark ins Gewicht fällt und den (positiven) Effekt der günstigen Allokation noch überwiegt. Rechts vom Optimum sinkt der Erwartungsnutzen des Principals, wenn der variable Lohnbestandteil r noch weiter erhöht wird. Dies liegt daran, daß die Risikoaversion nun eine immer größere Rolle spielt und der bei steigendem r höhere Arbeitseinsatz von den negativen Konsequenzen der Risikoaversion überkompensiert wird. Der Agent arbeitet zwar viel, muß aber angesichts seiner Risikoaversion hohe Beträge erhalten, um überhaupt teilzunehmen. Es gibt daher ein eindeutiges second-best in r.

10.3 Adverse Selection

Wir kommen nun zum zweiten einleitend erläuterten Beispiel für asymmetrische Information, das wie erläutert als *adverse selection* (negative Auslese) bezeichnet wird. Den Begriff adverse selection kann man sich leicht mit dem mittlerweile klassischen Gebrauchtwagenmodell verdeutlichen, das von Akerlof entwickelt wurde.

Akerlof[38] stellte sich die Frage, warum auf Gebrauchtwagenmärkten häufig nur minderwertige Autos gehandelt werden und erklärte dies damit, daß die Verkäufer über die Qualität ihres Wagens besser informiert sind als die Käufer – eine durchaus plausible Vermutung. Wenn die Käufer die Qualität eines *bestimmten* Gebrauchtwagens nicht einschätzen können, so orientieren sie ihre Zahlungsbereitschaft an der Qualität eines *durchschnittlichen* Wagens. Dies wiederum führt dazu, daß Verkäufer mit überdurchschnittlichen Autos kein Interesse haben, diese am Gebrauchtwagenmarkt anzubieten, weil sie nur einen durchschnittlichen Preis für ihren überdurchschnittlichen Wagen erzielen könnten. Sie behalten also ihre Wagen, was zu einer Verminderung der durchschnittlichen Qualität der Autos führt, die noch angeboten werden. Dies senkt wiederum die Zahlungsbereitschaft der potentiellen Käufer, was zum Abzug von Wagen vom Markt führt, die zuvor

37 Bedenken Sie, daß dieser Vertrag wegen der mit dem take-it-or-leave-it-Angebot verbundenen einseitigen Aufteilung der Wohlfahrtsgewinne durch den Vertrag gleichzeitig auch zum second best führt.

38 Vgl. Akerlof 1970.

durchschnittlich waren, jetzt aber überdurchschnittlich sind. Dieser Prozeß muß schließlich zum vollständigen Zusammenbruch des Gebrauchtwagenmarkts führen, sofern keine gegenläufigen Effekte bestehen. Genau diesen Effekt nennt man adverse selection, weil nur noch die schlechtesten Wagen verkauft werden.

Das gerade geschilderte Ergebnis eines völligen Marktzusammenbruchs ist allerdings extrem und beruht auf restriktiven Prämissen, die selbst dann nicht erfüllt sein müssen, wenn Möglichkeiten zur Verbesserung des Informationsstandes ausgeschlossen werden. Lassen Sie uns zur Verdeutlichung der Annahmen, von denen die Ergebnisse abhängen, zwei Varianten des gleichen Beispiels betrachten. Dabei wird sich zeigen, daß es zwar zu Ineffizienzen, aber nicht notwendigerweise zum Marktzusammenbruch kommen muß.

Im folgenden Beispiel wird es zu einem Marktzusammenbruch kommen, während dies im zweiten Beispiel nicht der Fall ist. Wir nehmen an, daß die Qualität q von Gebrauchtwagen gleichverteilt sei zwischen den Werten von 2.000,– EUR und 6.000,– EUR pro Auto (jeder Wert zwischen 2.000,– EUR und 6.000,– EUR ist demnach gleich wahrscheinlich). Die Dichte ist also zwischen dem minimalen Wert von 2.000,– EUR und dem maximalen Wert von 6.000,– EUR überall gleich und beträgt f(q) = 1/(6.000-2.000) = 1/4.000.[39] Die durchschnittliche Qualität eines Wagens liegt bei 4.000,– EUR. Ferner sei das Interesse von Käufern und Verkäufern an Gebrauchtwagen grundsätzlich identisch. In diesem Fall ist es offensichtlich, daß es zum völligen Zusammenbruch des Marktes kommen muß: Die Zahlungsbereitschaft der Käufer orientiert sich am Durchschnittswert von 4.000,– EUR; zu diesem Preis würden aber nur die Wagen angeboten werden, die auf dem Intervall zwischen 2.000,– EUR und 4.000,– EUR liegen. Der Durchschnitt dieser Wagen liegt aber bei 3.000,– EUR, so daß die Zahlungsbereitschaft der Käufer entsprechend sinken würde. Es stellen sich also genau die von Akerlof angestellten Überlegungen ein. Der interessante Punkt ist allerdings, daß der Marktzusammenbruch in diesem Fall ökonomisch auch kein Problem darstellt; denn wenn Verkäufer und Käufer gleiche Präferenzen für Gebrauchtwagen haben, dann ist die Anzahl der verkauften Wagen unter wohlfahrtstheoretischen Gesichtspunkten unerheblich – ein Gewinn an Konsumenten- und Produzentenrente kann durch den Verkauf von Wagen nur entstehen, wenn die Zahlungsbereitschaft der Konsumenten über dem von den Besitzern geforderten Reservationspreis liegt.

Aus dem zuletzt genannten Grund betrachten wir als nächstes ein Beispiel, bei dem die Zahlungsbereitschaft eines potentiellen Käufers für ein Auto einer bestimmten Qualität bei *vollständiger* Information stets um das 1,2-fache über dem von den Besitzern geforderten Mindestpreis liegt. Mit q als Qualität und gefordertem Mindestpreis sowie z als Zahlungsbereitschaft gilt also z = 1,2q. Im Optimum müßten alle Wagen verkauft werden, weil der Nutzen der Konsumenten für jedes Auto größer ist als die Opportunitätskosten (d.h. der geforderte Preis) der Besitzer. Es ist intuitiv einsichtig, daß es in dieser Situation zwar zu einer ineffizient niedrigen Menge, aber *nicht* zum völligen Marktzusammenbruch kommt, weil die Zahlungsbereitschaft der Konsumenten über der durchschnittlichen Qualität der verbleibenden Wagen liegt. Wie läßt sich das Gleichgewicht aus Angebot und Nachfrage in diesem Fall bestimmen? Die Nachfragefunktion lautet z = 1,2Q, wobei Q als *durchschnittliche* Qualität der angebotenen Wagen definiert ist. Die durchschnittliche Qualität von Wagen wiederum, die am Markt angeboten werden (also die Angebotsfunktion), hängt vom Preis ab - beträgt der Preis beispielsweise 3.000,– EUR, so werden alle Wagen zwischen 2.000,– EUR und 3.000,– EUR

39 Wir folgen dem Beispiel in Rasmusen 1994, 224ff.

angeboten, so daß die durchschnittliche Qualität bei 2.500,– EUR liegt. Allgemein berechnet sich die durchschnittliche Qualität aller angebotenen Waren somit aus Q = (2.000+z)/2, weil alle Wagen zwischen 2.000,– EUR und dem Preis z angeboten werden (und wir eine Gleichverteilung unterstellt haben). Gleichsetzen der Angebotsfunktion Q = (2.000+z)/2 und der Nachfragefunktion z = 1,2q liefert den Gleichgewichtspreis z* = 3.000,– EUR und die durchschnittliche Qualität Q* = 2.500,– EUR. Dies ist auch intuitiv einsichtig. Bei einem Preis von 3.000,– EUR werden alle Wagen bis zur Qualität von 3.000,– EUR angeboten, so daß die durchschnittliche Qualität 2.500,– EUR beträgt. Bei einer durchschnittlichen Qualität von 2.500,– EUR sind die Konsumenten aber gerade bereit, 3.000,– EUR zu bezahlen, weil ihre Zahlungsbereitschaft ja um das 1,2-fache über der durchschnittlichen „Qualität" liegt.

Der interessante Punkt ist, daß in diesem Fall der Markt zwar nicht vollständig zusammenbricht, die Ergebnisse unter wohlfahrtstheoretischen Gesichtspunkten aber dennoch schlechter als im ersten Beispiel sind: denn während dort die gehandelte Anzahl an Autos wohlfahrtstheoretisch unerheblich ist, führt hier jedes nicht verkaufte Auto zu einem Wohlfahrtsverlust.

Zur Vermeidung von Mißverständnissen sei hervorgehoben, daß es sehr zahlreiche Varianten von adverse selection-Modellen gibt, die auch zu sehr unterschiedlichen Ergebnissen bezüglich der Marktentwicklung und deren wohlfahrtstheoretischen Implikationen führen. Hierzu betrachten wir kurz ein weiteres Beispiel: Stellen Sie sich vor, daß es unterschiedlich produktive Arbeiter gibt, daß ein Unternehmen die Produktivität eines einzelnen Arbeiters aber nicht beobachten kann. Analog zum Gebrauchtwagenmarkt-Beispiel von Akerlof wird das Unternehmen seine Zahlungsbereitschaft (also den maximalen Lohn) dann an der durchschnittlichen Produktivität orientieren. Ferner nehmen wir an, daß die Bereitschaft eines potentiellen Arbeitnehmers, seine Arbeitskraft zur Verfügung zu stellen, sowohl vom Lohn als auch von seinen Opportunitätskosten (beispielsweise von seinen anderen Verdienstmöglichkeiten oder dem Grenznutzen der Freizeit) abhängt.[40] Unter wohlfahrtstheoretischen Gesichtspunkten sollten alle potentiellen Arbeitnehmer beschäftigt werden, deren Produktivität über ihren Opportunitätskosten liegt. Wenn alle Arbeitnehmer beispielsweise die *gleichen* Opportunitätskosten von Eins haben, so sollten alle mit einer Produktivität über Eins beschäftigt werden. Da sich die Unternehmen bei ihrer Zahlungsbereitschaft am Durchschnitt orientieren und die Opportunitätskosten für alle Arbeitnehmer annahmegemäß identisch sind, werden entweder alle oder gar kein Arbeiter eingestellt. Wenn der Prozentsatz produktiver Arbeitnehmer niedrig ist, so ist die Durchschnittsproduktivität und die Zahlungsbereitschaft der Unternehmen ebenfalls niedrig. Liegt die Durchschnittsproduktivität unter Eins, so wird gar kein Arbeiter eingestellt, so daß es wie im Akerlof-Beispiel zum Marktzusammenbruch kommt. Dieser völlige Marktzusammenbruch ist ineffizient, weil es Arbeitnehmer gibt, deren Produktivität über ihren Opportunitätskosten von Eins liegt. Es kann aber auch das gegenteilige Ergebnis eintreten: wenn nämlich der Prozentsatz produktiver Arbeitnehmer hoch ist, so ist die Durchschnittsproduktivität und die Zahlungsbereitschaft der Unternehmen ebenfalls hoch – und liegt die Durchschnittsproduktivität über Eins, so werden alle Arbeitnehmer eingestellt, so daß das „Handelsvolumen" am Markt zu hoch ist! Man sollte adverse selection also nicht umstandslos mit einem ineffizient niedrigen Marktvolumen identifizieren, auch das Gegenteil ist ohne weiteres möglich.

40 Vgl. Mas-Colell/Whinston/Green 1995, 440ff.

10.4 Einige weiterführende Fragen

Die vorliegenden Überlegungen sollten Ihnen einen Überblick darüber verschaffen, wie sich ökonomische Einschätzungen durch die Einführung asymmetrischer Information verändern. Insbesondere ergeben sich interessante Verbindungen zwischen der Mikroökonomie und praktischen betriebswirtschaftlichen Problemen. Lassen Sie uns nun einige nahe liegende Erweiterungen erwähnen, die Ihnen im Verlauf des Studiums begegnen werden (natürlich gibt es auch andere):

1. Die von uns beschriebenen Vertragsbeziehungen sind häufig *wiederholter* Natur: Beispielsweise arbeitet ein Manager nicht nur eine, sondern mehrere Perioden für den gleichen Arbeitgeber. Dann stellt sich die Frage, wie der Arbeitgeber durch Beobachtung des Outputs sein Entlohnungsschema im Zeitablauf anpassen sollte. Eine praktisch wichtige und spannende Frage ist, wann man Anreize über variable Entlohnungen und wann eher über Aufstiegschancen in der Hierarchie setzen sollte.
2. Vielen von Ihnen ist bekannt, daß beispielsweise Versicherungen häufig *verschiedene* Verträge anbieten – etwa solche mit hohen Prämien und niedrigen Selbstbeteiligungen sowie solche mit niedrigen Prämien und hohen Selbstbeteiligungen. Da ein Autofahrer mit hohem Risiko eher die niedrigen Selbstbeteiligungen bevorzugen wird, kann die Versicherung aus der Tatsache, welcher Vertrag angenommen wird, auf den „Typ" schließen. Man nennt so etwas *Screening*-Verträge.
3. Die Besitzer guter Autos in der Akerlof-Welt werden versuchen, die positiven Eigenschaften ihrer Wagen glaubhaft zu *signalisieren* – beispielsweise durch Garantien und/oder durch die Einschaltung von Autowerkstätten, die wegen Reputationseffekten keinen Anreiz haben, auf kurzfristige Gewinne durch schlechte Autos zu setzen. Viele Phänomene in der Realität können also sehr gut als Versuche erklärt werden, das Problem asymmetrischer Information zu verringern.

Übungsaufgaben

2. Haushaltstheorie

Aufgabe 2.1: Inferiore Güter

a) Wodurch ist ein inferiores Gut definiert?

b) Nennen Sie mindestens zwei Beispiele für inferiore Güter.

c) Erklären Sie anhand Ihrer Definition aus Teilaufgabe a), warum jedes inferiore Gut einen Giffen-Fall erwarten lassen könnte, d.h. ein Gut, das mit steigendem Preis stärker nachgefragt wird und umgekehrt!

d) Im Gegensatz zu der Vermutung aus Teilaufgabe c) konnte der sogenannte Giffen-Fall nicht beobachtet werden. Um dies zu erklären, kann der Gesamteffekt einer Preisänderung eines Gutes in zwei Teileffekte zerlegt werden. Nehmen Sie an, der Preis eines inferioren Gutes würde gesenkt. Erläutern Sie die beiden Effekte! Warum führt die dadurch bewirkte Realeinkommenserhöhung nicht unbedingt zu einer Verminderung der Nachfrage nach dem billiger gewordenen inferioren Gut? Skizzieren Sie dies auch graphisch in einem Zwei-Güter-Diagramm.

Aufgabe 2.2: Haushaltstheorie

Einem Haushalt mit der Nutzenfunktion

$$U = y_1^2 \cdot y_2$$

stehe ein Geldbetrag von 90 Geldeinheiten zur Verfügung. Die Preise der beiden Güter betragen $p_1 = 6$ und $p_2 = 1$.

a) Bestimmen Sie rechnerisch die optimalen Verbrauchsmengen des Haushaltes für beide Güter.

b) Bestimmen Sie zeichnerisch das Haushaltsoptimum im angegebenen Fall! Welche Äquivalenzen müssen im Optimum erfüllt sein und warum verläuft die Indifferenzkurve konvex zum Ursprung?

c) Welche Mengen von beiden Gütern verbraucht der Haushalt, wenn der Preis des Gutes 1 um 50% sinkt und der verfügbare Geldbetrag auf 135 Einheiten steigt?

   Erläutern Sie die Änderung gegenüber der Situation in Frage a) auch anhand ihres Diagramms (Frage b)!

d) Erläutern Sie den Einkommens- und Substitutionseffekt im Fall von superioren Gütern!

Aufgabe 2.3: Indifferenzkurven

a) Für ein Wirtschaftssubjekt hat die Nutzenfunktion die Gestalt $U = y_1 \cdot y_2$, wobei y_1 und y_2, die Mengen zweier Güter angeben. Die Ausgabensumme beträgt $E = 600$ GE und die Güterpreise sind $p_1 = 25$ GE und $p_2 = 30$ GE. Berechnen Sie für das Haushaltsgleichgewicht die Grenzrate der Substitution (GRS) von Gut 2 durch Gut 1. Was besagt die GRS?

b) Warum können sich Indifferenzkurven nicht schneiden? Greifen Sie bei Ihrer Begründung auf die Annahmen der Transitivität und Nichtsättigung zurück.

c) Analog zur Nutzenmaximierung in der Haushaltstheorie steht die Kostenminimierung in der Produktionstheorie. Stellen Sie beide Sachverhalte graphisch und bezüglich der Optimalitätsbedingungen gegenüber.

Aufgabe 2.4: Nutzenfunktionen

Fred Feuerstein plant sein Konsum-Freizeit-Optimum auf Grundlage der folgenden Nutzenfunktion

$$U = y^{0,5} + F^{0,5},$$

wobei y die Konsummenge und F die Freizeit angibt.

a) Wieviel Freizeit möchte er haben, wenn sein Stundenlohn w = 40 und der Preis des Konsumgutes p = 40 beträgt? Nehmen Sie zur Vereinfachung an, daß Fred Feuerstein sein Einkommen voll für das Konsumgut verausgabt, daß er maximal 24 Stunden am Tag arbeiten kann, und daß Schlafen für ihn auch eine Freizeitbeschäftigung ist.

b) Bei welchem Stundenlohn würde Fred Feuerstein 10 Stunden am Tag arbeiten?

c) Welche Kritik kann gegen die Nutzentheorie vorgebracht werden?

Aufgabe 2.5: Elastizitäten

Auf einem Markt mit vollständiger Konkurrenz gelten folgende Angebots- und Nachfragefunktionen:

$$y^D = -2,5p + 15, \qquad y^S = 1,5p + 3.$$

a) Wie groß sind Gleichgewichtsmenge und -preis?

b) Wie groß ist die Preiselastizität der Nachfrage beim Gleichgewichtspreis?

c) Wie groß ist die Preiselastizität der Nachfrage in den Schnittpunkten der Nachfragekurve mit den Achsen des Preis-Mengen-Diagramms?

d) Wie groß ist die Preiselastizität des Angebots beim Gleichgewichtspreis?

e) Welche Werte kann die Einkommenselastizität der Nachfrage annehmen? Wie werden die nachgefragten Güter in den verschiedenen Wertebereichen bezeichnet?

Aufgabe 2.6: Elastizitäten

a) Wie ist die Preiselastizität der Nachfrage formal definiert? Beachten Sie dabei die in der Regel getroffene Vorzeichenkonvention! Benennen und erläutern Sie den Fall, bei dem diese Konvention ihren Zweck verfehlen würde!

b) Wandeln Sie folgende Aussagen von Konsumenten des Gutes Zigaretten (p_Z = 4 EUR, das Gut sei beliebig teilbar) über ihr Nachfrageverhalten in Angaben über Preiselastizitäten der Nachfrage um!

   ba) Ich bin seit 5 Jahren Nichtraucher.

   bb) Wenn Zigaretten auch nur um einen Pfennig teurer werden, höre ich sofort mit dem Rauchen auf.

   bc) Ich rauche immer 10 Zigaretten pro Tag.

   bd) Ich gebe immer 20 EUR pro Woche für Zigaretten aus.

   be) Wenn die Zigaretten um 1 EUR teurer werden, rauche ich nur noch die Hälfte.

c) Mit einer bestimmten Größe könnte man die Abhängigkeit der Zigarettennachfrage vom Preis für Pfeifentabak messen.

ca) Wie nennt man diese Größe?

cb) Wie ist sie formal definiert? Um welche Art Güter handelt es sich bei positiven, um welche bei negativen Werten?

cc) Formulieren Sie verbal, was es bedeutet, wenn diese Größe einen Wert von +2 annimmt!

Aufgabe 2.7: Elastizitäten

a) Erläutern Sie unter Verwendung der Begriffe „Substitutionseffekt“ und „Einkommenseffekt“ die Bedingungen für das Vorliegen eines „Giffen-Gutes“.

b) Die Nachfragefunktion nach der Ware i sei $y_i = 10 - 2p_i - p_j$. Dabei ist p_j der Preis einer anderen Ware j. Berechnen Sie die Kreuzpreiselastizität der Nachfrage für $p_i = 2$ und $p_j = 3$. Definieren Sie die verwendeten Begriffe und erläutern Sie das Ergebnis.

Aufgabe 2.8: Elastizitäten

Mit y_1 als nachgefragter Menge der Ware 1, p_1 als Preis der Ware 1, p_2 als Preis der Ware 2 und B als Haushaltsbudget lautet eine Nachfragefunktion:

$$y_1 = 15 - 5p_1 + 2p_2$$

Berechnen und interpretieren Sie für $p_1 = 3$ und $p_2 = 10$

a) die Preiselastizität der Nachfrage;

b) die Kreuzpreiselastizität der Nachfrage.

Aufgabe 2.9: Aggregierte Nachfragefunktion

Von zwei Haushalten seien die Nachfragefunktionen bekannt in der Form $p_1^D(y) = 8 - 2y$ für den Haushalt 1 sowie $p_2^D(y) = 5 - y$ für den Haushalt 2; gesucht ist die aggregierte Nachfragefunktion der beiden Haushalte.

Aufgabe 2.10: Anwendung der Edgeworth-Box

Bezugnehmend auf ein Ihnen bekanntes Modell vermutet der Wirtschaftswissenschaftler James Tobin, daß der freie Handel mit Stimmrechten – beispielsweise für eine Bundestagswahl – die Wohlfahrt erhöhe (Wohlfahrtskriterium ist die Pareto-Effizienz).

a) Begründen Sie die Aussage Tobins.

b) Welche Gründe sprechen dennoch gegen einen freien Handel mit Stimmrechten? Gehen Sie dabei auch auf die Voraussetzungen des Modells ein.

3. Unternehmenstheorie

Aufgabe 3.1: Produktionstheorie

a) Zeigen Sie durch graphische Skizzierungen der partiellen Ertragskurven und der Isoquanten den Unterschied zwischen substitutionalen und (linear) limitationalen Produktionsfunktionen! Was gilt es bezüglich der Isoquanten von limitationalen Produktionsfunktionen zu beachten?

b) Gegeben sei die Produktionsfunktion: $y = A^{\frac{3}{4}} \cdot K^{\frac{1}{4}}$.

- Wie nennt man eine solche Produktionsfunktion?
- Was versteht man unter Niveauvariation der Produktion? Mit welcher Größe kann sie gemessen werden und wie ist diese formal definiert?
- Welchen Wert nimmt diese Größe für die o.g. Produktionsfunktion an (ohne Berechnung)?
- Was bedeutet dies bei einer Erhöhung der Input-Faktoren um z.B. 10%?

c) Berechnen Sie die partiellen Produktionselastizitäten der Faktoren Arbeit (A) und Kapital (K)!

Aufgabe 3.2: Produktionstheorie

Gegeben sei folgende Produktionsfunktion eines Unternehmens:

$$y = x_1^{\frac{3}{4}} \cdot x_2^{\frac{1}{2}}$$

Das Unternehmen will $y_0 = 16$ Einheiten produzieren.

a) Welche Faktormengen x_1 und x_2 wird das Unternehmen im Produktionsprozeß einsetzen, wenn es die Kosten minimieren möchte und die Faktorpreise $p_1 = 3$ und $p_2 = 8$ Geldeinheiten betragen?

b) Um wieviele Einheiten werden die Kosten mindestens steigen, wenn das Unternehmen eine Einheit mehr produzieren möchte?

Aufgabe 3.3: Produktionstheorie

Gegeben sei folgende Produktionsfunktion eines Unternehmens:

$$y = x_1^{\frac{3}{4}} \cdot x_2^{\frac{1}{4}}$$

Das Unternehmen hat ein Budget von $K_0 = 80$ für den Kauf von Produktionsfaktoren zur Verfügung.

a) Welche Faktormengen x_1 und x_2 wird das Unternehmen im Produktionsprozeß einsetzen, wenn es den Ertrag maximieren möchte und die Faktorpreise $p_1 = 3$ und $p_2 = 8$ Geldeinheiten betragen?

b) Um wieviele Einheiten wird der Ertrag höchstens steigen, wenn dem Unternehmen eine Geldeinheit mehr für den Kauf von Produktionsfaktoren zur Verfügung steht?

c) Wie hoch ist der Lagrangeparameter λ und wie ist er hier zu interpretieren?

Aufgabe 3.4: Limitationale Produktionsfunktionen

a) Wodurch unterscheidet sich eine limitationale von einer substitutionalen Produktionsfunktion?

b) Lassen sich bei einer limitationalen Produktionsfunktion Isoquanten bilden?

c) In einer Unternehmung werden Tische hergestellt, die aus einer Tischplatte mit vier Stahlfüßen bestehen, die jeweils mit vier Schrauben an der Tischplatte befestigt werden. Die angelernten Arbeitskräfte können die Stahlfüße in einer halben Stunde an der Tischplatte befestigen. Wieviele Tische können hergestellt werden, wenn folgende Ressourcen vorhanden sind: 500 Tischplatten, 1900 Stahlbeine, 7200 Schrauben und 200 Arbeitsstunden? Welcher Faktor stellt den Engpaß- oder Minimumfaktor dar?

d) Wieviele Tische kann die Unternehmung herstellen, wenn sie statt über 200 Arbeitsstunden angelernter Arbeitskräfte über 250 Arbeitsstunden verfügt?

Aufgabe 3.5: Kostenfunktionen

a) Die Kostenfunktion eines Einproduktunternehmens lautet:

$$K(y) = y^2 + 10y + 100 .$$

Wie lauten die Funktionen der Stückkosten, der variablen Kosten, der variablen Stückkosten und der Grenzkosten?

b) Man nehme an, der Unternehmer operiere in einem Markt mit vollständiger Konkurrenz. Der Preis seines Produktes betrage: $p = 20$. Wie hoch ist der Gewinn (oder der Verlust) und die abgesetzte Menge im Gewinnmaximum (oder im Verlustminimum)?

c) Falls der Preis sich um 10% verringert, wie hoch sind der Gewinn (oder der Verlust) und die Menge dann?

d) Bestimmen Sie das Betriebsminimum (Minimum der variablen Durchschnittskosten) und das Betriebsoptimum (Minimum der totalen Durchschnittskosten). Wird das Unternehmen bei den Preisen von b) und c) kurzfristig und langfristig auf dem Markt bleiben?

Aufgabe 3.6: Kostentheorie

Die kurzfristige Gesamtkostenfunktion eines Unternehmers lautet:

$$K(y) = y^3 - 4y^2 + 12y + 50 .$$

a) Definieren und interpretieren Sie die Ihnen bekannten Kostenbegriffe und leiten Sie die entsprechenden Funktionen algebraisch ab.

b) Welche Menge bietet das Unternehmen im Betriebsminimum (Minimum der variablen Durchschnittskosten) an? Wie hoch sind in diesem Punkt die durchschnittlichen variablen Kosten (DVK) und die Grenzkosten?

c) Das Unternehmen befindet sich auf einem Markt mit vollkommener Konkurrenz (MVK) und es herrscht ein Marktpreis von a) $p = 6$ und b) $p = 103$. Berechnen Sie jeweils die von dem Unternehmen angebotene Menge und begründen Sie das Verhalten des Unternehmens. Berechnen Sie für a) und b) den Verlust oder den Gewinn des Unternehmens.

d) Welche der oben abgeleiteten Kostenfunktionen ist die Angebotskurve des Unternehmens und warum?

Aufgabe 3.7: Kostentheorie

Gegeben sei die Kostenfunktion:

$$K(y) = 2y^3 - 16y^2 + 36y + 15$$

a) Berechnen und zeichnen Sie die durchschnittlichen variablen Kosten, die durchschnittlichen Fixkosten, die durchschnittlichen totalen Kosten und die Grenzkosten.

b) Berechnen Sie die Angebotsmenge im Minimum der durchschnittlichen variablen Kosten.

c) Wie hoch sind die durchschnittlichen variablen Kosten, die durchschnittlichen totalen Kosten und die Grenzkosten in diesem Punkt?

d) Bestimmen Sie die gewinnmaximale Angebotsmenge bei einem Marktpreis von $p = 4$.

Aufgabe 3.8: Kostentheorie

Bestimmen Sie für die Produktionsfunktion:

$$y = x_1^{\frac{1}{2}} \cdot x_2^{\frac{1}{2}} \cdot x_3^{\frac{1}{2}}$$

für $x_2 = 1$; $x_3 = 4$; $p_1 = 1$; $p_2 = 2$; $p_3 = 3$ die Kostenfunktion in Abhängigkeit von y.

Aufgabe 3.9: Minimalkostenkombination

Eine zentrale Fragestellung in der Theorie der Unternehmung ist diejenige nach dem kostengünstigsten Faktoreinsatzverhältnis bei gegebener Produktionsfunktion und gegebenen Faktorpreisen.

a) Warum stellt sich diese Frage für linear-limitationale Produktionsfunktionen nicht?

b) Üblicherweise ermittelt man den kostengünstigsten Faktoreinsatz bei gegebener Produktionsfunktion anhand der Minimalkostenkombination. Dabei minimiert man die Kosten unter der Nebenbedingung, einen bestimmten Output y zu erzielen. Zeigen Sie, daß man bei gegebenem Kostenbudget B prinzipiell analog vorgehen kann, wenn man die Produktionsfunktion als Zielfunktion und die Kostenfunktion als Nebenbedingung verwendet. Stellen Sie für die Cobb-Douglas-Funktion $y = A^{\frac{1}{4}} \cdot K^{\frac{3}{4}}$ mit den Faktorpreisen w (Preis pro Einheit Arbeit) = 2 GE und r (Preis pro Einheit Kapital) = 3 GE für jede der beiden Vorgehensweisen den entsprechenden Lagrange-Ansatz auf (nicht berechnen!).

   Verdeutlichen Sie dann graphisch anhand von Isokostenlinien und Isoquanten den Unterschied zwischen beiden Ansätzen!

c) Zeigen Sie, warum die Grenzrate der technologischen Substitution bei kostenminimalem Faktoreinsatz betragsmäßig dem reziproken Preisverhältnis der Inputfaktoren entspricht!

Aufgabe 3.10: Kostentheorie

Zeichnen Sie in einem Diagramm eine lineare Kostenkurve nach der Funktion $K = a + by$ ein und nehmen Sie an, daß bei $\bar{y}$ die Kapazitätsgrenze sei. Skizzieren Sie in dem darunter stehenden Diagramm den Verlauf der Kurve der GK, der DTK und DVK. Was läßt sich über die Minima der GK, der DTK und der DVK sagen?

Aufgabe 3.11: Kostentheorie

Worauf könnte die untenstehend dargestellte Verschiebung der Kostenkurve beispielsweise zurückgeführt werden?

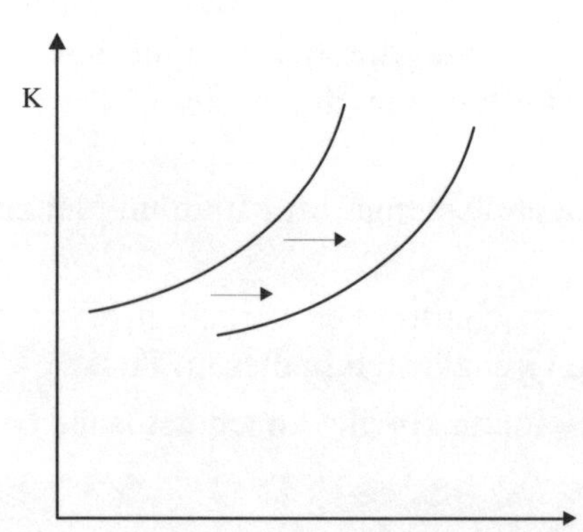

Aufgabe 3.12: Kostentheorie

Betrachten Sie die Produktionsfunktion

$$y = x_1^{0,5} \cdot x_2^{0,25} \qquad (x_1 > 0, x_2 > 0) .$$

Die Preise der Produktionsfaktoren seien

$$p_1 = 10, \qquad p_2 = 0,1 .$$

Der Produktpreis sei p = 40.

a) Bestimmen Sie die gewinnmaximale Faktorkombination und das Gewinnmaximum.

b) Wie lautet die gewinnmaximale Faktorkombination, wenn die Firma ein Produktionsziel von y = 50 ME erreichen möchte? Erläutern Sie hierbei das zu lösende Optimierungsproblem und stellen Sie die Lösung im Faktormengen-Diagramm graphisch dar. Wie verläuft (bei wachsenden Produktionsniveaus) der Expansionspfad?

c) Wie verändern sich die in a) berechnete Ausbringungsmenge y sowie die Faktoreinsatzmengen x_1 und x_2, wenn Faktor 1 ceteris paribus im Preis steigt? Argumentieren Sie analytisch oder mit Hilfe eines Zahlenbeispiels.

Aufgabe 3.13: Anwendung der Minimalkostenkombination

In einem hochaggregierten Modell sei die Produktion eines Landes mit den Produktionsfaktoren Arbeit (A) und Kapital (K) durch die Cobb-Douglas-Funktion $y = A^{\alpha} \cdot K^{\beta}$ gegeben.

a) Erläutern Sie die ökonomische Bedeutung von α und ß.

b) Erläutern Sie formal, wie sich Änderungen des Verhältnisses aus Lohnsatz (w) und Zinssatz (i) auf die funktionale Einkommensverteilung auswirken, sofern die Unternehmen unter vollständiger Konkurrenz produzieren. (Hinweis: Die funktionale Einkommensverteilung ist definiert als $w \cdot A / i \cdot K$).

5. Partialanalyse vollständiger Konkurrenz

Aufgabe 5.1: Anwendung der elementaren Preistheorie

a) Auf einem Markt gelten folgende kurzfristige Nachfrage- und Angebotsfunktionen:

$$y^D = -2p + 16 ,$$

$$y^S = 6 .$$

Ermitteln Sie graphisch und mathematisch das Marktgleichgewicht! Wie hoch sind die Erlöse der Anbieter?

b) Welche Instrumente zur Erhöhung der Einnahmen der Anbieter könnten vom Staat eingeführt werden? Vergleichen Sie die Instrumente in einer graphischen Darstellung mit den Funktionen von a).

c) Die Einnahmen der Anbieter, wie sie sich aus Frage a) ergeben, sollen um 12 Geldeinheiten angehoben werden. Welches der Instrumente beansprucht das staatliche Budget stärker und weshalb?

d) Wie verändern sich die Einnahmen der Anbieter, falls die Angebotsmenge um zwei Einheiten ausgedehnt wird? Erläutern Sie bitte das Ergebnis.

Aufgabe 5.2: Angebots- und Nachfragefunktionen

Die beiden nachfolgenden Graphiken spiegeln unterschiedliche Beziehungen wider, die zwischen der nachgefragten Menge y_n eines Gutes n und dem Preis p_i eines anderen Gutes i bestehen können.

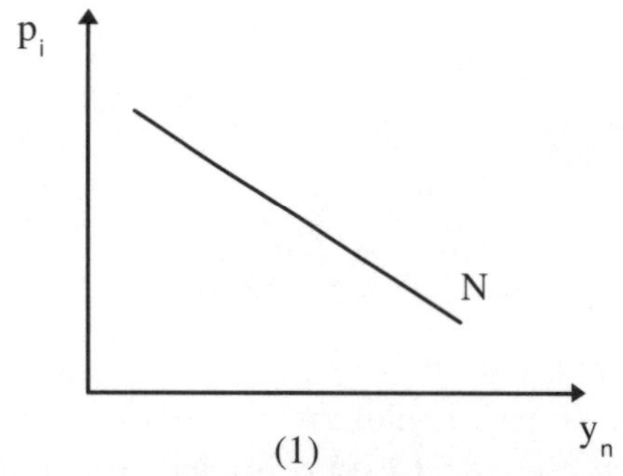

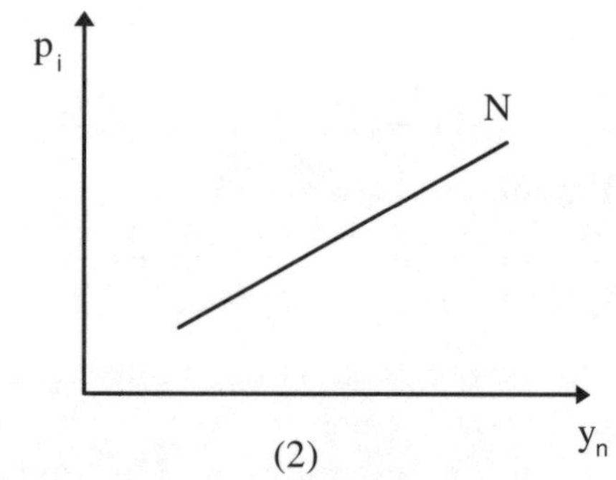

a) Um welche Art von Gütern handelt es sich im ersten und um welche Art im zweiten Fall? Erläutern Sie Ihre Antwort, und geben Sie je ein Beispiel.

b) Die folgenden beiden allgemeinen Funktionsgleichungen entsprechen den oben graphisch dargestellten Sachverhalten! Ordnen Sie bitte die Gleichung den zugehörigen Graphen zu.

$$y_n^D = -ap_i + b \quad \text{und} \quad y_n^D = cp_i \ .$$

c) Die von einem Gut nachgefragte Menge hängt u.a. von dem Einkommen des Haushalts ab. Bitte skizzieren Sie die Beziehung zwischen der nachgefragten Menge eines Gutes und der Höhe des Einkommens für inferiore und für superiore Güter. Erläutern Sie die unterschiedlichen Kurvenverläufe!

d) Betrachtet wird der Markt für Gummibärchen. Bitte geben Sie für die nachfolgenden Fälle an, wie sich die dargestellten Sachverhalte auf die Lage der Angebots- oder Nachfragefunktion auswirken.

1. Es wird festgestellt, daß der Genuß von Gummibärchen schlank macht.
2. Der Lohn der eigens für die Gummibärchenproduktion eingesetzten hochspezialisierten Arbeiter steigt.
3. Der Preis von Gummibärchen geht zurück.
4. Die Einkommen fallen.

Aufgabe 5.3: Marktgleichgewicht und Elastizitäten

Auf einem Markt für ein Gut gelten die folgenden Angebots- und Nachfragefunktionen:

$$y_n^S = 2p + 12 \quad \text{und} \quad y_n^D = -4p + 24 \ .$$

a) Zeichnen Sie die Angebots- und Nachfragekurven in ein Preis-Mengen-Diagramm und berechnen Sie die Gleichgewichtsmenge und -preis.

b) Bestimmen Sie die Preiselastizität des Angebots im Marktgleichgewicht.

c) Bestimmen Sie die Preiselastizität der Nachfrage im Marktgleichgewicht.

d) Im Juli 1991 wurde die Mineralölsteuer zur Finanzierung der deutschen Einheit angehoben werden. Wer trägt eine solche Steuererhöhung, die Anbieter oder die Nachfrager von Kraftstoffen?

   Bitte begründen Sie Ihre Antwort anhand einer graphischen Darstellung. Nehmen Sie dabei an, daß die Preiselastizität der Mineralölnachfrage gleich Null ist.

Aufgabe 5.4: Kurz- und langfristiges Gleichgewicht

Für einen Konkurrenzmarkt gelten folgende kurzfristige inverse Nachfrage- und Angebotsfunktionen:

$$\text{Nachfrage:} \quad p^D = 35 - 0{,}5y \;,$$

$$\text{Angebot:} \quad p^S = -65 + 2y \;.$$

a) Bestimmen Sie Gleichgewichtspreis und Gleichgewichtsmenge. Skizzieren Sie Ihre Lösung.

b) Wie groß ist die Preiselastizität der Nachfrage im Gleichgewichtspunkt? Erläutern Sie die ökonomische Bedeutung Ihres Ergebnisses.

c) Der Staat will die Gleichgewichtsmenge durch Erhebung einer Mengensteuer bei den Anbietern um 10% senken. Welchen Steuersatz muß er wählen? Wie hoch ist das Steueraufkommen? Welchen Anteil der Steuer tragen die Anbieter, welchen die Nachfrager?

Aufgabe 5.5: Angebotstheorie

Gegeben sei folgende Kostenfunktion eines Unternehmens:

$$K = 40y^{0,5} + 180.$$

Bestimmen Sie für p = 10 die gewinnmaximale Angebotsmenge unter der Annahme, daß das Unternehmen in der Marktform vollständiger Konkurrenz produziert (der Marktpreis ist für das einzelne Unternehmen ein Datum). Interpretieren Sie das Ergebnis.

Aufgabe 5.6: Wohlfahrtsökonomie

Nehmen Sie an, der Agrarmarkt (ohne Staatseingriffe) sei durch folgende Funktionen beschrieben:

$$p = 10y \text{ (Angebotsfunktion)}$$

$$p = 1200 - 20\,y \text{ (Nachfragefunktion)}$$

Die Regierung berät nun über Alternativen zur Intervention in den Agrarmarkt, um die Einkommenssituation der Landwirte zu verbessern. Zwei Alternativen stehen zur Diskussion:

Programm A: Produktion und Verkauf erfolgt zu einem garantierten Mindestpreis, der um 40 % vom Gleichgewichtspreis abweicht. Der Teil der Produktion, den die Konsumenten beim Mindestpreis nicht nachfragen, wird vom Staat gekauft und zur Hälfte des Mindestpreises an das Ausland verkauft.

Programm B: Produktion und Verkauf erfolgt zum unveränderten Marktpreis. Für jede verkaufte Tonne erhalten die Landwirte nachträglich vom Staat die Differenz aus Mindestpreis und Marktpreis.

a) Definieren Sie jeweils *in einem Satz* die Begriffe: Produzentenrente, Konsumentenrente und Wohlfahrt.

b) Bestimmen Sie Gleichgewichtspreis und -menge für die Situation ohne Staatseingriffe.

c) Bestimmen Sie graphisch und rechnerisch Produzenten- und Konsumentenrente sowie Gesamtwohlfahrt für die Situation ohne Staatseingriffe.

d) Bestimmen Sie den Mindestpreis von Programm A.

e) Bestimmen Sie graphisch und rechnerisch die Veränderung der Produzentenrente, der Konsumentenrente und der Gesamtwohlfahrt, wenn Programm A durchgeführt wird.

f) Geben Sie die Wohlfahrtswirkungen an, die von Programm B ausgehen.

6. Das Angebotsmonopol

Aufgabe 6.1: Monopol

Für einen Unternehmer, der als Monopolist auf dem Markt auftritt, gelten folgende Funktionen:

$$p = 12 - y\,,$$

$$K = 0{,}5y\,.$$

a) Berechnen Sie den gewinnmaximalen Preis, den der Unternehmer verlangen kann. Wie hoch ist dann die abgesetzte Menge? Wie hoch ist der Gewinn?

b) Stellen Sie diesen Sachverhalt graphisch dar.

c) Wieviel geringer würde der Gewinn sein, wenn das Monopol aufgelöst würde und die GK-Kurve des Monopolisten zur aggregierten Angebotskurve von Anbietern in vollständiger Konkurrenz würde?

d) Wovon hängt die Macht eines Monopolisten ab?

Aufgabe 6.2: Monopol

Ein Monopolist hat folgende Preis-Absatz-Funktion ermittelt:

$$p = 15 - \frac{y}{2}\,.$$

Bei der Produktion entstehen Kosten gemäß der Funktion:

$$K = 10 + 6y.$$

a) Wie hoch sind die abgesetzte Menge und der dazugehörige Preis, die zu einem maximalem Gewinn führen?

b) Stellen Sie den unter a) ermittelten Zusammenhang graphisch dar!

c) Würde sich die gewinnmaximale Absatzmenge ändern, wenn die Fixkosten um 50% ansteigen würden?

d) Welchen Preis und welche Menge müßte der Unternehmer festsetzen, wenn er seinen Erlös maximieren wollte? Welchen Preis und welche Menge müßte er wählen, wenn er wie ein Polypolist handeln würde?

Aufgabe 6.3: Monopol

Für einen Monopolisten gelten folgende Zusammenhänge:

Preis-Absatz-Funktion:

$$p = 100 - \frac{1}{200}y\,.$$

Kostenfunktion:

$$K = \frac{1}{400}y^2 + 40y\,.$$

a) Bestimmen Sie anhand einer geeigneten Graphik den gewinnmaximalen Preis und die gewinnmaximale Menge!

b) Wo liegen in dieser Graphik der optimale Preis und die optimale Menge, wenn der Monopolist seinen Erlös maximieren will?

c) Lösen Sie die Aufgaben a) und b) mathematisch! Berechnen Sie auch den jeweiligen Gewinn!

d) Wie kann ein Monopol entstehen?

Aufgabe 6.4: Monopol

Auf einem Markt mit einem Anbieter gelten folgende Funktionen:

$$p = 16 - y \text{ (Nachfragefunktion)}$$

$$K(y) = 4y + 11 \text{ (Kostenfunktion)}$$

a) Um welche Art von Monopol handelt es sich?

b) Bestimmen Sie Preis, Menge und Gewinn sowie (zeichnerisch und rechnerisch) Produzentenrente, Konsumentenrente und Gesamtwohlfahrt im *first best.*

c) Bestimmen Sie Preis, Menge und Gewinn sowie (zeichnerisch und rechnerisch) Produzentenrente, Konsumentenrente und Gesamtwohlfahrt im *second best.*

d) Wie hoch müßte eine Stücksubvention sein, damit das Unternehmen von sich aus die wohlfahrtsmaximale Angebotsmenge wählt?

Aufgabe 6.5: Wohlfahrt im Monopol

Ein Markt bei vollständiger Konkurrenz sei durch folgende Funktionen beschrieben:

$$p = 5y \text{ (Angebotsfunktion)}$$

$$p = 600 - 10\,y \text{ (Nachfragefunktion)}$$

a) Berechnen Sie Gleichgewichtspreis (p^K) und -menge (y^K).

b) Berechnen Sie die Produzentenrente, Konsumentenrente und Gesamtwohlfahrt.

Nehmen Sie nun an, der Markt werde nur durch *einen* Anbieter beliefert, dessen Grenzkostenfunktion der Angebotsfunktion bei vollständiger Konkurrenz entspricht:

c) Berechnen Sie Gleichgewichtspreis (p^M) und -menge (p^M) für den Monopolfall.

d) Berechnen Sie Produzentenrente, Konsumentenrente und Gesamtwohlfahrt für den Monopolfall, und vergleichen Sie die Ergebnisse mit denen bei vollständiger Konkurrenz.

Nehmen Sie für den Monopolfall nun zusätzlich an, daß der Staat das Monopolunternehmen subventioniert. Der Subventionsbetrag (S) in Abhängigkeit von der produzierten Menge sei:

$$S = s \cdot y\,.$$

e) Welcher Subventionsbetrag muß gezahlt werden, damit das Monopolunternehmen genau die gleiche Menge produziert wie bei vollständiger Konkurrenz.

f) Berechnen Sie Produzentenrente, Konsumentenrente und Gesamtwohlfahrt und vergleichen Sie die Ergebnisse mit denen beim Monopol ohne Subventionen.

7. Monopolistische Angebotskonkurrenz

Aufgabe 7.1: Monopolistische Konkurrenz

a) Charakterisieren Sie die Marktform der monopolistischen Konkurrenz.

b) Warum kann in Chamberlins Theorie der monopolistischen Konkurrenz eine Situation nicht dem langfristigen Gleichgewicht entsprechen, in der die Unternehmer (übernormale) Gewinne machen? Kennzeichnen Sie bitte mit Hilfe einer Grafik den Anpassungsprozeß und das langfristige Gleichgewicht nach Chamberlin!

c) Vergleichen Sie bitte das langfristige Gleichgewicht bei monopolistischer Konkurrenz (nach Chamberlin) mit dem langfristigen Gleichgewicht bei vollständiger Konkurrenz.

Aufgabe 7.2: Monopolistische Konkurrenz

Ein Unternehmen habe die Kostenfunktion $K = 0{,}5y^2 + 8$.

a) Erläutern Sie verbal, wie sich das heterogene Polypol bezüglich seiner quantitativen und qualitativen Merkmale von der vollkommenen Konkurrenz und vom Angebotsmonopol unterscheidet!

b) Ermitteln Sie graphisch die kurzfristige gewinnmaximale Menge eines Anbieters, dessen Preis-Absatz-Funktion folgenden Kurvenverlauf hat:

$$p = 25 - 2y\,.$$

Erklären Sie, warum sich diese Marktsituation im heterogenen Polypol nicht langfristig hält!

c) Ermitteln Sie das langfristige Gleichgewicht im heterogenen Polypol!

d) Im langfristigen Gleichgewicht gilt sowohl für das heterogene Polypol als auch für die vollkommene Konkurrenz die Gleichgewichtsbedingung „Preis = Totale Durchschnittskosten". Damit kommt es langfristig in beiden Marktformen dazu, daß kein Gewinn erzielt wird. Zeigen Sie, warum die Marktergebnisse der vollkommenen Konkurrenz volkswirtschaftlich effizienter sind!

8. Oligopoltheorie

Aufgabe 8.1: Oligopol

a) Im Oligopol ist die Anzahl der Anbieter im Gegensatz zu den Marktformen der vollständigen und der monopolistischen Konkurrenz klein. Beschreiben Sie kurz die daraus resultierenden Effekte auf die Marktentscheidung eines einzelnen Anbieters.

b) Unter welchen Voraussetzungen bleibt eine optimale Preis-Mengen-Kombination im Oligopol bei einer Verschiebung der Grenzkostenkurve in weiten Bereichen unverändert? Wie bezeichnet man dieses Phänomen? Stellen Sie dies auch graphisch dar!

c) Erläutern Sie bitte, warum das Phänomen der Preisstarrheit bei der geknickten Nachfragekurve im Oligopol nicht auf Dauer zu erwarten ist.

Aufgabe 8.2: Oligopol

Im Duopol sei die aggregierte Nachfragefunktion

$$p = 10 - y_A - y_B\,.$$

Die Kostenfunktionen der Unternehmen A und B seien

$$K_A = y_A^2 \quad \text{und} \quad K_B = 2y_B^2\,.$$

Bestimmen Sie y_A und y_B für das Cournot-Nash-Gleichgewicht.

Aufgabe 8.3: Oligopol

Auf einem Markt mit zwei Unternehmen und zwei Gütern seien folgende Nachfragefunktionen gegeben:

$$p_1(y_1,y_2) = 50 - 5/2\ y_1 - y_2$$

$$p_2(y_1,y_2) = 60 - 1/2\ y_1 - y_2$$

Die Kostenfunktionen für beide Unternehmen seien:

$$K_1(y_1) = 8\ y_1$$

$$K_2(y_2) = 12\ y_2$$

Beide Unternehmen agieren in einem sequentiellen Mengenwettbewerb, wobei Unternehmen 1 seine Menge *vor* Unternehmen 2 festlegt.

a) Um welche Marktform handelt es sich hierbei?

b) Welche Mengen werden von beiden Unternehmen im Gleichgewicht produziert? Wie hoch sind Preise und Gewinne?

c) Interpretieren Sie das Ergebnis.

Aufgabe 8.4: Spieltheorie

Gegeben seien zwei Individuen A und B, die jeweils vier Handlungsalternativen haben, wobei die Ergebnisse von den Handlungen beider abhängen. Die Nutzenindizes aller möglichen Zustände sind in der folgenden Tabelle angegeben, wobei der obere Wert in einer Zelle den Nutzenindex für A und der untere den Nutzenindex für B symbolisieren.

	B1	B2	B3	B4
A1	7 2	2 5	1 3	9 9
A2	1 3	6 4	9 4	4 3
A3	7 7	11 3	8 3	4 1
A4	2 10	2 8	2 4	2 10

a) Welche Zustände sind pareto-effizient?

b) Welche Zustande sind Nash-Gleichgewichte?

Begründen Sie Ihre Antworten!

9. Externe Effekte und öffentliche Güter

Aufgabe 9.1: Marktformen und externe Effekte

Ein Monopol habe die Preis-Absatz-Funktion

$$p = 10 - y$$

und die Kostenfunktion

$$K = 2y\ .$$

Wegen eines negativen externen Effekts entstehen gesamtwirtschaftliche Schäden in Höhe von

$$K = 6y .$$

Bestimmen Sie den pareto-effizienten Steuersatz. Gehen Sie dabei folgendermaßen vor:

a) Berechnen Sie die Angebotsmenge des Monopolisten.

b) Bestimmen Sie die pareto-effiziente Menge.

c) Ermitteln Sie den Steuersatz.

Aufgabe 9.2: Externe Effekte

Auf einem Monopolmarkt sei folgende Nachfragefunktion gegeben:

$$p = a - b \cdot y . \qquad (a > 0; b > 0)$$

Die Kostenfunktion sei:

$$K(y) = c \cdot y . \qquad (c > 0)$$

Weiterhin werden bei der Produktion Emissionen (E) in Abhängigkeit vom Output freigesetzt:

$$E(y) = e \cdot y . \qquad (e > 0)$$

Die Schadensfunktion sei:

$$S(E) = s \cdot E . \qquad (s > 0)$$

Zur Internalisierung der externen Effekte wird nun eine Emissionssteuer pro emittierter Einheit erhoben.

Wie hoch muß die Emissionssteuer im Wohlfahrtsoptimum sein? Welche Menge wird dann vom Monopolisten angeboten?

Lösungshinweise

zu Aufgabe 2.1

a) Siehe Kapitel 2.2.2.

b) Abhängig vom Ort und Zeitpunkt der Untersuchung:
   - Mensaessen für Studenten,
   - Motorräder in den 60er Jahren in der BRD.

c) Siehe Kapitel 2.2.4.

d) Siehe Kapitel 2.2.3.

zu Aufgabe 2.2

a) $y_1 = 10\,,\quad y_2 = 30\,.$

b) Siehe Kapitel 2.2.1.

c) $y_1 = 30\,,\quad y_2 = 45\,.$

d) Gleiche Richtung beider Effekte.

zu Aufgabe 2.3

a) $y_1 = 12\,,\quad y_2 = 10\,,$

$$\left|\frac{dy_2}{dy_1}\right| = \frac{\dfrac{\partial U}{\partial y_1}}{\dfrac{\partial U}{\partial y_2}} = \frac{y_2}{y_1} = \frac{10}{12} = \frac{1}{1{,}2}\,.$$

Der Haushalt ist bereit, eine Einheit von Gut 2 aufzugeben, wenn er dafür 1,2 Einheiten von Gut 1 erhält.

b) Siehe Kapitel 2.1.2.

c) Haushaltstheorie: Preisverhältnis = Grenznutzenverhältnis,
   Produktionstheorie: Preisverhältnis = Grenzproduktivitätsverhältnis.

zu Aufgabe 2.4

Einkommen: $B = w(24-F)\,,$

Ausgaben: $B = p \cdot y$

$$p \cdot y = w(24-F) \;\Rightarrow\; 0 = p \cdot y - w(24-F)\,.$$

a) Lagrange-Ansatz:

$$L(y,F) = y^{0,5} + F^{0,5} + \lambda(py - w(24-F))\,,$$

$$(1)\quad \frac{\partial L}{\partial y} = 0{,}5y^{-0,5} + \lambda p = 0\,,$$

$$(2)\quad \frac{\partial L}{\partial F} = 0{,}5F^{-0,5} + \lambda w = 0\,,$$

$$(3)\quad \frac{\partial L}{\partial \lambda} = py - w(24-F) = 0\,,$$

$$(1) = (2) \quad 0{,}5y^{-0{,}5} + \lambda p = 0{,}5F^{-0{,}5} + \lambda w \,,$$

$$0{,}5y^{-0{,}5} = 0{,}5F^{-0{,}5} \,, \qquad \text{da } p = w \,,$$

$$y = F \,;$$

in (3) eingesetzt:

$$40F - 40 \cdot 24 + 40F = 0 \,,$$

$$80F = 960 \,,$$

$$F = 12 \,,$$

$$y = 12 \,.$$

b) Einsetz-Verfahren:

$$y = \frac{w}{p}(24 - F)$$

$$U = \left[\frac{w}{p}(24 - F)\right]^{0{,}5} + F^{0{,}5} \,,$$

$$\frac{\partial U}{\partial F} = -0{,}5\left[\frac{w}{40}(24 - F)\right]^{-0{,}5} \cdot \frac{w}{40} + 0{,}5F^{-0{,}5}$$

$$\Rightarrow \quad -\left[\frac{w}{40}\right]^{0{,}5}(24 - F)^{-0{,}5} + F^{-0{,}5} = 0$$

$$\Rightarrow \quad -\left[\frac{w}{40}\right]^{0{,}5} 10^{-0{,}5} + 14^{-0{,}5} = 0$$

$$\Rightarrow \quad \left[\frac{w}{40}\right]^{0{,}5} = \left[\frac{10}{14}\right]^{0{,}5}$$

$$\Rightarrow \quad w = \frac{10 \cdot 40}{14} = 28{,}57 \,.$$

c) – Die Meßbarkeit von Nutzen ist nicht gegeben.
– Präferenzen sind instabil.
– Modellannahmen nicht realitätsnah.

zu Aufgabe 2.5

a) $p^* = 3$,
$y^* = 7{,}5$.

b) $-\frac{\partial y^D}{\partial p} \cdot \frac{p}{y^D} = 2{,}5 \cdot \frac{3}{7{,}5} = 1$.

c) Ordinate: ∞,
Abszisse: 0 .

d) $\frac{\partial y^S}{\partial p} \cdot \frac{p}{y^S} = 1{,}5 \cdot \frac{3}{7{,}5} = \frac{3}{5}$.

e) $E_{B,y} < 0 \quad \rightarrow$ absolut inferior,
$0 < E_{B,y} < 1 \quad \rightarrow$ relativ inferior / absolut superior,
$E_{B,y} > 1 \quad \rightarrow$ relativ superior.

zu Aufgabe 2.6

a)

$$E_{p,y} = -\frac{\frac{\Delta y_i}{y_i}}{\frac{\Delta p_i}{p_i}} .$$

Die Konvention würde ihren Zweck verfehlen, wenn es nur Giffen-Güter gäbe. Dieser Fall ist aber praktisch und theoretisch unmöglich.

b) ba) $E_{p_Z,Z} = 0$,

bb) $E_{p_Z,Z} = \infty$,

bc) $E_{p_Z,Z} = 0$,

bd) $E_{p_Z,Z} = 1$,

be) $E_{p_Z,Z} = \frac{50\,\%}{25\,\%} = 2$.

c) ca) Kreuzpreiselastizität

cb) Siehe Kapitel 2.2.5.

cc) Wenn der Preis der Ware i um 1% steigt, steigt die Nachfrage nach j um 2%.

zu Aufgabe 2.7

a) Siehe Kapitel 2.2.4.

b) Mit $p_i = 2$ und $p_j = 3$ gilt $y_i = 10 - 2 \cdot 2 - 3 = 3$.

Die Kreuzpreiselastizität mißt die prozentuale Änderung der Nachfrage nach der Ware i bei einer prozentualen Änderung des Preises der Ware j. Bei marginalen Änderungen ist sie definiert als:

$$E_{p_j,y_i} = \frac{\frac{\partial y_i}{y_i}}{\frac{\partial p_j}{p_j}} = \frac{\partial y_i}{\partial p_j} \cdot \frac{p_j}{y_i} .$$

Aus $y_i = 10 - 2p_i - p_j$ folgt $\frac{\partial y_i}{\partial p_j} = -1$ und somit

$$E_{p_j,y_i} = -1 \cdot \frac{3}{3} = -1 .$$

zu Aufgabe 2.8

a) $y_1 = 15 - 5 \cdot 3 + 2 \cdot 10 = 20$

$$E_{p_1,y_1} = -\frac{\partial y_1}{\partial p_1}\frac{p_1}{y_1} = +5 \cdot \frac{3}{20} = +\frac{3}{4} .$$

b) $E_{p_2,y_1} = -\frac{\partial y_1}{\partial p_2}\frac{p_2}{y_1} = 2 \cdot \frac{10}{20} = +1$.

zu Aufgabe 2.9

$$p_1 = 8 - 2y_1 , \qquad p_2 = 5 - y_2 ,$$
$$2y_1 = 8 - p_1 ,$$
$$y_1 = 4 - \frac{1}{2}p_1 , \qquad y_2 = 5 - p_2 ,$$
$$y^g = y_1 + y_2 = 9 - \frac{3}{2}p ,$$
$$y^g = \begin{cases} 9 - \frac{3}{2}p & \text{für } 0 < p \leq 5 \\ 4 - \frac{1}{2}p & \text{für } 5 < p \leq 8 \\ 0 & \text{für } p > 8 \end{cases}$$

zu Aufgabe 2.10

a) Siehe Kapitel 2.4. Wenn man Stimmrechte als ein Gut wie jedes andere definiert, dann kann man in der Edgeworth-Box von einem Tausch von Stimmrechten gegen ein anderes Gut, beispielsweise Geld, ausgehen. Die gewöhnliche Argumentation in der Edgeworth-Box erklärt die Wohlfahrtsmaximierung.

b) Wichtig ist, daß Sie zunächst *innerhalb* des Modells argumentieren, indem Sie prüfen, ob die Voraussetzungen der Edgeworth-Box bei Stimmrechten erfüllt sind. Dies ist nicht der Fall, weil mindestens zwei sehr wesentliche Prämissen verletzt sind:

   - Entscheidend für ein effizientes Gleichgewicht in der Edgeworth-Box ist, daß die Indifferenzkurven konvex zum Ursprung sind (sinkende Grenzrate der Substitution!). Bei Stimmrechten aber kann der Grenznutzen aber durchaus steigen, wenn beispielsweise durch die eigene Stimme die 50%-Grenze überschritten wird.
   - Weiterhin setzt die Edgeworth-Box voraus, daß es keine externen Effekte gibt (vgl. Kapitel 9.6). Bei Stimmrechten muß aber davon ausgegangen werden, daß der Tausch zwischen A und B auch C beeinträchtigt, weil nun beispielsweise A seine politischen Präferenzen durchsetzen kann.

   Beachten Sie also, daß man den Tausch von Stimmrechten durchaus mit ökonomischen Argrumenten erklären kann. Erst anschließend sollten Sie auf Argumente wie Demokratie und Moral eingehen. Überlegen Sie, inwieweit die Theorie externer Effekte eine Begründung für demokratische Wahlen darstellen kann!

zu Aufgabe 3.1

a) Isoquanten: siehe Kapitel 3.1.2 und 3.1.3.
Partielle Ertragskurve:

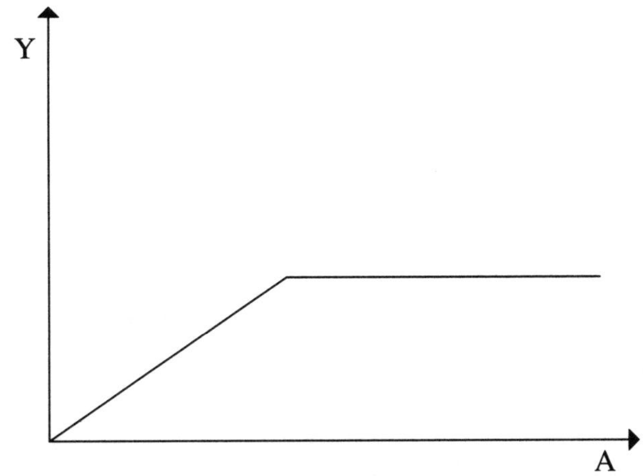

(linear) limitationale Produktionsfunktion

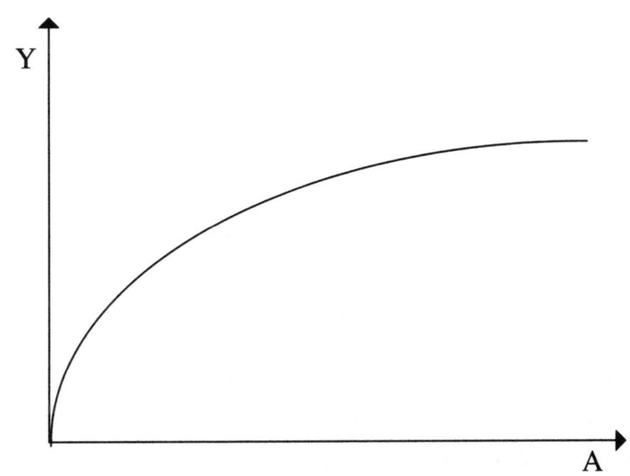

substitutionale Produktionsfunktion

b) – Cobb-Douglas-Produktionsfunktion.
– Siehe Skalenerträge in Kapitel 3.1.4.
– 1 .
– Der Output steigt um 10%.

c)

$$E_{y,A} = \frac{\frac{dy}{y}}{\frac{dA}{A}} = \frac{dy}{dA} \cdot \frac{A}{y} = \frac{3}{4} A^{-\frac{1}{4}} \cdot K^{\frac{1}{4}} \cdot \frac{A}{y}$$

$$\Rightarrow \frac{3}{4} \cdot \frac{A^{\frac{3}{4}} \cdot K^{\frac{1}{4}}}{A} \cdot \frac{A}{y} = \frac{3}{4} \cdot \frac{y}{A} \cdot \frac{A}{y} = \frac{3}{4},$$

$$E_{y,K} = \frac{\frac{dy}{y}}{\frac{dK}{K}} = \frac{1}{4}$$ (Rechnung analog).

zu Aufgabe 3.2

a) Lagrange-Optimierung

$$L(x_1, x_2, \lambda) = 3x_1 + 8x_2 + \lambda(16 - x_1^{\frac{3}{4}} x_2^{\frac{1}{2}})$$

$$\frac{\partial L}{\partial x_1} = 3 - \frac{3}{4} x_1^{-\frac{1}{4}} x_2^{\frac{1}{2}} \lambda = 0$$

$$\frac{\partial L}{\partial x_2} = 8 - \frac{1}{2} x_1^{\frac{3}{4}} x_2^{-\frac{1}{2}} \lambda = 0$$

$$\frac{\partial L}{\partial \lambda} = 16 - x_1^{\frac{3}{4}} x_2^{\frac{1}{2}} = 0$$

$$\Rightarrow x_1 = 16;\ x_2 = 4;\ \lambda = 4$$

b) Die Kosten werden mindestens um 4 Einheiten steigen. Dies entspricht dem Lagrange-Multiplikator λ.

zu Aufgabe 3.3

a) Lagrange-Optimierung

$$L(x_1, x_2, \lambda) = x_1^{\frac{3}{4}} \cdot x_2^{\frac{1}{4}} + \lambda(80 - 3x_1 - 8x_2)$$

$$\frac{\partial L}{\partial x_1} = \frac{3}{4} x_1^{-\frac{1}{4}} \cdot x_2^{\frac{1}{4}} - 3\lambda = 0$$

$$\frac{\partial L}{\partial x_2} = \frac{1}{4} x_1^{\frac{3}{4}} \cdot x_2^{-\frac{3}{4}} - 8\lambda = 0$$

$$\frac{\partial L}{\partial \lambda} = 80 - 3x_1 - 8x_2 = 0$$

$$\Rightarrow \quad x_1 = 20;\ x_2 = \frac{5}{2};\ \lambda = 0{,}149$$

b) Der Ertrag wird höchstens um 0,149 Einheiten steigen, wenn 81 Geldeinheiten für den Kauf von Produktionsfaktoren zur Verfügung stehen. Dies entspricht dem Lagrange-Muktiplikator λ.

c) λ gibt allgemein an, um wieviele Einheiten die Zielfunktion steigt, wenn die Nebenbedingung um eine infinitesimal kleine Einheit gelockert wird. Hier ist er wie in b) dargestellt zu interpretieren: λ gibt an, um wieviele Einheiten der Ertrag mindestens steigt, wenn den Unternehmen eine infinitesimal kleine Geldeinheit mehr für den Kauf von Produktionsfaktoren zur Verfügung steht.

zu Aufgabe 3.4

a) Siehe Kapitel 3.1.2.

b) Siehe Kapitel 3.1.3.

c) $T = \text{Min}\left[\frac{500}{1}, \frac{1.900}{4}, \frac{7.200}{16}, \frac{200}{0{,}5}\right]$,

$T = \text{Min}(500, 475, 450, 400)$,

Engpaßfaktor: Arbeit,

Zahl der Tische = 400.

d) Engpaßfaktor jetzt: Schrauben,

Zahl der Tische = 450.

zu Aufgabe 3.5

a) Stückkosten: $\frac{K}{y} = \frac{y^2 + 10y + 100}{y} = y + 10 + \frac{100}{y}$,

variable Kosten: $K_v = y^2 + 10y$,

variable Stückkosten: $\frac{K_v}{y} = \frac{y^2 + 10y}{y} = y + 10$,

Grenzkosten: $\frac{dK}{dy} = 2y + 10$.

b) $G = E - K$,

$G = 20y - (y^2 + 10y + 100)$,

$\frac{dG}{dy} = 10 - 2y = 0$,

$y = 5$,

$G = 20 \cdot 5 - (5^2 + 10 \cdot 5 + 100) = -75$ (Verlust).

c) $p = 18$, $y = 4$, $G = -76$.

d) Betriebsoptimum = Durchschnittskostenminimum (Stückkostenminimum):

$\frac{K}{y} = y + 10 + \frac{100}{y}$,

$\frac{d\frac{K}{y}}{y} = 1 - \frac{100}{y^2} = 0$,

$y = 10$.

Betriebsminimum = Minimum der variablen Durchschnittskosten:

$\frac{K_v}{y} = y + 10$,

$\frac{d\frac{K_v}{y}}{y} = 1 \neq 0$.

Da die variablen Durchschnittskosten monoton steigend verlaufen (Steigung = 1), liegt das Betriebsminimum bei einer Produktion von 0. Das Unternehmen wird bei den Preisen von b) und c) kurzfristig im Markt bleiben, da ein positiver Deckungsbeitrag erzielt wird, langfristig aber ausscheiden, da der Gewinn negativ ist.

zu Aufgabe 3.6

a) Stückkosten: $\frac{K}{y} = y^2 - 4y + 12 + \frac{50}{y}$,

variable Stückkosten: $\frac{K_v}{y} = y^2 - 4y + 12$,

variable Kosten: $K_v = y^3 - 4y^2 + 12y$,

fixe Kosten: $K_f = 50$,

Grenzkosten: $\frac{dK}{dy} = 3y^2 - 8y + 12$.

b) Betriebsminimum = Minimum der variablen Durchschnittskosten:

$$\frac{K_v}{y} = y^2 - 4y + 12\ ,$$

$$\frac{d\frac{K_v}{y}}{y} = 2y - 4 = 0\ ,$$

$y = 2$,

Durchschnittliche variable Kosten: $DVK = 2^2 - 4 \cdot 2 + 12 = 8$,

Grenzkosten: $\frac{dK}{dy} = 3 \cdot 2^2 - 8 \cdot 2 + 12 = 8$.

c) Bedingung: $p = \frac{dK}{dy}$,

$p = 6$: $6 = 3y^2 - 8y + 12$,

$3y^2 - 8y + 6 = 0$.

Es existiert keine reguläre Lösung, da dK/dy immer größer als 6 ist. Daher bietet das Unternehmen nichts an.

$p = 103$: $103 = 3y^2 - 8y + 12$,

$y = 7$.

Gewinn bei $p = 6$:

$G = -50$

(Bei einer Produktion von 0 fallen lediglich die Fixkosten an, denen keine Erlöse gegenüberstehen.).

Gewinn bei $p = 103$:

$G = E - K \qquad y = 7$,

$G = 103 \cdot 7 - (7^3 - 4 \cdot 7^2 + 12 \cdot 7 + 50) = 440$.

d) Der steigende Ast der Grenzkostenkurve (siehe Kapitel 4.2.2).

zu Aufgabe 3.7

a) $k_v(y) = \frac{K_v(y)}{y} = \frac{2y^3 - 16y^2 + 36y}{y} = 2y^2 - 16y + 36$

$$k_f = \frac{K_f}{y} = \frac{15}{y}$$

$$k(y) = \frac{K(y)}{y} = 2y^2 - 16y + 36 + \frac{15}{y}$$

$$\frac{dK}{dy} = 6y^2 - 32y + 36$$

b) $\frac{dk_v}{dy} = 4y - 16 = 0 \Rightarrow y = 4$

$$\frac{d^2k_v}{dy^2} = 4 > 0 \qquad \Rightarrow \text{min}$$

c) $k_v(4) = 2 \cdot 4^2 - 16 \cdot 4 + 36 = 4$

$k(4) = 4 + \frac{15}{4} = 7{,}75$

$\frac{dK}{dy}(4) = 6 \cdot 4^2 - 32 \cdot 4 + 36 = 4$

d) $G(4) = p \cdot y - K(y) = 4y - 2y^3 + 16y^2 - 36y - 15$

$\frac{dG}{dy} = 4 - 6y^2 + 32y - 36 \quad \Rightarrow \quad 4 = 6y^2 - 32y + 36$

$y_1 = 4 \; ; \; y_2 = \frac{4}{3}$

$\frac{d^2K}{dy^2} = -12y + 32 \quad \Rightarrow \quad y_1 = 4$ ist gewinnmaximale Menge.

zu Aufgabe 3.8

$y = x_1^{0,5} \cdot 1 \cdot 2 = 2x_1^{0,5}$

$\Rightarrow x_1 = \frac{y^2}{4}$

$K = p_1x_1 + p_2x_2 + p_3x_3 = 1 \cdot x_1 + 2 \cdot 1 + 3 \cdot 4$

$\Rightarrow K(y) = \frac{y^2}{4} + 14$

zu Aufgabe 3.9

a) Es gibt per definitionem nur ein effizientes Faktoreinsatzverhältnis.

b) Minimalkostenkombination (MKK):

$L(A, K, \lambda) = 2A + 3K + \lambda(y - A^{\frac{1}{4}} \cdot K^{\frac{3}{4}})$.

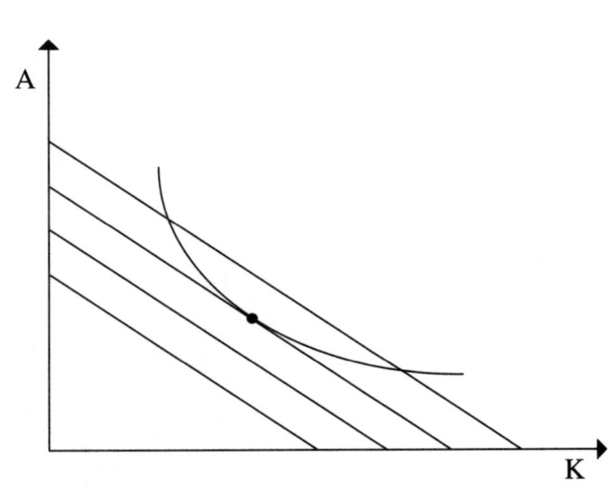

Maximalertragskombination (MEK):

$$L(A, K, \lambda) = A^{\frac{1}{4}} \cdot K^{\frac{3}{4}} + \lambda(B - 2A - 3K) .$$

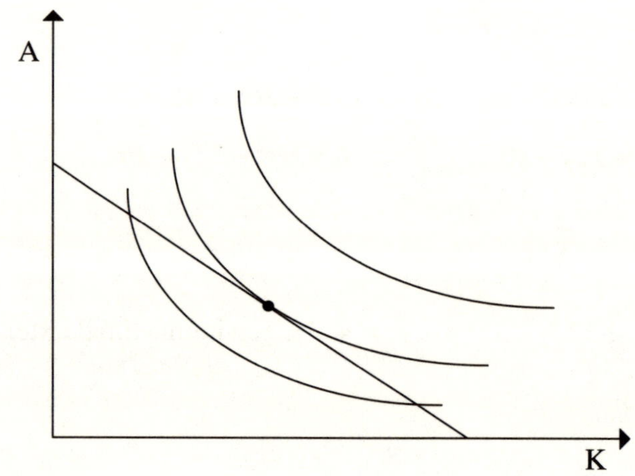

c) Siehe Kapitel 3.2.3.

zu Aufgabe 3.10

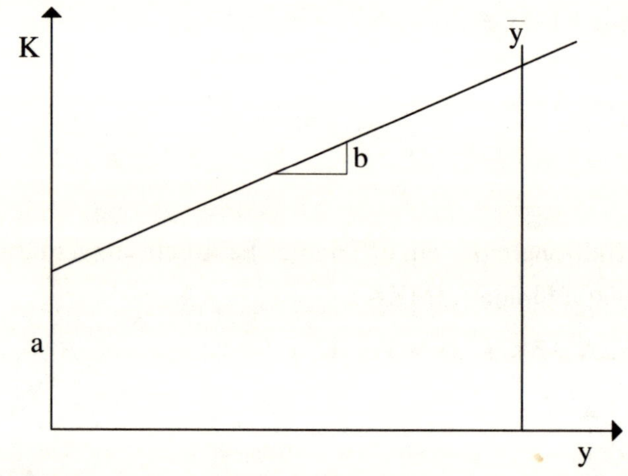

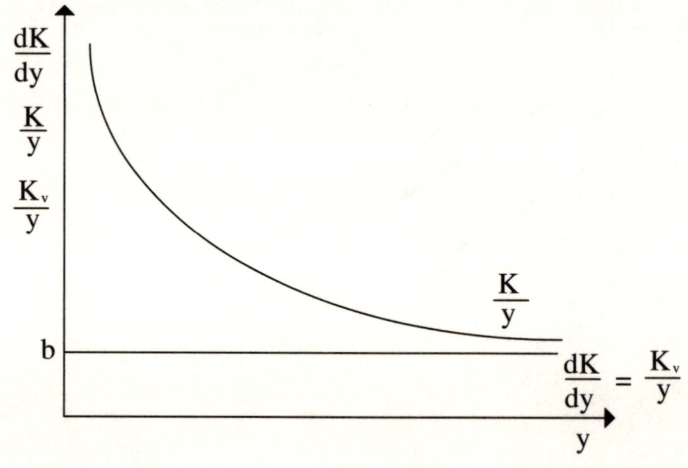

zu Aufgabe 3.11

Technischer Fortschritt.

zu Aufgabe 3.12

a) gewinnmaximale Faktorkombination:

$$G = E - K = 40x_1^{0,5} \cdot x_2^{0,25} - 10x_1 - 0{,}1x_2 \quad \rightarrow \quad \text{Max!} \; ,$$

$$\frac{\partial G}{\partial x_1} = 40 \cdot 0{,}5x_1^{-0,5} \cdot x_2^{0,25} - 10 = 0 \; ,$$

$$\frac{\partial G}{\partial x_2} = 40 \cdot 0{,}25x_1^{0,5} \cdot x_2^{-0,75} - 0{,}1 = 0 \; ,$$

$x_1 = 800$, $x_2 = 40.000$, $y = 40$, $G^{max} = 4.000$

b) Lagrange-Ansatz:

$$L(x_1, x_2, \lambda) = 10x_1 + 0{,}1x_2 + \lambda(50 - x_1^{0,5} \cdot x_2^{0,25}) \; ,$$

$$\frac{\partial L}{\partial x_1} = 10 - \lambda \cdot 0{,}5\, x_1^{-0,5} \cdot x_2^{0,25} = 0 \; ,$$

$$\frac{\partial L}{\partial x_2} = 0{,}1 - \lambda \cdot 0{,}25\, x_1^{0,5} \cdot x_2^{-0,75} = 0 \; ,$$

$$\frac{\partial L}{\partial \lambda} = 50 - x_1^{0,5} \cdot x_2^{0,25} = 0 \; ,$$

$x_1 = 50$, $x_2 = 2500$

Graphische Darstellung:

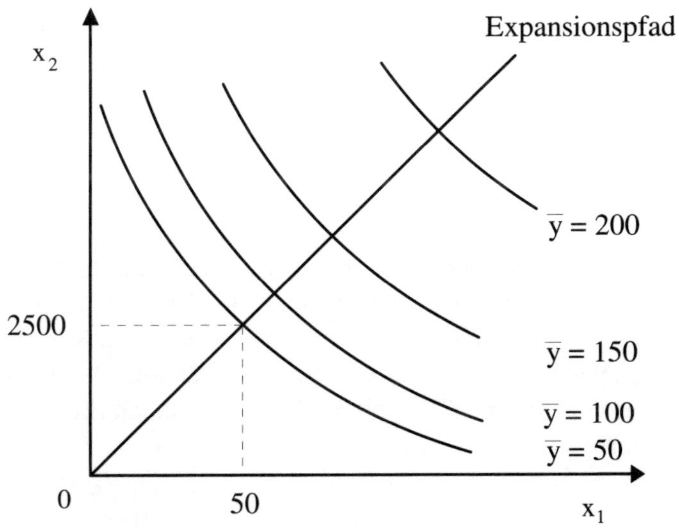

Verlauf des Expansionspfades:

Linearer Verlauf bei allen homogenen Produktionsfunktionen, also auch bei CD-Funktion.

c) analytisch:

Im Gewinnmaximum entspricht das Verhältnis der Grenzproduktivitäten dem Faktorpreisverhältnis:

$$\frac{\frac{\partial y}{\partial x_1}}{\frac{\partial y}{\partial x_2}} = \frac{p_1}{p_2} \; .$$

Wenn Faktor 1 im Preis steigt, wird er durch den nun relativ billigeren Faktor 2 ersetzt, so daß $\partial y/\partial x_1$ steigt und $\partial y/\partial x_2$ sinkt, bis die obige Gleichung wieder gilt.

Zahlenbeispiel mit $p_1 = 20$:

$$G = 40x_1^{0,5} \cdot x_2^{0,25} - 20x_1 - 0,1x_2 \quad \rightarrow \quad \text{Max}\,!\,,$$

$$\frac{\partial G}{\partial x_1} = 40 \cdot 0,5x_1^{-0,5} \cdot x_2^{0,25} - 20 = 0\,,$$

$$\frac{\partial G}{\partial x_2} = 40 \cdot 0,25x_1^{0,5} \cdot x_2^{-0,75} - 0,1 = 0\,,$$

$x_1 = 100$ (vorher 800)

$x_2 = 10.000$ (vorher 40.000)

$y = 100$ (vorher 400)

zu Aufgabe 3.13

a) α und β sind die Produktionselastizitäten. Zur genauen Bedeutung der Produktionselastizitäten siehe Kapitel 3.1.4.

b) Wenn die Unternehmen unter vollständiger Konkurrenz produzieren und sich rational verhalten, so werden die Produktionsfaktoren so kombiniert, daß das Faktorpreisverhältnis dem Verhältnis der Grenzproduktivitäten entspricht (siehe Kapitel 3.2.3 und 4.2.7):

$$\frac{w \cdot A}{i \cdot K} = \frac{w}{i} \cdot \frac{A}{K} = \frac{\frac{\partial y}{\partial A}}{\frac{\partial y}{\partial K}} \cdot \frac{A}{K} = \frac{\alpha \cdot A^{\alpha-1} \cdot K^{\beta}}{\beta \cdot K^{\beta-1} \cdot A^{\alpha}} \cdot \frac{A}{K} = \frac{\alpha}{\beta}\,.$$

Die Grenzproduktivitäten der Produktionsfaktoren sind dabei die ersten Ableitungen der Produktionsfunktion. Das Ergebnis

$$\frac{w \cdot A}{i \cdot K} = \frac{\alpha}{\beta}$$

zeigt, daß die funktionale Einkommensverteilung einfach durch die Produktionselastizitäten gegeben ist und daher gar nicht auf den Zinssatz reagiert. Dies liegt formal daran, daß die Cobb-Douglas-Funktion eine Substitutionselastizität von Eins aufweist (siehe Anhang). Denken Sie aber erstens über die wirtschaftspolitischen Konsequenzen und zweitens über die Plausibilität der erforderlichen Prämissen nach!

zu Aufgabe 5.1

a)
$$\begin{aligned} y^D &= y^S\,, \\ -2p + 16 &= 6\,, \\ p &= 5\,, \\ y^D = y^S &= 6\,. \end{aligned}$$

Erlöse der Anbieter:

$E = p \cdot y = 5 \cdot 6 = 30 \text{ GE}.$

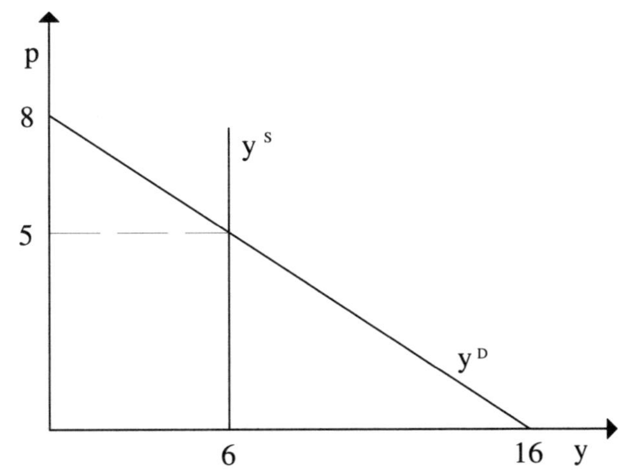

b) Zwei Möglichkeiten:

Fall 1: Zahlung einer Subvention s pro verkaufter Einheit an die Produzenten:

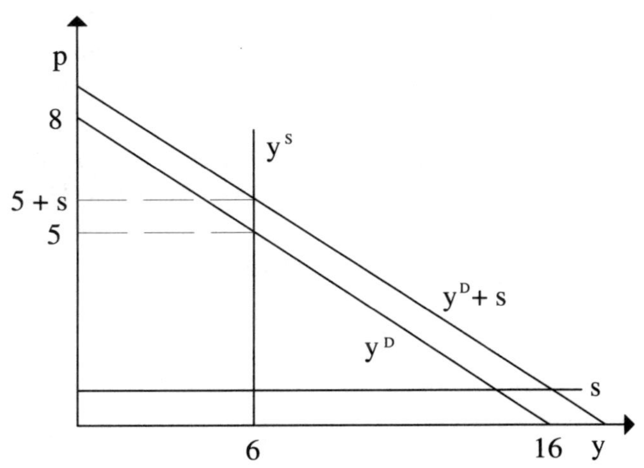

Fall 2: Setzen eines Mindestpreises p_m und Aufkaufen der Überschüsse:

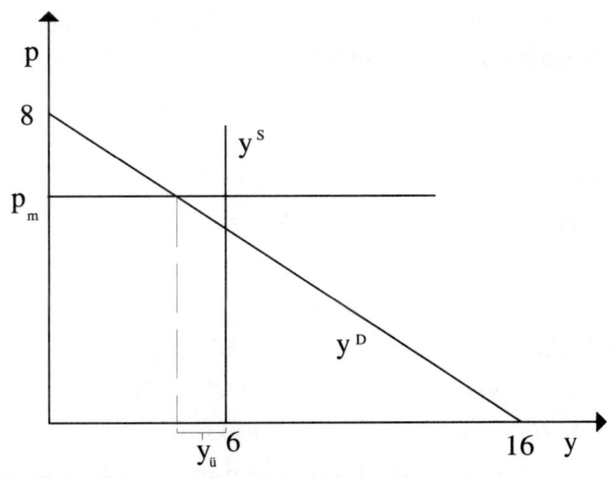

$y_ü$ = Nachfragedefizit (Interventionsmenge).

c) Fall 1:

$E = 30 + 12 = 42$ GE,

$y = 6$,

$$p + s = \frac{42}{6} = 7,$$

$p = 5$.

Subvention: 2 GE pro Stück.

Kosten für den Staat: $6 \cdot 2$ GE $= 12$ GE.

Fall 2:

Mindestpreis sei 7 GE.

Nachfrage bei $p = 7$:

$y^D = -2 \cdot 7 + 16 = 2$,

$y^S - y^D = 6 - 2 = 4$.

Der Staat muß 4 Stück zu 7 GE kaufen.

Kosten: $4 \cdot 7 = 28$ GE.

Begründung: Zwar wird über den Mindestpreis von den Konsumenten mit einer Zahlungsbereitschaft über 7 GE eine zusätzliche Konsumentenrente von 4 GE abgeschöpft, aber gleichzeitig verzichten nun die Konsumenten mit einer Zahlungsbereitschaft zwischen 5 und 7 GE auf den Kauf, so daß den Unternehmen ein Erlös von 20 (4·5) GE verlorengeht. Der dadurch induzierte Nettoverlust für die Produzenten beträgt 16 GE und muß zusätzlich vom Staat erstattet werden, so daß die gesamten Kosten des Staates 28 GE betragen. Dieses Problem entsteht hier nicht bei einer Subvention, da weiterhin die wohlfahrtsoptimale Menge angeboten wird und keine Konsumenten aufgrund eines höheren Preises abspringen.

d) $y^S = 8$,

$y^S = y^D$,

$8 = -2p + 16$,

$p = 4$,

$E = p \cdot y = 4 \cdot 8 = 32$.

Der positive Effekt auf den Erlös (höhere Menge) wird durch den negativen Effekt (niedrigerer Preis) nicht voll kompensiert, so daß ein Erlöszuwachs entsteht. Die Preiselastizität der Nachfrage ist also größer als 1.

zu Aufgabe 5.2

a) (1) Komplementärgüter: Benzin und Autos,

(2) Substitutionsgüter: Butter und Margarine.

b) $y_n^D = -ap_i + b \rightarrow$ Komplementärgut,

$y_n^D = cp_i \rightarrow$ Substitutionsgut.

c) Siehe Kapitel 2.2.2.

d) 1. Nachfragefunktion verschiebt sich nach rechts oben.

2. Angebotsfunktion verschiebt sich nach links oben.

3. Unsinnige Aufgabenstellung: Preisänderung ist Folge, nicht Ursache einer Funktionsänderung.

4. Nachfragefunktion verschiebt sich nach links unten (falls Gummibärchen keine absolut inferioren Güter sind).

zu Aufgabe 5.3

a) $y^S = y^D = y^* = 16$,

$p^* = 2$.

b) $E_{p,y^S} = \frac{dy^S}{dp} \cdot \frac{p}{y^S} = 2 \cdot \frac{2}{16} = \frac{1}{4}$.

c) $E_{p,y^D} = -\frac{dy^D}{dp} \cdot \frac{p}{y^D} = 4 \cdot \frac{2}{16} = \frac{1}{2}$.

d)

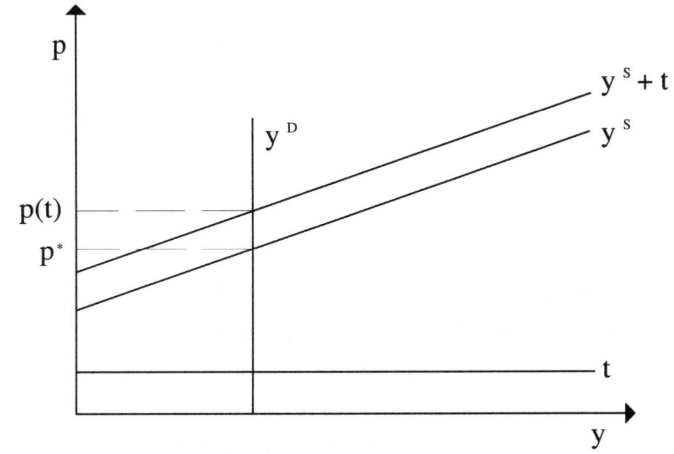

Die Nachfrager tragen die Steuern allein.

zu Aufgabe 5.4

a) Im Gleichgewicht gilt $p^S = p^D$,

$-65 + 2y = 35 - 0{,}5y$,

$\Rightarrow \quad y = 40; \; p = 15$.

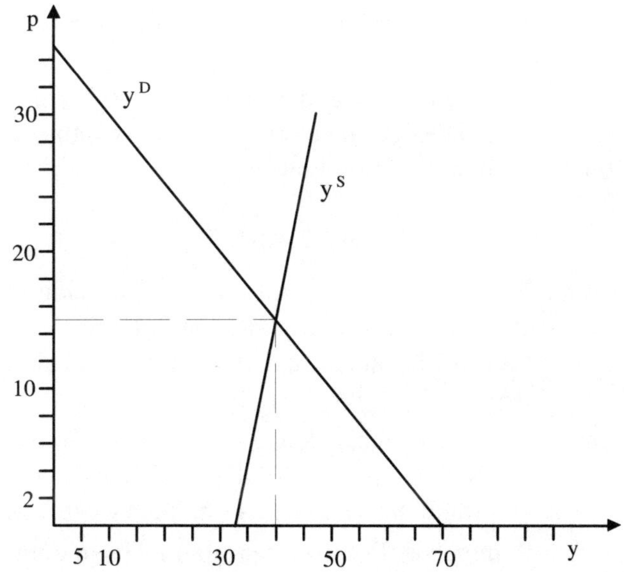

b) $E_{p,y} = -\frac{dy}{dp} \cdot \frac{p}{y} = -2 \cdot \frac{15}{40} = -0{,}75$.

Die Preiselastizität stellt der relativen Preisänderung die relative Mengenänderung gegenüber. Hier: eine 1%ige Preissteigerung hat einen Mengenrückgang von 0,75 % zur Folge.

c) 10 % Mengensenkung, d.h. von 40 Einheiten auf 36 Einheiten:

Es soll hier der Preis bestimmt werden, bei dem nur 36 Einheiten nachgefragt werden.

$$y = 36,$$
$$p^D = 35 - 0{,}5 \cdot 36 = 17.$$

Die um die Steuer t „nach oben" verschobene Angebotsfunktion muß durch diese Preis-Mengen-Kombination verlaufen.

$$p^S = -65 + 2y + t,$$

Marktpreis: 17 , Menge: 36 ,

$$17 = -65 + 2 \cdot 36 + t,$$
$$t = 10.$$

Steueraufkommen:

$$T = t \cdot y = 10 \cdot 36 = 360.$$

Träger der Steuerlast:

Ausgehend vom ursprünglichen Preis von 15 pro Einheit, müssen die Nachfrager nach der Steuererhöhung 17 statt 15 pro Einheit zahlen. Hieraus ergibt sich:

$(17 - 15) \cdot 36 = 72$, d.h. 20% von 360 .

Die Anbieter erhalten für die 36 Einheiten zwar einen zusätzlichen Erlös von 72 Einheiten, müssen aber das gesamte Steueraufkommen von 360 Einheiten abführen, so daß sie tatsächlich 288 Einheiten (d.h. 80% der gesamten Steuerlast) zu tragen haben.

zu Aufgabe 5.5

Da die Kosten eine degressiv steigende Funktion sind, verlaufen die Grenzkosten fallend. Bei fallenden Grenzkosten und vollständiger Konkurrenz werden die Anbieter so viel wie möglich produzieren, wobei die Differenz zwischen Preis und Grenzkosten ab einer bestimmten Menge immer positiv ist (und mit steigender Menge sogar zunimmt).

Die übliche Gleichsetzung von Preis und Grenzkosten führt hier zwar zu einer eindeutigen Menge ($y = 4$). Dies ist aber ein Verlustmaximum, was die Betrachtung der 2. Ableitung der Grenzfunktion beweist.

zu Aufgabe 5.6

a) Konsumentenrente: Nutzenzuwachs, den die Haushalte dadurch erreichen, daß sie bereit wären für alle intermarginalen Einheiten einen Preis zu bezahlen, der oberhalb des Gleichgewichtspreises liegt.

Produzentenrente: Nutzenzuwachs, den die Unternehmer dadurch erreichen, daß sie bereit wären, alle intramarginalen Einheiten auch unterhalb des Gleichgewichtspreises zu verkaufen.

Wohlfahrt: Summe aus Produzenten- und Konsumentenrente.

b) $1.200 - 20y = 10y$

$y^* = 40;\ p^* = 400$

c)

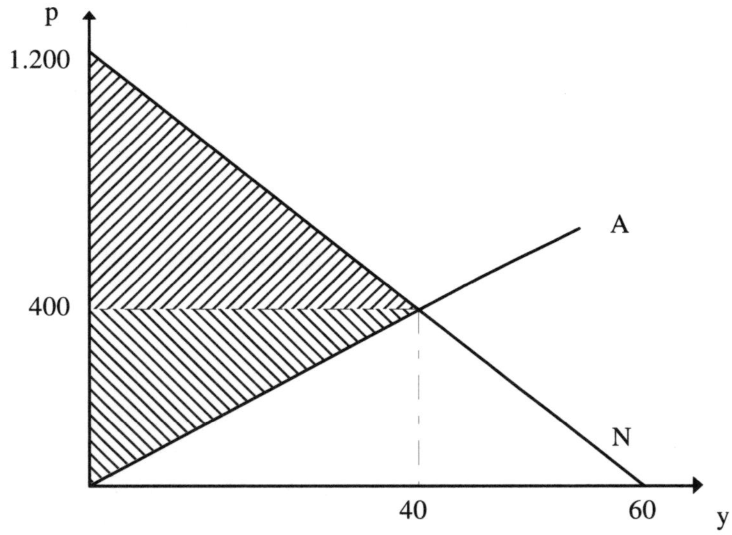

KR: [⁝] : $\frac{(1.200-400)\ 40}{2} = 16.000$

PR: [⁝] : $\frac{400 \cdot 40}{2} = 8.000$

$W = KR + PR = 24.000$

d) $p^M = 400 \cdot 1{,}4 = 560;\ y^M = 32$.

e)

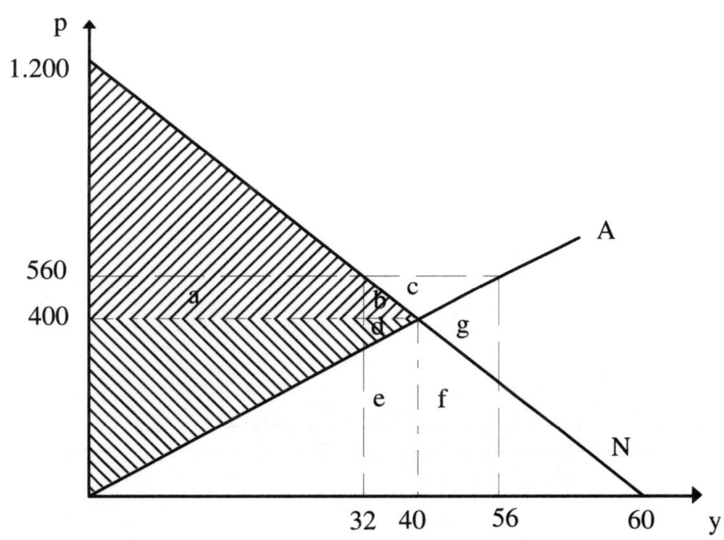

KR: [⁝] $\frac{(1200-560) \cdot 32}{2} = 10.240$

PR: [⁝] $\frac{560 \cdot 56}{2} = 15.680$

Verlust des Staates (G): $\frac{(56-32) \cdot 560}{2} = -6.720$

$W = KR + PR - G = 19.200$

$\Delta W = -4.800$

Δ KR:	$-a-b$
Δ PR:	$+a+b+c$
Δ G:	$\dfrac{-b-c-d-e-f-g}{2}$
Δ W:	$\dfrac{c}{2}-\dfrac{b}{2}-\dfrac{d}{2}-\dfrac{e}{2}-\dfrac{f}{2}-\dfrac{g}{2}$

f) Keine Wohlfahrtswirkung, da die Produktion unverändert bleibt.

zu Aufgabe 6.1

a) $G = E - K$,

$G = 12y - y^2 - 0{,}5y$,

$\frac{dG}{dy} = 11{,}5 - 2y = 0$,

$y = 5{,}75$,

$p = 6{,}25$,

$G = 33{,}0625$.

b)

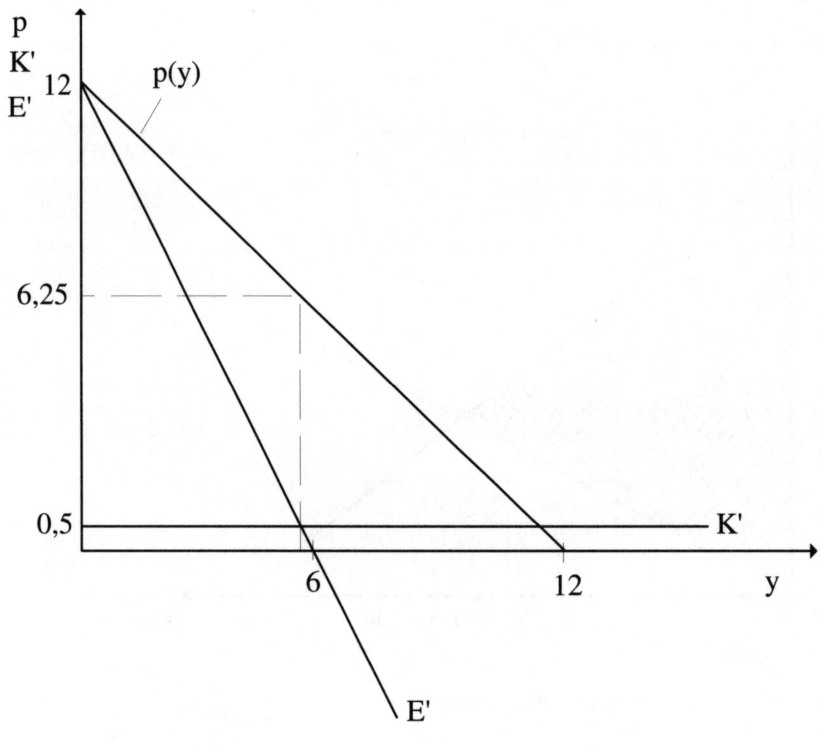

c) Der Gewinn wäre 0, da der Preis auf 0,5 sinken würde.

d) U.a. von
- Markteintrittsbarrieren,
- Präferenzen der Nachfrager,
- Wettbewerbspolitik.

zu Aufgabe 6.2

a) y = 9 ,
p = 10,5 ,
G = 30,5 .

b)

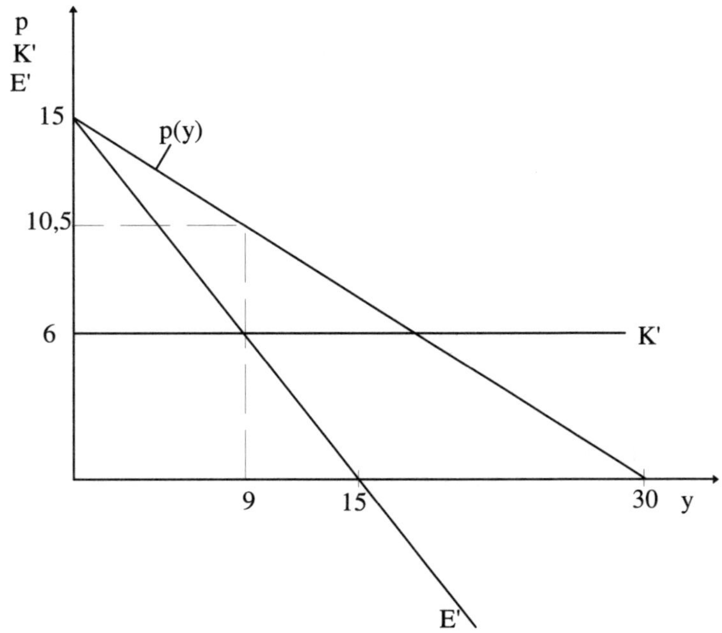

c) Nein, da die Fixkosten bei der Optimierung keine Rolle spielen. Sie fallen bei der Ableitung weg.

d) Erlösmaximierer: $(\frac{dE}{dy} = 0)$ y = 15 ; p = 7,5 ,

Polypolist: $(p = \frac{dK}{dy})$ y = 18 ; p = 6 .

zu Aufgabe 6.3

a) und b)

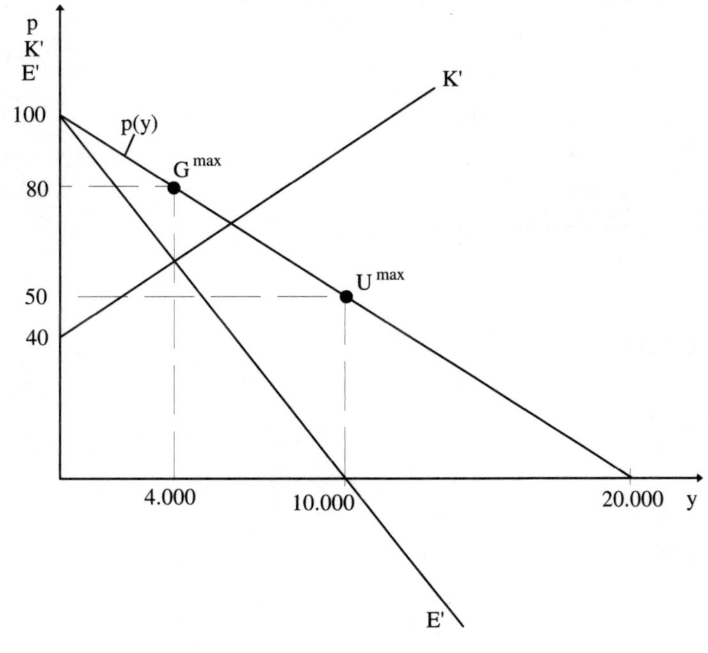

c) G^{max}: $p = 80$, $y = 4.000$, $G = 120.000$.
U^{max}: $p = 50$, $y = 10.000$, $G = -150.000$.

d) Monopolentstehung:
- Erfindung plus Patentschutz,
- Eigentumsrechte,
- natürliches Monopol (siehe Kapitel 6.3).

zu Aufgabe 6.4

a) Es liegt ein natürliches Monopol vor.

b) First-best: $p = \frac{dK}{dy}$

$$W = \int (16-y)\,dy - K(y)$$

$$W = 16y - \frac{1}{2}y^2 - 4y - 11$$

$$\frac{dW}{dy} = 16 - y - 4 = 0$$

$y = 12$; $p = 4$; $E = 48$; $K = 59$; $G = -11$.

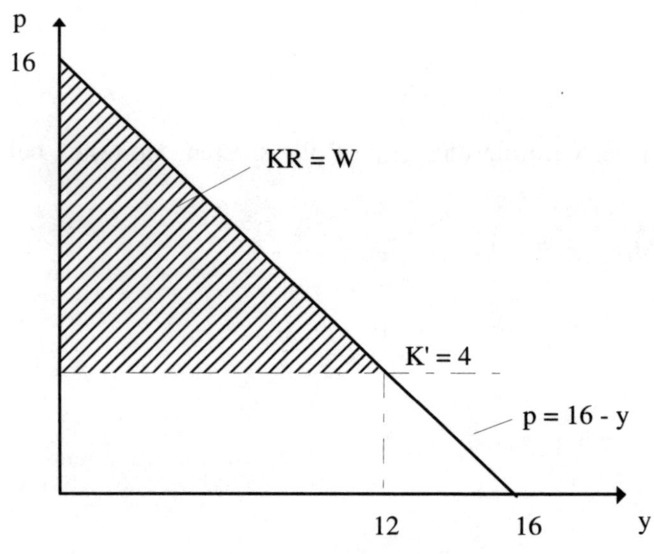

PR	=	DB	=	0
KR	=	$\frac{(16-4)\cdot 12}{2}$	=	72
W	=			72

c) Second-best: $p = \frac{K}{y}$

$$16 - y = 4 + \frac{11}{y}$$

$$16y - y^2 = 4y + 11$$

$$y^2 - 12y + 11 = 0$$

$$y_{1,2} = \frac{12 \pm \sqrt{144-44}}{2}$$

$y_1 = 11;\ p = 5;\ E = 55;\ K = 55;\ G = 0$;

$y_2 = 1$ (ökonomisch uninteressant).

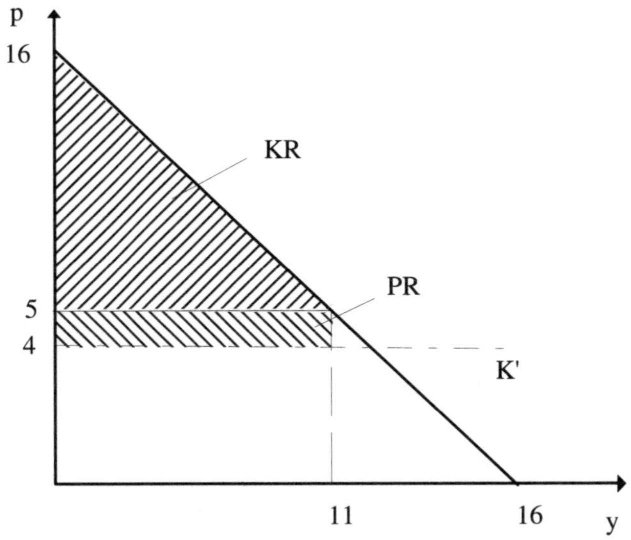

$$PR = 11$$

$$KR = \frac{(16-5)\cdot 11}{2} = 60{,}5$$

$$W = 71{,}5$$

d) $G = E - K + S \qquad S = s \cdot y$

$G = 16y - y^2 - 4y - 11 + s \cdot y$

$$\frac{dG}{dy} = 16 - 2y - 4 + s = 0$$

Nach Einsetzen von $y = 12$ folgt:

$s = 12$.

zu Aufgabe 6.5

a) $5y = 600 - 10y$

$15y = 600$

$y^K = 40;\ p^K = 200$.

b) $KR = \dfrac{(600-200)\cdot 40}{2} = 8.000$

$PR = 200 \cdot 40 - 4000 = 4.000$

$W = KR + PR = 12.000$

c) $G = E - K = 600y - 10y^2 - \frac{5}{2}y^2$

$$\frac{dG}{dy} = 600 - 25y$$

$\Rightarrow \quad y^M = 24;\ p^M = 360$.

d) $KR = \frac{(600-360)\cdot 24}{2} = 2.880$

$PR = 360 \cdot 24 - \frac{5}{2} \cdot 24^2 = 7.200$

$W = 10.080$

e) $G(Y) = 600y - 10y^2 - \frac{5}{2}y^2 + sy = 600y - \frac{25}{2}y^2 + sy$

$\frac{dG}{dy} = 600 - 25y + s = 0$

Nach Einsetzen von $y^K = 40$ ergibt sich:

$600 - 1.000 + s = 0$

$s = 400; \quad S = 16.000$.

f) Gleiche Wohlfahrt wie unter c).

zu Aufgabe 7.1

a) Siehe Kapitel 7.1.

b) Siehe Kapitel 7.3.

b) Siehe Kapitel 7.3.

zu Aufgabe 7.2

a) Siehe Kapitel 7.1.

b)

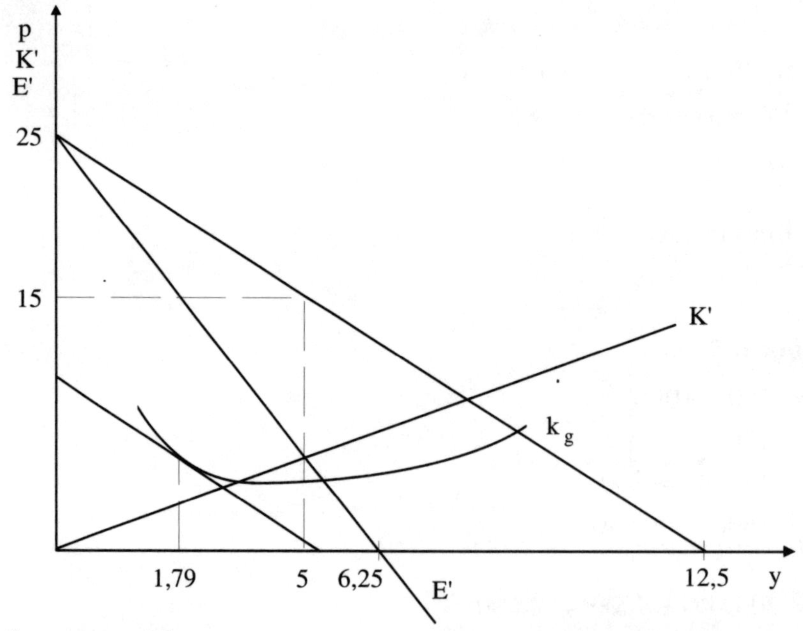

$y = 5; \quad p = 15.$

Aufgrund der positiven Gewinne treten neue Anbieter in den Markt ein.

c) Die Preis-Absatz-Funktion verschiebt sich so lange nach links, bis sie k_g tangiert:

$k_g = 0{,}5y + \frac{8}{y}$

$\frac{dk_g}{dy} = 0{,}5 - \frac{8}{y^2}$

$$\frac{dp}{dy} = -2$$

$$0{,}5 - \frac{8}{y^2} = -2$$

$$y^2 = 3{,}2$$

$$y = 1{,}79.$$

d) Bei vollkommener Konkurrenz wird im Betriebsoptimum, also mit minimalen Durchschnittskosten produziert.

zu Aufgabe 8.1

a) Siehe Kapitel 8.1.

b) Siehe Kapitel 8.7.

c) Solange Gewinne entstehen, werden neue Anbieter in den Markt eintreten. Dadurch verändert sich die Nachfragekurve und auch der gewinnmaximale Preis.

zu Aufgabe 8.2

Zunächst müssen die Gewinngleichungen der Unternehmen aufgestellt und wegen der Annahme exogener Mengen des jeweils anderen Unternehmen partiell abgeleitet werden:

(1) $G_A = y_A(10 - y_A - y_B) - y_A^2$

(2) $G_B = y_B(10 - y_A - y_B) - 2y_B^2$

(3) $\dfrac{\partial G_A}{\partial y_A} = 10 - 4y_A - y_B = 0$

(4) $\dfrac{\partial G_B}{\partial y_B} = 10 - 6y_B - y_A = 0\,.$

Damit ein Cournot-Nash-Gleichgewicht vorliegt, müssen sich die durch (3) und (4) gegebenen Reaktionsfunktionen schneiden, d.h. man erhält 2 Gleichungen mit 2 Unbekannten und schließlich:

$$y_A = \frac{50}{23}\ ; \quad y_B = \frac{30}{23},\ ; \quad p = \frac{150}{23}\ .$$

zu Aufgabe 8.3

a) Heterogenes Oligopol

b) $G_1(y_1,y_2) = 50y_1 - \frac{5}{2}y_1^2 - y_1 \cdot y_2 - 8y_1$

$G_2(y_1,y_2) = 60y_2 - \frac{1}{2}y_1 \cdot y_2 - y_2^2 - 12y_2$

$$\frac{\partial G_2}{\partial y_2} = 60 - \frac{1}{2}y_1 - 2y_2 - 12 = 0$$

$$y_2 = 24 - \frac{1}{4}y_1$$

Einsetzen in $G_1(y_1, y_2)$ ergibt:

$$G_1(y_1) = 42y_1 - \frac{5}{2}y_1^2 - 24y_1 + \frac{1}{4}y_1^2 = 18y_1 - \frac{9}{4}y_1^2$$

$$\frac{\partial G_1}{\partial y_1} = 18 - \frac{9}{2} y_1 = 0$$

$\Rightarrow y_1 = 4;\ y_2 = 23;\ p_1 = 17;\ p_2 = 35;\ G_1 = 36;\ G_2 = 529$

c) Obwohl Unternehmen 1 hier einen strategischen Vorteil besitzt, da es zuerst seine Menge festlegt, kommt dieser hier kaum zur Geltung, weil es sich um ein heterogenes Oligopol handelt. Die Menge des 2 ist deswegen höher als die des 1, weil zum einen der Prohibitivpreis im Markt von 2 höher ist (60 gegenüber 50) und zum anderen der Einfluß des 2 auf den Markt des 1 viel größer ist als umgekehrt.

zu Aufgabe 8.4

a) Zustände A1/B4, A3/B2, A4/B1 und A4/B4 sind pareto-effizient.

b) Zustände A3/B1, A2/B3 und A1/B4 sind Nash-Gleichgewichte.

Es gibt nur einen Zustand (A1/B4) der sowohl pareto-effizient ist, als auch ein Nash-Gleichgewicht darstellt.

zu Aufgabe 9.1

a) Bestimmung der Angebotsmenge (siehe auch Kapitel 6.2):

$$\frac{dE}{dy} = 10 - 2y = \frac{dK}{dy} = 2 \quad \Rightarrow \quad y^M = 4\ ;\ p^M = 6$$

b) Im Pareto-Optimum muß der Nachfragepreis (gegeben durch die PAF) den gesamten Grenzkosten entsprechen:

$$p(y) = 10 - y = \frac{dK}{dy} + \frac{dS}{dy} = 6 \quad \Rightarrow \quad y^K = 4\ ;\ p^K = 6$$

c) Da der Monopolist die pareto-effiziente Menge ohne Eingriffe produziert, ist der erforderliche Steuersatz Null. Beim Vorliegen negativer externer Effekte ist die produzierte Menge bei Konkurrenz gemessen am Optimum zu hoch, weil die Kosten des externen Effekts von den Unternehmen nicht berücksichtigt werden. Beim Monopol ist die Menge gemessen am Optimum zu niedrig. Im vorliegenden Spezialfall gleichen sich diese beiden Effekte genau aus, so daß der Staat nicht eingreifen muß.

zu Aufgabe 9.2

$$W = \int (a - by)\, dy - cy - sey$$

$$\frac{dW}{dy} = a - by - c - se$$

$$\Rightarrow y^* = \frac{a - c - se}{b}$$

$$G(y) = E(y) - K(y)$$
$$= ay - by^2 - cy - t \cdot e \cdot y$$

$$\frac{dG}{dy} = a - 2by - c - te = 0$$

y^* einsetzen $\Rightarrow$

$$a - 2b\frac{a - c - se}{b} - c - te = 0$$

$$a - 2a + 2c + 2se - c - te = 0$$

$$-a + c + 2se = te$$

$$\Rightarrow t = \frac{2se + c - a}{e}$$

$$y^M = \frac{a - c - se}{b}$$

Anhang

Die Substitutionselastizität der Cobb-Douglas-Funktion

Eine der wesentlichen Eigenschaften der Cobb-Douglas-Funktion ist ihre Substitutionselastizität von Eins. Die Substitutionselastizität ist die prozentuale Änderung der Faktoreinsatzverhältnisse im Verhältnis zur ebenfalls prozentualen Änderung der Faktorpreisverhältnisse. Mit p_i und p_j als Faktorpreisen sowie x_i und x_j als zugehörige Mengen ist die Substitutionselastizität demnach

$$\text{(A.1)} \qquad E_{\frac{p_1}{p_2},\frac{x_1}{x_2}} = \left| \frac{\dfrac{d\left(\frac{x_1}{x_2}\right)}{\frac{x_1}{x_2}}}{\dfrac{d\left(\frac{p_1}{p_2}\right)}{\frac{p_1}{p_2}}} \right| = \left| \frac{d\left(\frac{x_1}{x_2}\right)}{d\left(\frac{p_1}{p_2}\right)} \cdot \frac{\frac{p_1}{p_2}}{\frac{x_1}{x_2}} \right| .$$

Um die Reaktion der Faktormengen auf die Faktorpreise zu bestimmen, benötigen wir zunächst eine Verhaltensannahme. Dies ist die Gewinnmaximierung, die erfordert, daß das Verhältnis der Grenzproduktivitäten dem Faktorpreisverhältnis entspricht (vgl. Abschnitt 2.2.3):

$$\text{(A.2)} \qquad \frac{\dfrac{\partial y}{\partial x_1}}{\dfrac{\partial y}{\partial x_2}} = \frac{p_1}{p_2} .$$

Für eine Cobb-Douglas-Funktion mit zwei Produktionsfaktoren

$$\text{(A.3a)} \qquad y = x_1^{\alpha_1} \cdot x_2^{\alpha_2} \qquad \text{mit} \qquad 0 < \alpha_1, \alpha_2 < 1 \qquad \text{und}$$

$$\text{(A.3b)} \qquad \alpha_1 + \alpha_2 = 1$$

gelten folgende Grenzproduktivitäten

$$\text{(A.4a)} \qquad \frac{\partial y}{\partial x_1} = \alpha_1 \cdot x_1^{\alpha_1 - 1} \cdot x_2^{\alpha_2} ,$$

$$\text{(A.4b)} \qquad \frac{\partial y}{\partial x_2} = \alpha_2 \cdot x_2^{\alpha_2 - 1} \cdot x_1^{\alpha_1} .$$

Mit (A.4a) und (A.4b) in (2) folgt

$$\text{(A.5)} \qquad \frac{\alpha_1 \cdot x_1^{\alpha_1 - 1} \cdot x_2^{\alpha_2}}{\alpha_2 \cdot x_2^{\alpha_2 - 1} \cdot x_1^{\alpha_1}} = \frac{p_1}{p_2} .$$

Kürzen ergibt

$$\text{(A.6)} \qquad \frac{\alpha_1 \cdot x_2}{\alpha_2 \cdot x_1} = \frac{p_1}{p_2} \qquad \Rightarrow \qquad \frac{x_1}{x_2} = \frac{\alpha_1 \cdot p_2}{\alpha_2 \cdot p_1} = \frac{\alpha_1}{\alpha_2} \cdot \left(\frac{p_1}{p_2}\right)^{-1} .$$

Daraus folgt

$$\text{(A.7)} \qquad \frac{d\left(\frac{x_1}{x_2}\right)}{d\left(\frac{p_1}{p_2}\right)} = -\frac{\alpha_1}{\alpha_2}\cdot\left(\frac{p_1}{p_2}\right)^{-2}.$$

Mit (A.6) und (A.7) in (A.1) folgt nach Kürzen

$$\text{(A.8)} \qquad E_{\frac{p_1}{p_2},\frac{x_1}{x_2}} = \left|\frac{d\left(\frac{x_1}{x_2}\right)}{d\left(\frac{p_1}{p_2}\right)}\cdot\frac{\frac{p_1}{p_2}}{\frac{x_1}{x_2}}\right| = \left|-\frac{\alpha_1}{\alpha_2}\cdot\left(\frac{p_1}{p_2}\right)^{-2}\cdot\frac{\frac{p_1}{p_2}}{\frac{\alpha_1}{\alpha_2}\cdot\left(\frac{p_1}{p_2}\right)^{-1}}\right| = 1$$

Literaturempfehlung

Akerlof, G.A. (1970): The market for „lemons": qualitative uncertainty and the market mechanism, in: Quarterly Journal of Economics 84, S. 488-500

Feess, Eberhard: Mikroökonomie. Eine spieltheoretische Einführung, Marburg 1997

Fudenberg, Drew/Tirole, Jean: Game Theory, Cambridge (Mass.)/London 1992

Gutenberg, Erich: Grundlagen der Betriebswirtschaftslehre, 22. Aufl., Berlin 1979

Güth, Werner: Spieltheorie und ökonomische (Bei)Spiele, Berlin u.a. 1992

Güth, Werner: Theorie der Marktwirtschaft, Berlin u.a. 1992

Kreps, D.M.: A Course in Microeconomic Theory, New York u.a. 1990

Mas-Colell, A./Whinston, M.D./Green, J.R.: Microeconomic Theory, New York/Oxford 1995

Moritz, Karl-Heinz: Mikroökonomische Theorie des Haushalts, München/Wien 1993

Pigou, A.C.: The Economics of Welfare, London 1979

Rasmusen, E.: Games and Information, 2. Auflage, Cambridge/Oxford 1994

Schumann, Jochen: Grundzüge der mikroökonomischen Theorie, 6. Aufl., Berlin u.a. 1992

Varian, H.R.: Price Discrimination, in: Schmalensee, R./Willing, R.D. (Hrsg.): Handbook of Industrial Organization, Bd. 1, Kapitel 10, S. 597-654, Amsterdam u.a. 1989

Varian, H.R.: Grundzüge der Mikroökonomik (Original: Intermediate Microeconomics, New York) 2. Auflage, München 1991

Sachverzeichnis

adverse selection IX, 114, 119, 120, 121
Allgemeine Gleichgewichtstheorie 62
Allokation der Ressourcen 1, 2, 108
Allokation, pareto-effiziente 111, 112
Allokationseffizienz, statische 76, 100
Allokationsineffizienz, statische 76, 77, 107, 111
Angebotsfunktion 59, 61, 63, 66, 67, 95
Anreizverträglichkeitsbedingung 118
Anreizwirkung, dynamische 76, 81
Arbeitsangebot 23, 24, 25, 69
Arbeitsmarkttheorie, makroökonomische 68
asymmetrische Information 114, 122
Ausschlußprinzip 103

backwards induction 98
Bernoulli-Kriterium 35
Betriebsgrößenoptimum 88
Bruttonutzen 62
Budgetgerade 13, 14, 16, 23, 24
Budgetrestriktion 8, 12, 13, 14, 24

ceteris paribus-Klausel 106
Coase-Theorem 110, 111, 112
Cobb-Douglas-Funktion 24, 38, 39, 40, 43, 45, 52, 59, 61, 68, 69, 70
Cournot-Nash-Lösung 95, 96, 97, 98, 99, 100
Cournot-Preis 73, 74

Deckungsbeitrag 60, 61
Dispositionsgleichgewicht 1, 61
Duopol 91, 95
Durchschnittsertrag
- partieller 35, 39, 40, 44, 45
- totaler 35
Durchschnittsprodukt
- partielles 35, 39, 40, 41
- totales 35

Edgeworth-Box 27, 28, 29, 30, 112
Effizienz 112
- ökonomische 34, 36
- technische 34, 36
Effizienzanalyse 1
Effizienzbedingung 49, 103, 104, 107, 108, 110
Eindeutigkeitsanalyse 1
Einkommen-Konsum-Kurve 14
Einkommenseffekt 16, 17, 19, 111
Einkommenselastizität der Nachfrage 14, 15
Einkommensverteilung, funktionale 69, 70
Elastizität 15
Erlös 59, 60, 61, 63, 72, 73, 74
Erlösfunktion 73
Erlösmaximierung 95
Erstausstattung 24, 28, 29
Ertragsgesetz 43, 44, 45, 47, 48, 52, 61
excess capacity-Theorem 87
Externe Effekte 103, 107, 108, 109, 110, 111, 112, 113

Faktorangebot 23, 66, 67
Faktornachfrage 66, 67
Faktorvariation
- isoquante 34, 41
- partielle 34, 35, 39, 40, 43, 46, 48, 52, 59, 61
- totale 34, 35, 41, 42, 46, 48, 52
free-rider-Verhalten 105, 106

Gefangenendilemma 93, 98, 106, 112
Gesamtertrag 44, 45
Gesamtkosten 47, 61, 63
- durchschnittliche 47
Gesamtnutzen 62
Gewinnmaximierung 36, 86, 95, 98, 99, 108, 112, 113
- gemeinsame 97, 98
- kurzfristige 88
Giffen-Gut 19
Giffen-Paradox 19, 20, 21
Gleichgewicht 1, 2, 67, 68, 73
- in dominanten Strategien 92, 93, 94, 95
- kurzfristiges 87
- langfristiges 88, 89
Gleichgewichtsbedingung 72, 101

Gleichgewichtskonzept 92, 94
Gleichgewichtsmenge 63, 74
Gleichgewichtspreis 59, 61, 62, 63, 74, 96
Gleichgewichtspunkt 88, 96
Gossensches Gesetz
- erstes 5, 6, 25
- zweites 7, 12, 13
Grenzerlös 67, 72, 73, 74, 75, 86, 101, 102
Grenzertrag
- partieller 35, 39, 40, 44, 45, 67
- totaler 35
Grenzkosten 46, 47, 59, 60, 61, 63, 67, 72, 73, 74, 77, 86, 101, 102, 103, 104, 105, 106, 108, 109, 110
Grenznutzen 5, 6, 7, 8, 11, 12, 13, 19, 25, 30, 41, 61, 62, 63, 103, 104, 105, 106, 108, 109, 110, 111, 113
Grenzprodukt 67, 68
- partielles 40, 41
Grenzproduktivität 35, 41
- partielle 35, 39, 40, 41, 42, 49, 67, 69
- totale 35
Grenzproduktivitätstheorie der Verteilung 68
- aggregierte 68
Grenzrate der Substitution
- in der Haushaltstheorie 10, 11, 13, 15, 24, 25, 30, 41
- technische 41, 42, 49
Güter
- absolut inferiore 14, 19
- absolut superiore 19
- komplementäre 20
- öffentliche 103, 104, 105, 106, 107, 110
- private 103, 104, 107, 110
- relativ inferiore 14
- relativ superiore 15, 19
- substitutionale 20
- superiore 19
Güterkombination 9
- optimale 16, 48

Happy Hour Theorem 75
Haushaltsgleichgewicht 12, 13, 19, 48
Haushaltstheorie 2, 5, 9, 41, 48, 49, 59, 112

imperfect competition 85
Indifferenzkurve 9, 10, 13, 14, 16, 23, 24, 25, 27, 28, 29, 30, 31
- gesellschaftliche 31
Information
- unvollkommene 2, 35, 36
- vollkommene 2, 35
Innovationsbereitschaft 76
Input-Output-Analyse 36, 37
Instrumente, absatzpolitische 85
Internalisierung externer Effekte 110, 111, 112, 113
Isoquante 37, 41, 42, 48, 49

Kapitalangebot 23, 25, 26, 27
Kapitalmarktverzinsung 88
Kern der Edgeworth-Box 27, 29, 30
Konkurrenz
- monopolistische 85, 88, 91
- unvollständige 35, 53, 88
- vollständige 35, 36, 45, 59, 61, 62, 64, 66, 67, 71, 72, 73, 74, 76, 86, 88, 89, 91, 108, 109, 112, 113
Konkurrenzgleichgewicht 61
Konsumentenrente 62, 63, 64, 73, 74, 75
Konsumexternalität 108, 109
Kosten 45
- durchschnittliche 48, 52, 60, 61, 73, 77, 88, 89
- durchschnittliche fixe 46, 47
- durchschnittliche gesamte 46, 61
- durchschnittliche variable 46, 47, 60, 61
- fixe 33, 45, 46, 47, 60, 66, 77
- Grenzkosten 46
- variable 33, 46, 47, 60, 61, 63, 74
Kostenfunktion 45, 46, 47, 52, 76, 85, 97, 102, 109, 112, 113
- ertragsgesetzliche 47, 52, 59, 60
- kurzfristige 46, 48
- langfristige 46, 52
Kostengerade 49
Kostengleichung 49
Kostentheorie 36, 45
Kreuzpreiselastizität der Nachfrage 20
Kuppelproduktion 35

Lagrange-Funktion 12, 26, 49, 68, 69
Lagrange-Multiplikator 12
Lagrange-Optimierung 12, 13, 26, 49, 68
Leontief-Funktion 37
Linse in der Edgeworth-Box 28, 29, 30

Marktabgang 87
Marktabgrenzung 20, 54
Marktbedingungen 48

Markteintritt 61, 88
Marktergebnis 1, 54, 112
Marktform 53, 54, 59, 62, 64, 72, 76, 85, 86, 91, 103
Marktformenschema, morphologisches 53, 54
Marktnachfragefunktion 22
Marktprozeß 77
Markttheorie 35
Markttransparenz 86
Marktverhalten 54, 86
Marktzugang 87
Maximalertragskombination 49
Mehrbelastung 79
Mehrproduktproduktion 35
Mengenwettbewerb
- sequentieller 98, 100
- simultaner 95
Minimalkostenkombination 48, 49, 68
Mitläufer-Effekt 20, 21
Monopol 53
- Angebotsmonopol 71, 72, 73, 74, 75, 76, 77, 87, 95, 97
- beschränktes 53
- bilaterales 53
- natürliches 43, 76, 77, 113
- temporäres 77
monopolistic competition 85
Monopolpreis 73, 98
Monopolpreisbildung 72, 73, 74, 76
Monopson 53
- beschränktes 53
moral hazard IX, 114, 115, 116, 117

Nachfragefunktion 15, 17, 18, 22, 59, 61, 62, 63, 71, 72, 73, 104, 105
- aggregierte 22, 23
- isoelastische 18
Nash-Gleichgewicht 94, 95, 96, 97, 98, 99, 106
Neoklassik 26, 67
Nettonutzen 62, 63, 106
Nicht-Ausschlußprinzip 103, 105
Nicht-Rivalität im Konsum 103, 106
Niveaugrenzproduktivität 35
Nutzen 1, 2, 5, 6, 7, 9, 14, 20, 27, 28, 30, 31, 63, 68, 92, 93, 104, 105, 107, 108, 109, 110, 112
- Meßbarkeit 5
Nutzenfunktion 5, 10, 12, 24, 26, 62, 103, 104, 108, 109
- additiv-separable 24, 26
- ordinale 9
Nutzenmaximierung 108
Nutzenmöglichkeitskurve 30, 31
Nutzentheorie
- axiomatische 7, 19
- kardinale 5
- ordinale 7, 9

Oligopol 53, 54, 91, 93, 94
- bilaterales 53
- heterogenes 85, 102
- homogenes 95
Oligopoltheorie 91, 106
Oligopson 53
Organisationstheorie 36

Pareto-Effizienz 30, 62
Pareto-Optimum 31
Partialanalyse 1, 59, 62
Periode
- kurze 48, 52
- lange 48, 52
Pigou-Steuer 112, 113
Pigou-Subvention 112
Polypol 53
- heterogenes 85
- homogenes 62, 71, 74, 76, 85, 86
Präferenzermittlung 105, 106
- direkte 106
- indirekte 106
Präferenzordnung 7, 8, 9, 15, 29
- homothetische 14
Preis, relativer 2, 16, 27
Preis-Absatz-Funktion 71, 72, 73, 74, 86, 87, 88, 95, 96, 101, 102
- doppelt geknickte 86, 87
- geknickte 101
Preisdifferenzierung
- monopolistische 75
- perfekte 75, 76
Preiselastizität der Nachfrage 15, 16, 17, 18, 19, 20, 71, 86, 87, 101
Preisobergrenzenregulierung 80, 82, 83
Principal-Agent-Modelle 36
Principal-Agent-Theorie 115
Produkt
- homogenes 85
Produkt, homogenes 95
Produktdifferenzierung 85, 86, 89
Produktionselastizität 40, 41, 42, 43, 68, 69
Produktionsexternalität 108, 109, 112
Produktionsfaktor 1, 33, 34, 35, 36, 37, 38, 42, 43, 45, 46, 49, 52, 68, 108

Produktionsfunktion 34, 35, 36, 39, 40, 41, 42, 43, 44, 45, 46, 47, 49, 66, 69, 107, 108, 109
- ertragsgesetzliche 43, 47, 48, 52, 72
- limitationale 36, 37, 38
- linear homogene 43
- substitutionale 36, 37, 38
Produktionstheorie 2, 33, 36, 41, 45, 48
Produktivitätssteigerung 82
Produzentenrente 62, 63, 64, 73, 74, 75

Rationalverhalten 1
Reaktionsfunktion 95, 96, 98, 99
Risikoallokation 116, 118, 119
Risikoaversion 116, 117, 118, 119
Rivalität im Konsum 103
Rückwärtsinduktion 98

Schwarzfahrerverhalten 105
Screening 122
Signalisierung 122
Skalenelastizität 42, 43
Skalenerträge 42, 43, 52
Skalenvariation 41, 42
Slutsky-Zerlegung 16
Snob-Effekt 20, 21
Spiel
- einstufiges, simultanes 99
- zweistufiges, sequentielles 99
Spieltheorie 2, 91, 92, 93, 94, 96, 112
- kooperative 32, 93, 112
- nicht-kooperative 32, 93
Stabilitätsanalyse 1
Stackelberg-Lösung 99
Strategie 91, 92, 93, 94
- dominante 92, 93, 94, 95
Strategienkombination 92
Stückkosten 77, 88
Substitutionseffekt 16, 17, 19
Subvention 64, 65, 66, 79
sunk costs 79, 80, 83

Tarifpolitik, kostenorientierte 81, 82
Tauschgleichgewicht 27, 29
Teamproblem 116
Teilnahmebedingung 118
Totalanalyse 1
Transaktionskosten 112
Trittbrettfahrerverhalten 105

unbeobachtbare Aktion 114
Unternehmensgleichgewicht 48

Veblen-Effekt 20, 21

Wettbewerbstheorie 76

Zahlungsbereitschaft 62, 63, 68, 74, 104, 105, 106, 113